墨西哥史话

History of Mexico

曹 廷 ◎ 著

中国书籍出版社
China Book Press

图书在版编目（CIP）数据

墨西哥史话 / 曹廷著. -- 北京：中国书籍出版社,2023.2
ISBN 978-7-5068-9357-2

Ⅰ.①墨… Ⅱ.①曹… Ⅲ.①墨西哥—历史 Ⅳ.①K731.0

中国国家版本馆CIP数据核字(2023)第137012号

墨西哥史话

曹廷 著

责任编辑	王志刚
责任印制	孙马飞　马　芝
封面设计	东方美迪
出版发行	中国书籍出版社
地　　址	北京市丰台区三路居路97号（邮编：100073）
电　　话	（010）52257143（总编室）　（010）52257140（发行部）
电子邮箱	eo@chinabp.com.cn
经　　销	全国新华书店
印　　刷	北京睿和名扬印刷有限公司
开　　本	710毫米×1000毫米　1/16
字　　数	322千字
印　　张	20.75
版　　次	2023年2月第1版　2023年8月第1次印刷
书　　号	ISBN 978-7-5068-9357-2
定　　价	58.00元

版权所有　翻印必究

目 录

绪 论 / 1
  第一节 现代墨西哥的地理概况 / 3
  第二节 现代墨西哥的人文概况 / 5

第一章 璀璨的印第安文明 / 9
  第一节 墨西哥文明的起源 / 11
  第二节 奥尔梅克文化 / 12
    一、奥尔梅克的三个文明中心 / 12
    二、奥尔梅克社会 / 14
    三、巨石头像之谜 / 15
  第三节 特奥蒂瓦坎文化 / 16
    一、宏伟的特奥蒂瓦坎古城 / 16
    二、特奥蒂瓦坎社会结构 / 18
    三、特奥蒂瓦坎人的宗教信仰 / 19
    四、特奥蒂瓦坎人的科学水平 / 20
    五、扩张与衰落 / 20
  第四节 玛雅文明 / 21
    一、玛雅文明的兴衰 / 21
    二、玛雅宗教和社会 / 23
    三、科学和建筑 / 24
    四、玛雅文字和文学 / 26

第五节 托尔特克文化 / 27
　　一、托尔特克军事帝国的建立 / 27
　　二、托尔特克的二元宗教 / 29
　　三、"伟大的工匠" / 29
　　四、社会文化 / 31

第六节 阿兹特克文化 / 31
　　一、阿兹特克帝国的崛起 / 32
　　二、阿兹特克宗教神话 / 35
　　三、社会与经济 / 38
　　四、文化教育 / 38
　　五、帝国的灭亡 / 40

第二章　西班牙殖民时期 / 41

第一节 西班牙人入侵 / 43
　　一、欧洲人与美洲人相遇 / 43
　　二、西班牙殖民者抵达墨西哥 / 46
　　三、击溃阿兹特克帝国 / 48
　　四、其余印第安部落的陷落 / 54
　　五、攻占墨西哥北部 / 56

第二节 西班牙殖民统治 / 57
　　一、政治统治 / 57
　　二、经济掠夺 / 61
　　三、宗教渗透 / 67
　　四、殖民地人口和社会结构 / 70
　　五、教育文化 / 72

第三章　轰轰烈烈的独立战争 / 77

第一节　拉美独立运动的萌芽 / 79

第二节　墨西哥多洛雷斯的呼声 / 82

一、起义的序曲 / 82

二、多洛雷斯的呼声 / 84

三、多洛雷斯起义的失败 / 87

第三节　艰苦的游击战争 / 89

第四节　墨西哥独立 / 91

第五节　建立共和政体 / 94

第四章　考迪罗制和华雷斯改革 / 97

第一节　独立初期的墨西哥 / 99

一、瓜达卢佩和格雷罗的改革 / 100

二、布斯塔曼特的统治 / 101

三、佩德拉萨的改革 / 103

四、圣安纳独裁 / 104

五、军阀混战末期 / 107

第二节　美墨战争 / 108

一、战争起因 / 108

二、战争经过 / 112

三、墨西哥战败的原因 / 115

第三节　1854年革命和改革战争 / 116

一、1854年革命的发生 / 116

二、革新运动和《华雷斯法》 / 118

三、《莱尔多法》的推行 / 119

四、改革战争 / 122

第四节 华雷斯改革和反外来干涉 / 123

　　一、华雷斯的崛起 / 123

　　二、第二次法墨战争 / 126

　　三、重建国家和续推改革 / 130

第五节 莱尔多执政下的墨西哥 / 131

　　一、莱尔多的改革 / 131

　　二、波菲里奥·迪亚斯篡权 / 132

第五章 迪亚斯独裁和1910—1917年革命 / 135

第一节 迪亚斯的独裁统治 / 137

　　一、迪亚斯的崛起 / 137

　　二、迪亚斯第一任期的统治 / 139

　　三、冈萨雷斯执政 / 141

　　四、迪亚斯长期执政 / 142

第二节 1910—1917年革命 / 149

　　一、迪亚斯的倒台 / 149

　　二、韦尔塔篡权 / 153

　　三、推翻韦尔塔 / 155

第三节 1917年宪法及资产阶级新政府成立 / 158

第六章 共和制的确立和卡德纳斯改革 / 161

第一节 墨西哥共和国政府的成立 / 163

第二节 奥布雷贡改革 / 165

第三节 卡列斯集团的统治 / 169

　　一、卡列斯执政 / 169

　　二、波特斯执政 / 171

　　三、罗德里格斯的改革 / 173

第四节 卡德纳斯改革 / 174
　　一、卡德纳斯上台前夕的墨西哥 / 174
　　二、卡德纳斯的上台 / 176
　　三、卡德纳斯改革 / 179

第七章　革命制度党长期执政 / 187
第一节 墨西哥奇迹 / 189
　　一、经济发展时代的开启 / 189
　　二、阿莱曼的工业化改革 / 193
　　三、科尔蒂内斯的社会改革 / 199
　　四、阿道夫·洛佩斯时期的经济腾飞 / 203

第二节 学潮运动和埃切维利亚革新 / 208
　　一、1968年学生运动 / 208
　　二、埃切维利亚的革新之路 / 211

第三节 债务危机的爆发 / 216
　　一、波蒂略的上台 / 216
　　二、波蒂略的执政 / 216
　　三、债务危机 / 220

第四节 德拉马德里的新自由主义改革 / 221
　　一、应对债务危机 / 221
　　二、德拉马德里的外交作为 / 224
　　三、革命制度党的衰落 / 225

第五节 萨利纳斯的社会自由主义改革 / 227
　　一、萨利纳斯的社会自由主义思想 / 227
　　二、1994年的里程碑 / 233

第六节 塞迪略的自由化改革 / 237
　　一、金融危机的爆发 / 237

二、新自由主义和政治自由化 / 239

三、应对萨帕塔运动 / 241

四、全球化下的外交政策 / 242

五、革命制度党的下台 / 243

第八章 21世纪以来的政党轮替 / 245

第一节 国家行动党异军突起 / 247

一、革命制度党衰落缘由探究 / 247

二、国家行动党的崛起 / 250

三、国家行动党人福克斯上台 / 251

四、卡尔德龙延续国家行动党执政 / 254

第二节 革命制度党东山再起 / 257

一、培尼亚·涅托其人其事 / 258

二、革命制度党胜选的几大因素 / 260

三、涅托的政策举措 / 262

四、涅托的能源改革及其成效 / 265

第三节 国家复兴运动党脱颖而出 / 275

一、洛佩斯·奥夫拉多尔的当选 / 275

二、墨西哥的"第四次变革" / 278

三、挑战重重 / 281

第九章 墨西哥经济及对外关系 / 285

第一节 墨西哥经济 / 287

一、工业发展情况 / 287

二、服务业发展情况 / 289

三、农业发展情况 / 290

四、《美墨加协定》 / 292

第二节　墨美安全合作 / 296

　　一、美墨边境线的历史沿革 / 296

　　二、边境非法移民和贩毒问题 / 297

　　三、边境安全问题的影响 / 300

　　四、美墨处理边境安全问题的举措 / 303

　　五、特朗普激进的反移民政策 / 306

　　六、拜登政府的政策调整 / 308

第三节　中墨关系 / 309

　　一、中墨历史交往 / 309

　　二、正式建交后的中墨关系 / 312

参考文献 / 316

　　一、中文参考文献 / 316

　　二、西班牙语参考文献 / 317

后　记 / 318

绪　论

第一节　现代墨西哥的地理概况

如今的墨西哥位于西半球北美洲南部，北部与美国接壤，南部与伯利兹、危地马拉接壤，西侧和南侧濒临太平洋，东部是墨西哥湾，东南侧濒临加勒比海。墨西哥的国土面积达 1964375 平方公里，在全世界排名第十四，是美洲地区面积第五大的国家，仅次于加拿大、美国、巴西和阿根廷。

墨西哥与美国共有的边界线长达 3326 公里，其中大部分按照布拉沃河（美国称"格兰德河"）为界划定。墨西哥与危地马拉、伯利兹的边界线长 1139 公里，其中与危地马拉的边界线长达 962 公里，主要由苏起亚得河、乌苏玛青多河和部分人工边界组成。

墨西哥东、西、南三面被马德雷山脉环绕。西马德雷山脉与太平洋海岸平行，并且在杜兰戈州南部的塞罗戈多达到最高点，海拔为 3340 米。东马德雷山脉起于科阿韦拉州和得克萨斯州交界处，向东北和东南方向延伸 1355 公里，平均海拔 2200 米。南马德雷山脉被称为横断火山带，许多山脉海拔超过 3000 米，火山林立，地震频繁。

墨西哥中部是较为平坦的墨西哥高原，平均海拔为 1200 米。因其地貌形态类似一张方桌，因此被称为"桌状高原"。其中部的一系列山脉将墨西哥高原划分为南北两部分。高原北部又称"北部盆地"，当地人称为"博尔松"，主要包括奇瓦瓦沙漠和马皮米盆地等，气候干旱，昼夜温差大。高原南部又称"中央高原"，平均海拔为 2000—2500 米，分布着山间谷地和火山锥，土壤肥沃，包括瓜纳华托州、克雷塔罗州、哈利斯科州、米却肯州和阿瓜斯卡连特州等富饶的农业区。

墨西哥西北部是地形狭长的下加利福尼亚半岛，是北美海岸山脉的延伸，邻近美国，地势较低，平均海拔为 500—1500 米。下加利福尼亚半岛自西北向东南延伸 1223 公里，宽 50—250 公里，面积 14.37 万平方公里，形状酷似一条瘦长的手臂。墨西哥湾沿岸平原始于科阿韦拉州东北部，止于坎佩切州，地势较为平坦。东南部为地势平坦的尤卡坦半岛，主要由石灰岩构成，位于墨西哥湾和加勒比海之间。尤卡坦半岛平均宽320公里，海岸线长约1100公里，平均海拔不到200米。

墨西哥位于环太平洋火山地震带，因此境内山峰林立。墨西哥中央高原南部从西向东矗立着300多座火山，被称为"横断火山带"。墨西哥最高的山峰是奥利萨巴峰（Orizaba），位于维拉克鲁斯州和普埃布拉州交界处，也是北美地区第三高峰。墨西哥最大的湖泊是查帕拉湖（Chapala），位于哈利斯科州与米却肯州之间，面积达1116平方公里，深度约为4—6米，是墨西哥第二大城市瓜达拉哈拉市的主要供水来源。

由于具有独特的地理位置，墨西哥的气候也呈现出多样化特点。北回归线将墨西哥分为温带和热带地区。墨西哥的北部十分干燥，有大片沙漠，夏季最高气温甚至能超过50℃，冬季气温较为温和。由于北部沙漠里生长着很多仙人掌，墨西哥也因此被称为"仙人掌国"。墨西哥的南部则气候潮湿，有大片茂密的热带雨林。南部沿海平原和尤卡坦半岛年均气温在24℃—28℃。

墨西哥的仙人掌

第二节　现代墨西哥的人文概况

作为北美大陆的拉美国家，墨西哥是欧洲与美洲文明碰撞与交流、融合与发展的重要地区。现代墨西哥的民族身份和文化元素呈现现代和传统并存的多样性特点。

在哥伦布发现新大陆之前，包括墨西哥在内的美洲地区生活着印第安人。墨西哥所在的地区先后孕育出了奥尔梅克、特奥蒂瓦坎、玛雅、托尔特克、阿兹特克等著名的印第安文明。随着15世纪末16世纪初西班牙人的入侵，美洲印第安文明逐渐衰落，欧洲文明不断传入，在这片土地上传播自己的语言、文化和宗教。

目前，西班牙语成为墨西哥的官方语言。尽管墨西哥没有宣布其官方宗教，但天主教已成为该国国内信仰人数最多和最有影响力的宗教。墨西哥国内信仰天主教的人数占总人口的80%左右。墨西哥的天主教徒主要信奉该国特有的瓜达卢佩圣母。此外，墨西哥信仰新教和福音教的人口约占总人口5.2%。从绝对数量上看，墨西哥是世界上天主教徒人数第二多的国家，仅次于巴西。

同时，墨西哥出现了欧洲白人、土生白人、印欧混血人、非洲人、印非混血与印第安人共同生存的局面。其中，墨西哥城等大城市白人和印欧混血人较多。据统计，2020年墨西哥人口为1.28亿，其中印欧混血人和印第安人占总人口的90%以上。目前，墨西哥国内仍有71个印第安部落。其中，印第安人部落最多的地区主要包括恰帕斯州（14个）、瓦哈卡州（13个）、维拉克鲁斯州（6个）、下加利福尼亚州（6个）和索诺拉州（5个）。此外，塔巴斯科州、尤卡坦半岛、圣路易斯波托西、格雷罗州等地区也散布着一些印第安部落。据统计，这些印第安人讲着总共68种语言或方言，其中纳瓦特尔语是使用人数最多的语言，主要使用地区包括墨西哥城、格雷罗州、伊达尔戈州、莫雷洛斯州、圣路易斯波托西州、墨西哥州、普埃布拉州和维拉克鲁斯州。而蒙特雷、坎昆和瓜达拉哈拉三大城市也集中了

22%—30%的原住民。

墨西哥是世界遗产数量最多的国家之一。截至2018年，其经联合国教科文组织审核被批准列入《世界遗产名录》的遗产数量达到35项，包括27项文化遗产、6处自然遗产以及2项文化与自然混合遗产，在数量上位居世界第七位。其中文化遗产包括特奥蒂瓦坎古城遗址、奇琴伊察古城、帕伦克古城和国家公园、乌斯马尔古镇等众多著名的印第安文化遗址。

墨西哥在饮食文化上秉承了玛雅文化和阿兹特克文化特色，口味浓厚。墨西哥人的传统食物包括玉米、菜豆和辣椒。玉米起源于墨西哥类蜀黍，其种植在墨西哥有着悠久的历史。墨西哥人喜欢制作被称为"塔克"（西班牙语为Taco）的玉米饼，并且在其中夹上肉类、奶酪和蔬菜。这道小吃在墨西哥大街小巷均可看到。墨西哥人还喜食辣椒，菜式以酸辣为主。其本土出产的辣椒估计有上百种，颜色从火红色到深褐色各不相同，辛辣程度不一。墨西哥人还喜欢制作一道被称为"波梭雷"（西班牙语为Pozole）的玉米浓汤，在其中加入各种豆类、鸡肉和蔬菜，味道鲜美可口。

墨西哥传统小吃塔克

墨西哥传统艺术融合了西班牙和印第安文化特色。墨西哥传统民族音乐包括哈利斯科州的"马里阿奇音乐"、维拉克鲁斯州的"瓦斯特克音乐"和南部的"马林巴音乐"。墨西哥音乐的杰出代表人物包括被称为"墨西哥近代音乐之父"的曼努埃尔·玛利亚·庞塞、著名作曲家西尔维斯特里·雷维尔塔斯，还有世界歌坛的三大男高音之一何塞·普拉西多·多明戈。

墨西哥还诞生了许多享誉国内外的文学家。著名作家奥克塔维奥·帕斯（Octavio Paz）融合了拉美本土文化及西班牙语系的文学传统，创作有长诗《太阳石》、诗集《东山坡》、诗歌《假释的自由》、文论《弓与琴》等作品，曾于1990年荣获诺贝尔文学奖。同时，卡洛斯·富恩特斯、塞尔吉奥·皮托尔、何塞·埃米利奥·帕切科、埃莱娜·波尼亚托夫斯卡、费尔南多·德尔·帕索等也是为世人称道的墨西哥作家，均获得过被誉为"西语世界诺贝尔文学奖"的西班牙塞万提斯文学奖。

| 第一章 |

璀璨的印第安文明

第一节 墨西哥文明的起源

墨西哥位于美洲大陆中部,是世界著名的文明古国和印第安人古文明发源地之一。这里先后诞生了奥尔梅克、特奥蒂瓦坎、玛雅、托尔特克、阿兹特克等闻名遐迩的印第安文化。

英国生物学家达尔文的生物进化论认为,人类是生物进化的产物,现代人类是从已经灭绝的类人猿进化而来。恩格斯提出:人类通过劳动从动物状态中脱离出来,在体质上得到相应的发展。迄今为止,地球上发现的最早古人类化石发现于非洲,因此专家普遍认为人类起源于非洲。由于美洲至今没有发现过类人猿化石,专家一般认为美洲不是人类的起源地,当地最早出现的人类是从其他大陆迁徙而来的。在迁徙论中,分别出现了"大洋洲起源说""陷落大陆起源说""西北欧起源说""以色列起源说""亚洲起源说"等。最常见的说法是,在距今11万年到1.1万年前的末次冰期,由于全球气温较低,地球表面分布着大量冰川,海面下降了一百多米,西伯利亚和阿拉斯加之间的白令海峡所在地区出现了大陆桥,动物可以在亚洲和美洲间迁徙,来自亚洲北部的游牧民族很有可能为了捕猎而穿越白令海峡抵达美洲。而且考古学界认为,印第安人的祖先应该是分批陆续抵达美洲,之后经过长期的迁徙最终遍布美洲。

美洲地区关于印第安人起源的考古发掘也不断有新的发现。2021年,研究人员分析发现,美国新墨西哥州的人类脚印化石是2.3万年前留下的。此前,考古学家已在阿拉斯加挖掘出鹿骨刮刀,测定年代为2.7万年前。而南美洲的厄瓜多尔、秘鲁和巴西等地也先后发现了距今约1万年的人类遗骨化石,并在阿根廷南部发现了人类使用过的工具和食用后丢弃的骆驼骨头。由此证明,至少1万年前,整个美洲都已有人类存在。根据考古学家对早期印第安人遗骸、猎物骨骸以及石器的测定,判断印第安人来自亚洲东北部。此外，大多数印第安人头发黑且直、黄皮肤、出生时臀部有青色胎记，具有蒙古人种的特征，在人类学上被列为亚美利加支系。

考古发现，距今2万至1.5万年前，墨西哥所在的地区就有人类居住，大概处于旧石器时代。2014年，考古学家检测认定在墨西哥尤卡坦半岛地区发现的人类女性骸骨已有1.3万—1.2万年历史，其颅骨保存完整，成为美洲大陆迄今发现的最古老颅骨之一。而且从其牙齿基因标记显示，其与现代美洲土著居民有着相同的遗传基因，即也拥有经白令海峡迁徙至美洲的亚洲人基因。

最早来到美洲的人类在此后数千年内仍以打猎和采集食物为生。墨西哥发现最早的洞穴壁画位于下加利福尼亚半岛，距今约有7500年。大约在公元前5000年，美洲地区开始出现农业文明，印第安人成功将野生玉米驯化为可食用的玉米，许多游牧民族开始建立定居点并种植玉米、南瓜、辣椒等农作物。随着农业种植技术不断进步、粮食供应逐渐稳定，公元前1500年墨西哥部分地区进入原始公社繁荣时期。得益于墨西哥中部和南部适宜的气候和肥沃的土地，该地区先后孕育出奥尔梅克、特奥蒂瓦坎、玛雅、托尔特克、阿兹特克等著名的印第安文化。

第二节　奥尔梅克文化

一、奥尔梅克的三个文明中心

奥尔梅克文化是目前已知的最古老美洲文明，因此被称为"印第安文明之母"。它兴盛于公元前1200—公元前100年左右，覆盖范围包括墨西哥维拉克鲁斯州东南部和塔瓦斯科州西部，面积约达1.8万平方公里。这片地区纬度较低，炎热多雨，土地肥沃，植被茂密，活跃着美洲豹、奎特查尔凤鸟①等多种特有生物，而且拥有大片橡胶树林。因此，这里的居民被称为"奥尔梅克人"，在其土著语言中的意思即"橡胶之乡的人"。

据考证，奥尔梅克文化最早在公元前1200年左右诞生于中美洲圣洛伦索高地②的热带雨林，在公元前1150年到公元前900年达到繁荣顶峰。圣洛伦索是集合宗教仪式中心和居民区的城市。考古学家发现圣洛伦索有多处城邦遗址，城市拥有中心街道，两侧对称排列许多石碑，还建有神庙。雄伟的金字塔形神庙是用于祭祀的场所，周围环绕着巨大的广场。同时，考古学家还在遗址内发掘出土大量用于陪葬的玉石和黑曜石等雕刻出的物件，上面雕刻着美洲豹、凤鸟等图腾形象，此外，还出土大量陶器和小型雕像。可以推断出，奥尔梅克人在这里举行露天宗教仪式。

圣洛伦索被毁于暴力后，奥尔梅克人将文化中心迁移至塔瓦斯科州的拉文塔，并在该处繁衍生息直至公元前400年。拉文塔位于距离墨西哥湾沿岸不远的一座面积约5平方公里的小岛上。奥尔梅克人在这里建造了壮观的金字塔和大广场。该处的金字塔是中美洲已知的最早金字塔。经过2500多年的风吹日晒，它目前露出地表的部分依然高达34米，并且保存着阶梯式的侧面。考古学家还在金字塔下面发现了许多墓葬，并发掘出大量玉石祭品、陶器和金属镜等。

维拉克鲁斯州的特雷斯·萨波特斯也是其重要文化中心，被称为奥尔梅克的第三个首都，其繁荣时期大约为公元前500—公元前100年，拥有许多住宅建筑群。1862年，考古学家在这里首次发现了奥尔梅克巨石头像。

---

① 又称格查尔鸟、彩咬鹃、凤尾绿咬鹃，著名的热带攀禽，外表华丽，长有翠绿和蓝色的羽毛，生活在中美洲热带雨林，被危地马拉奉为国鸟。
② 位于现今的维拉克鲁斯州。

二、奥尔梅克社会

经考证发现，奥尔梅克人组成了由国王、贵族和平民组成的不同阶层的神权社会，并形成了明确的社会分工。奥尔梅克的国王也是宗教领袖，通过宗教信仰加强权力和获取资源。其他的奥尔梅克人则致力于农业、工艺创作、防御外敌等不同活动。得益于平坦肥沃的土壤，奥尔梅克人以农业经济为主，他们种植玉米、马铃薯、南瓜、豆类和可可等作物，并与墨西哥中部以及危地马拉的其他民族进行农产品贸易。奥尔梅克人的主要食物是玉米，因此被称为"玉米人"，其文明也被称作"玉米文明"。此外，奥尔梅克人还食用火鸡、鱼、野鹿等动物的肉，并饲养犬类。

奥尔梅克的建筑和石雕工艺较为发达。奥尔梅克文化艺术主要通过玉石、黏土、玄武岩、绿石等艺术制品表现。他们将玉石视为无价之宝，经常使用翡翠和绿玉制作小型雕像、宗教用具和一些装饰品。他们还擅长制作鱼类或者鸟类形状的器皿。经考证，奥尔梅克人已经学会冶铁技术，并在日常生活和宗教仪式中使用铁矿石冶炼出的镜子。考古发掘出的石碑上显示，当时的国王和祭司会在前额和胸前佩戴镜子。

据考证，奥尔梅克人已学会使用文字来记录历史。考古学家在奥尔梅克文明遗址发现了一块刻有许多象形和图案的石板，许多学者认为其可被视作文字。他们创造了历法和计数符号，使用点和线记录日期。此外，历史学界还有"殷人东渡美洲论"学说。由于奥尔梅克人与华夏人一样喜爱玉器、奥尔梅克玉圭上的图案与甲骨文类似，有部分学者认为奥尔梅克文明可能来自中国的殷商文化。

奥尔梅克人信奉神灵，相信来世。他们认为生命来自崇拜的图腾物，崇拜半人半兽的美洲豹、羽蛇神（形象为长有凤鸟羽毛的蛇）、谷神和凤鸟等，认为人类靠这些神灵庇佑而生存，死后亦将回归图腾神所在地。为了抚慰神灵，奥尔梅克人以活人祭祀，他们经常举办以实心橡胶球赛为形式的宗教仪式，获胜的队伍享受无上的荣誉，失败的一方则要献出队长的头颅用于祭祀。目前考古发现，早在公元前 1800 年前后就已经出现了这种球赛。

三、巨石头像之谜

巨石头像是奥尔梅克文化的代表作品，目前墨西哥国家人类学博物馆、维拉克鲁斯州哈拉帕人类学博物馆等多家博物馆收藏了奥尔梅克的巨石头像。20 世纪 30 年代，考古队在拉文塔族森林里发现十几个巨大的头部雕像，主要材料为玄武岩，外貌神态各有不同。其中最大的巨石头像高 3.05 米，重达 30 吨，是根据一名男性青年的外貌所刻画，鼻子扁平，嘴唇厚大，眼睛呈杏仁状，头部戴有一顶装饰着花纹的头盔。考古学家发现，巨石头像佩戴的头盔与橡胶球赛中队员的安全帽相似，可能是奥尔梅克人将这些头像作为祭品献给神灵，以祈求平安幸福。也有人认为这些头像是为了纪念奥尔梅克人的统治者而造。最奇特的是，奥尔梅克人所聚居的地方并不盛产玉石和玄武岩等石材，他们也没有车辆等便捷的运输工具。从数十公里外的采石场将玉石和巨石搬运过来是一项十分复杂艰难的工程。

奥尔梅克的巨石头像

目前，奥尔梅克文化出土的大部分文物收藏于墨西哥哈拉帕人类学博物馆和拉文塔博物馆公园，另外，墨西哥国家人类学博物馆也收藏了部分珍贵的文物。关于奥尔梅克文明的衰落，有很多说法，包括气候变化、疾病蔓延、火山爆发等。但毋庸置疑的是，奥尔梅克文化是中部美洲早期文明成果的重要组成部分，其很多文化元素与玛雅、阿兹特克等文化有共同之处，例如建筑中的金字塔形神庙、用活人祭祀神灵的传统、对美洲豹和羽蛇神的宗教崇拜等也出现在玛雅文化和阿兹特克文化中，可以说为此后美洲地区的其他文明打开了先河。尤其是奥尔梅克时期出现的美洲特色的神庙形式，即大约10层楼高的塔状高台顶端矗立着壮丽的神殿，远看像一座金字塔。这一风格后来也被玛雅人和阿兹特克人所继承。

第三节　特奥蒂瓦坎文化

特奥蒂瓦坎文化是与玛雅文明同期的古印第安文明。该文化大约兴盛于公元前2世纪到公元7世纪中叶，地处墨西哥中部谷地，位于如今墨西哥首都墨西哥城东北部48公里处，形成了以特奥蒂瓦坎和乔卢拉为中心的都市社会。特奥蒂瓦坎古城最先被阿兹特克人所发现。当阿兹特克人到达时，特奥蒂瓦坎文明已经衰落，该城一片荒芜，但巨大的建筑群令其叹为观止，于是取名为"Teotihuacan"，在纳瓦特尔语中意思为"诸神之都"。现在位于墨西哥城北部的太阳金字塔和月亮金字塔即为特奥蒂瓦坎古城的标志性建筑遗址。

一、宏伟的特奥蒂瓦坎古城

特奥蒂瓦坎古城是特奥蒂瓦坎人的宗教圣地和经济中心。古城布局严谨、规模宏大、建筑精美，由数代建筑师和祭司耗费数百年的时间设计并逐步建设而成。据考证，特奥蒂瓦坎文明经历了四个时期。第一阶段是公元前200年—公元1年，该时期居民开始向山谷集中，特奥蒂瓦坎城市开始呈现雏形。第二阶段开始于公元 1 年,结束于公元 350 年。该时期特奥蒂瓦坎人口急剧增长,居民区不断扩大,太阳金字塔和月亮金字塔也陆续建成,特奥蒂瓦坎成为中美洲最大的城市以及墨西哥中部的宗教中心。第三阶段从公元 350 年持续到公元 650 年。该时期,特奥蒂瓦坎古城不断崛起,在公元 450 年达到全盛时期,面积达 38 平方公里,居民有 20 多万人,是当时世界上最大的城市之一。第四阶段从公元 650 年到公元 750 年,该时期特奥蒂瓦坎由全盛走向衰落。一些考古学家认为特奥蒂瓦坎可能因为社会阶层矛盾经历了内乱,也有人认为是干旱和饥荒或是火山喷发等灾害导致了人口迁移。但特奥蒂瓦坎文化并未完全消亡,而是逐渐在其他地区与当地文化相融合,随后产生了霍奇卡尔科、艾尔塔星、托尔特克等新的文明。

特奥蒂瓦坎古城的布局和建筑令人惊叹。一条南北走向、长 4 公里、宽 40 米的"黄泉大道"(又称"死亡大道""亡灵大道")贯穿整座城市。当初阿兹特克人首次抵达时,被庄严肃穆的城市氛围所震惊,认为道路两旁是神灵的坟墓,所以将之称为"黄泉大道"。大道东侧矗立着宏伟的太阳金字塔,是用于祭祀太阳神的地方。金字塔高达 65 米,基座为边长 225 米的正方形。塔面是呈"金"字的等腰三角形,塔身一共分为五层,体积超过 100 万立方米。顶部原来有一座用于活人祭祀的太阳神庙,发现时已经完全被损毁。太阳金字塔的底部有一个地道,从地道走进塔内,可以看到一座金字塔。大道北端是月亮金字塔,是祭祀月亮神的地方。塔高 46 米,基座长 204 米、宽 137 米。月亮金字塔的建造比太阳金字塔晚 200 年左右,规模较小,但其建在比太阳金字塔更高的地基上,因而两座塔的顶部位于同一水平线。月亮金字塔前的广场十分宽阔,可容纳上万人。

特奥蒂瓦坎古城黄泉大道的北端是华丽的"太阳宫",以前是太阳金字塔最高祭司的宫殿。大道的南端建有城堡,其内有奎扎科特尔[①]神庙(即羽蛇神庙)、广场、住宅以及 15 座金字塔式平台,也是举行宗教仪式的地方。

---

① 阿兹特克人对该神庙的命名,纳瓦特尔语为 Quetzalcoatl,即羽蛇神。

被损坏的神庙只留下一座六层的棱锥形庙基，上面刻有精美的图案和奇异的象形文字。栩栩如生的羽蛇神形象频繁出现，它是特奥蒂瓦坎人崇拜的神灵，蛇身上长有凤鸟羽毛，既具有蛇所代表的大地和物质力量，又带有鸟所象征的天空和精神活力，因此被视为天地交汇的宇宙之神。考古队在这里发掘发现了埋有人类骨骸的墓坑，认为神庙在当时也是特奥蒂瓦坎的祭祀中心。月亮金字塔广场的西侧是豪华的蝴蝶宫，当时也是祭司的住所，宫内的壁画仍然保持着鲜艳的颜色。除了祭祀建筑外，特奥蒂瓦坎古城内还有大量居民住宅。

太阳金字塔

二、特奥蒂瓦坎社会结构

特奥蒂瓦坎的社会有不同阶层和不同分工。宗教在其政治生态中占有重要地位，政治领袖一般也是宗教领袖。特奥蒂瓦坎社会的中上阶层是商人、艺术家和水平高超的手工艺人。社会底层则是农民和搬运工等从事重体力劳动的群体。统治阶层和社会精英的住宅区主要位于古城中北部靠近太阳金字塔和月亮金字塔的地区，这里是特奥蒂瓦坎古城最早的居民聚居区，也是政治和宗教中心区。古城边缘地带则聚集了一些手工业作坊和较大型住宅。

这里谷地的平坦地势、丰富的黑曜石资源和便利的通商路线为农工商业发展提供了天然优势。特奥蒂瓦坎的主要经济活动为手工业。考古学家在古城内发现了不少手工业作坊，城市东部有制作玉器、水晶、黑曜石等制品的作坊，南部有陶器作坊，陶器制作工艺精良，品种繁多。其中，特奥蒂瓦坎因盛产黑曜石而闻名，有大量手工艺人从事黑曜石加工业，在中美洲地区获得了黑曜石贸易的垄断地位。农业实行广泛耕种，灌溉技术发达，重要农作物有玉米、南瓜、番茄、可可等。特奥蒂瓦坎的贸易活动井然有序，考古学家在这里发现了来自现在美国西南部的绿松石、来自危地马拉的玉石等各种物品，表明特奥蒂瓦坎人与许多其他地方存在贸易联系。

三、特奥蒂瓦坎人的宗教信仰

特奥蒂瓦坎人是多神论的信徒，崇拜多种神灵，包括太阳神、月亮神、风暴之神、伟大女神、雨神、水神、羽蛇神等，古城中的建筑大量出现这些神灵的形象。这也是古城被后人称为"诸神之都"的原因之一。许多学者认为，伟大女神是特奥蒂瓦坎人的主神，带有鸟形头饰，身上或手臂上悬挂着蜘蛛形动物，是象征植物和生育能力的神灵。另外，特奥蒂瓦坎人认为羽蛇神是将历法等知识传授给人类的文明之神，对其十分尊崇。

古城的壁画中可以看到许多叼着滴血心脏的神兽，再加上考古发掘出许多双手被捆绑于背后和被斩首的人类骨骸，因此考古学家推断特奥蒂瓦坎人也使用活人祭祀。同时，特奥蒂瓦坎人也用动物祭祀，在挖掘特奥蒂瓦坎城金字塔过程中，考古队发现了美洲豹、狼、鹰、蛇等代表神灵和武力的动物被活埋。特奥蒂瓦坎的壁画中还大量出现球赛的场景，他们也经常举行球赛作为宗教仪式。此外，特奥蒂瓦坎人也使用象形文字。截至目前，考古学界已初步确定了300多个特奥蒂瓦坎象形文字。

四、特奥蒂瓦坎人的科学水平

特奥蒂瓦坎人的天文和数学水平已经达到了较高程度，在当时堪称奇迹。考古学家发现，黄泉大道朝北偏东15.5度，其他任何一条南北方向的街道都遵循这一方向，而东西向的街道与之几乎呈直角。黄泉大道以西90度的方向上正是每年4月30日和8月13日太阳从太阳金字塔正对面落下的地点。两个日期间隔260天，正好是特奥蒂瓦坎人的一个祭祀周期年天数。月亮金字塔广场上祭台的数量为12个，加上金字塔一共13个建筑，正好与特奥蒂瓦坎历法里一年的周期数相同。最神秘的是，黄泉大道附近遗址之间的距离比例，与太阳与九大行星之间的轨道数据比例惊人地吻合，这意味着当时的设计者已经了解太阳系。但历史记载人类直到1781年才发现天王星，1845年才发现海王星，1930年才发现冥王星。因此到现在，当时的特奥蒂瓦坎人如何设计并建造出这座城仍是一个未解的谜团。

五、扩张与衰落

特奥蒂瓦坎随着实力不断壮大，也开始扩张势力范围。公元378年，特奥蒂瓦坎人在危地马拉的蒂卡尔组织了一场政变，并征服了蒂卡尔。此外，据推测，公元426年特奥蒂瓦坎人到达如今位于洪都拉斯境内的科潘，取代玛雅人成为统治者。特奥蒂瓦坎人在其统治的400年时间里，通过不断征战扩大地盘，将科潘发展成玛雅南部最大的城邦，并控制了整个玛雅地区的玉石和黑曜石贸易。然而，特奥蒂瓦坎古城却在公元650年—750年左右于不明原因而突然被废弃，整座城市人去楼空，一片荒芜。有专家认为是长期干旱导致饥荒，造成特奥蒂瓦坎城的衰败。也有人认为是火山爆发摧毁了该地区的农业生产。

阿兹特克人发现了特奥蒂瓦坎后，相信众神在这里创造了宇宙，故称其为"众神之地"，并将其作为王室的朝圣之地。据记载，蒙特祖马二世每隔20天就要在这里举行祭祀仪式。西班牙殖民者抵达墨西哥后，因这里早已没有居民，所以也没有进行大规模的破坏活动。如今，它已是墨西哥保存最完好的印第安文明遗址之一，也是最受欢迎的旅游胜地之一。1987年特奥蒂瓦坎古城被联合国教科文组织列为世界文化遗产。

第四节　玛雅文明

玛雅文明历史悠久，成就耀眼，是美洲古代印第安文明的重要代表之一。它起源并发展于现今墨西哥南部和中美洲北部，覆盖范围包括墨西哥的尤卡坦半岛、恰帕斯州、塔瓦斯科州、中美洲的危地马拉、伯利兹以及洪都拉斯、萨尔瓦多领土的西部地区，面积达到30万平方公里，约占中部美洲[①]的三分之一。目前，考古学家在墨西哥、危地马拉、洪都拉斯、萨尔瓦多和伯利兹五个国家发现了数百处玛雅文明遗址。其中，墨西哥的奇琴伊察、帕伦克、乌斯马尔和亚斯奇兰，危地马拉的蒂卡尔和洪都拉斯的科潘是最著名的六大玛雅遗址。

一、玛雅文明的兴衰

玛雅文明横跨3600多年历史。根据时间先后，玛雅文明总体上可以划分为三个时期：前古典时期、古典时期和后古典时期。

前古典时期是玛雅文明的形成期，大约从公元前2000年开始，到公元250年结束。这段时期，玛雅人结束游牧生活，开始走向定居生活并进入农耕社会，以种植玉米、豆类、南瓜和辣椒等作物为主，并创造出象形

---

① 从文化上划分，中部美洲北起墨西哥北部，南至中美洲地峡，是美洲文明摇篮之一。

文字和历法记录生活。同时，玛雅人建立起自己的城邦，国家雏形开始显现。据考证，玛雅人最早的城市大约出现于公元前750年，现今危地马拉佩滕地区的纳克贝是最早有详尽记载的玛雅城市。到公元前500年，玛雅人的城市已经拥有纪念碑、大型神庙和祭祀中心。到公元前3世纪左右，玛雅人已经开始使用象形文字。

古典期是玛雅文明的全盛期，大约从公元250年开始，到公元900年结束。该时期玛雅城市开始发展壮大，建筑规模达到巅峰，形成数以百计的城邦，城邦之间有贸易联系并结成复杂的政治联盟。这一时期玛雅文明覆盖了从墨西哥北部到中美洲南部等地区。公元5世纪起，玛雅人在位于墨西哥尤卡坦半岛建立奇琴伊察城邦，使之一度发展成为玛雅王国最繁华的城邦。位于现今危地马拉境内的蒂卡尔是玛雅古典期最大的城邦，在鼎盛时期拥有10万—20万居民。位于现今墨西哥恰帕斯州的帕伦克是玛雅古典期最美丽的城市，被称为"美洲的雅典"。著名的科潘遗址位于现今洪都拉斯科潘省西部，在公元5世纪到公元9世纪期间是玛雅王国的首都。

值得一提的是，该时期位于墨西哥中部的特奥蒂瓦坎文化对玛雅文明产生了强大的影响力。据蒂卡尔的石碑记载，公元378年特奥蒂瓦坎人入侵蒂卡尔，杀死国王并占领城邦。还有不少城邦也纷纷强调与特奥蒂瓦坎的联系，以强化自己的统治地位。公元9世纪左右，玛雅王国突然发生内乱，人口开始向北迁移，大量城市被废弃。

后古典时期从公元9世纪开始，到16世纪结束。该时期，墨西哥中北部的托尔特克人南下，征服尤卡坦半岛，与当地的玛雅人一起以奇琴伊察为都城，并兴建了库库尔坎金字塔、勇士庙等著名建筑。玛雅文明开始与托尔特克文化融合，该时期的建筑和艺术体现出浓厚的墨西哥风格。1221年左右，玛雅人发动起义，推翻了奇琴伊察的统治者，并召集各个城邦首领商定将政治中心迁移至同处于尤卡坦半岛的玛雅潘。1450年玛雅潘内部发生叛乱而被毁，加上连年战乱和自然灾害，玛雅文明进一步衰落。16世纪初西班牙殖民者开始征服中部美洲，攻陷了许多玛雅城邦。1697

年位于现今危地马拉北部的最后一个玛雅城邦诺赫佩滕陷落，玛雅文明就此衰亡。

二、玛雅宗教和社会

玛雅的宗教与其他发源于中美洲的宗教有着共同的特征，相信神灵的力量和世界的轮回。玛雅人认为天地最早处于黑暗状态，众神创造了日月和人类。玛雅预言指出，认为世界共有五次毁灭和重生的周期。每个周期被称为"太阳纪"。迄今世界已经经历了四个时代，每个时代皆因洪水泛滥或地震等重大自然灾难而结束。

玛雅人信奉多种神灵，包括天神伊察姆纳、太阳神基尼·阿奥、雨神恰克、风神乌拉坎、玉米神尤姆·卡克斯、羽蛇神库库尔坎等。其中，天神伊察姆纳是玛雅宗教中最重要的神，是祭祀的保护神，主昼夜，也是文字和科学的创造者。玛雅人十分重视祭祀活动，需择吉日进行祭祀，而且活动前献祭者要先禁食禁欲，而后开始进行焚香、耳舌放血、献祭动物并献舞。玛雅人认为鲜血可以取悦神灵，同时也举行活人祭祀等大型仪式。活人祭祀是最高规格的祭祀活动。由于各个城市间常有战争，战败一方身份较为显贵的俘虏经常被当作祭品献祭给神灵。

玛雅人还和奥尔梅克人一样举行橡胶球赛作为祭祀仪式，比赛结束后根据祭司所算卦的内容，将某方球队队长的人头献祭给神灵。考古学家在公元591年左右的玛雅遗址发现了刻有球类游戏图案的雕塑。在尤卡坦半岛的奇琴伊察遗址共有7个球场，其中一个球场长达166米，宽约68米，是当时中美洲最大的球场。

宗教渗透到玛雅社会和政治生活的方方面面。玛雅城市的中心既是行政中心，也是祭祀中心。玛雅社会形成了金字塔形的阶级分层，最上层的是高级祭司，是每个城市的统治者；其次是贵族，包括军事首领和高级官员；中产阶级为商人，拥有贸易自由和较多财富；平民阶级包括工匠和农民等；

最底层的为奴隶和战俘。古典期玛雅各城邦的领袖为君主，被赋予半神身份，被视为联系凡世和神界的中间人；城邦实行世袭制，圣主的长子是首要继承人，但军事才能是评判候选人能够继位的重要标准，通常以抓获的战俘数量作为参考。

三、科学和建筑

玛雅人因其高超的数学造诣和精美绝伦的建筑艺术而震惊世人。他们学会使用"0"的概念，这领先欧洲人数百年。他们用一点、一横与一个代表零的贝形符号来表示数字，计数使用二十进制。玛雅人对时间计算和天文学十分感兴趣，建有天文观测台，掌握了日月的运动周期以及其他行星的运行规律，并能够利用历法系统精准地记录。玛雅人的历法包括一套永不循环的长计数历法体系，以及三套循环体系，包括卓尔金历、哈布历和历法循环。长计数历法系统[①]通常在纪念碑文上使用。卓尔金历通常用来安排典礼仪式和占卜，卓尔金历的一年有260天，分为13个月，每月20天。哈布历一年有365天，分为18个月，每月20天，另加5天忌日，每4年加闰一天。历法循环为52年，以卓尔金历的260天和哈布历的365天为基数，整个系统正好每52个哈布历会重复一次。玛雅人认为，历法循环结束前夕是动荡及不幸的时期，因此期盼神灵赐予另一个52年周期。尤卡坦半岛奇琴伊察遗址的库库尔坎金字塔每边各有91级台阶，四周加起来共364级台阶，再加上塔顶的神庙，一共有365级台阶，象征着一年的365天。52块雕刻着图案的石板象征着52年一轮回的历法循环。每年春分和秋分的日落时分，金字塔背面一组台阶的边墙会在阳光下形成弯弯曲曲的等腰三角形，连同边墙底端的石刻蛇头，仿佛一条巨蛇从塔顶向大

---

① 长计数历法（Long Count）不同于玛雅人以52年为周期的历法，是玛雅人创造的一种用于记录更长时间的新历法，经常用于碑文铭刻用的时间。它是一种20进制的计数系统。

地游动，象征着羽蛇神降临，该景观被称为"光影蛇形"。此外，库库尔坎金字塔附近还留存着玛雅人建设的圆形天文观象台，玛雅人根据太阳照射在天文台门上在屋内形成的阴影来判断夏至和冬至的时间，并在天文台外巨大石杯里装满水，通过反射来观察星宿。

奇琴伊察库库尔坎金字塔

玛雅文明属于新石器时代和铜石并用时代。玛雅人使用石制和木制工具，用玉石、黑曜石和陶瓷制作艺术品，艺术形式精巧，在古典期末开始使用黄金和铜。玛雅人的纺织水平有所发展，会在织物上使用染料。其建筑水平高超，留下了金字塔、神庙、宫殿、球场等大量令人惊叹的建筑作品，能够雕刻出精美复杂的浮雕和镂空作品。位于如今墨西哥普埃布拉州的乔卢拉金字塔始建于公元前3世纪左右，是世界上最大的金字塔。奇琴伊察的库库尔坎金字塔，由玛雅人和托尔特克人共同建造而成。它宏伟壮观，高度达29米，周长250米左右，最顶层是一座高达6米的羽蛇神庙。此外，玛雅人的壁画艺术也堪称世界艺术宝藏。墨西哥南部恰帕斯州的博南帕克遗址以栩栩如生、色彩鲜艳的壁画而闻名世界。

博南帕克遗址

四、玛雅文字和文学

玛雅人的象形文字较为复杂，是哥伦布抵达前，美洲大陆发展最成熟的书写系统，也是世界上少数至今仍未被全部破译的古代文字之一。

古典时期的玛雅人根据长计数历法建造纪念碑，并在纪念碑上篆刻铭文，展现出了较高的科学和艺术水平。玛雅人还经常将文字刻在玉器和贝壳上，或是用毛发做的笔写在陶器、树皮制纸和鞣制过的鹿皮上，以记载其宗教神话、历史、天文等。其中，由专业抄写员在纸上写成的被称为玛雅手抄本。

玛雅象形文字

遗憾的是，西班牙殖民者到达美洲后，摧毁了大部分印第安书籍，只有少数玛雅手抄本侥幸得以保存下来，一般以最后存放的城市来命名，包括《德累斯顿手抄本》《马德里手抄本》《巴黎手抄本》和《格罗里手抄本》。

19世纪60年代，世人发现了《齐拉姆·巴拉姆丛书》，该书以拉丁字母拼写成的玛雅语撰写而成，记录了西班牙殖民者到达后的玛雅历史。此外，流传下来的写于1544年的玛雅文学作品《波波尔·乌》，记载了危地马拉基切民族的神话传说和历史，被誉为"美洲人的圣经"。

总的来说，玛雅文化与特奥蒂瓦坎文化及托尔特克文化有着较为紧密的联系，成为墨西哥及中美洲文明的重要组成部分。它神秘古老、博大精深，尤其精湛高超的建筑和科学水平引起人们的极大好奇，至今仍有许多谜团有待后世的人们解开。

第五节　托尔特克文化

托尔特克（Toltec）文化兴盛于公元5世纪到公元12世纪间。托尔特克人原先是墨西哥北部一支说纳瓦特尔语的游牧民族。托尔特克在纳瓦特尔语中的意思是"技工"，其文化与特奥蒂瓦坎文化有着较深的渊源。特奥蒂瓦坎古城开始衰落后，特奥蒂瓦坎人迁移至其他地区，其文化也与当地文化相结合，产生了包括托尔特克文化、霍奇卡尔科文化、艾尔塔星文化等。其中托尔特克文化最具有代表性。也有人认为托尔特克人实际上是一个由科学家和艺术家组成的社会，一直在探索和传承前人在心灵哲学上的成就和实践。

一、托尔特克军事帝国的建立

据考证，托尔特克人的统治范围包括现今墨西哥的特拉斯卡拉州、伊达尔戈州、墨西哥州、墨西哥城、莫雷洛斯州和普埃布拉州。公元511年左右，托尔特克人离开墨西哥西北部的沙漠地区，向中部进发开始"朝圣之旅"。他们游荡了将近104年，直到开始在如今墨西哥的萨卡特卡斯州、伊达尔戈州和哈里斯科州等地区落脚。其间，托尔特克人与当地的特奥蒂瓦坎人产生交集，受其影响，融合出新的托尔特克文化。

托尔特克文化在公元667年至公元1052年间处于鼎盛时期，共经历了八位统治者。公元850年左右，托尔特克一位被后世称为"云蛇"①的著名首领带领人民进入墨西哥山谷，并建设了第一座城市库尔瓦坎。"云蛇"被敌人杀死后，其子继位，自称为克查尔科亚特尔，即"羽蛇神"。公元856年，托尔特克人在"羽蛇神"的带领下，开始在现今伊达尔戈州境内兴建图拉城，此后图拉长期被作为托尔特克人的都城。图拉位于墨西哥城以北65公里，属于现今的伊达尔戈州，周围群山环抱，面积约14平方公里。图拉城在公元900—公元1150年达到鼎盛时期，人口约达数万人。

托尔特克在巅峰时期控制了现今墨西哥的大部分地区，从现今墨西哥中北部的萨卡特卡斯州到东南部的尤卡坦半岛。公元967年，托尔特克人南下到达尤卡坦半岛，与玛雅人在奇琴伊察北侧共同建设了新的城邦。公元12世纪中叶，图拉城发生内讧，同时来自墨西哥北部的奇奇梅卡人趁机侵略。也有专家认为当地的干旱造成饥荒并引发了内战，导致图拉城被遗弃，托尔特克文化也随之衰落。

托尔特克帝国以崇尚武力和重视军事而著称。武士和祭司是其社会的两大支柱。帝国的领导层由武士阶层所控制，他们掌握主要权力，允许宗教阶层附属于他们。托尔特克的统治者一般具有历史和祭祀知识，同时拥有军事和商业领袖素质，因此兼任军事领袖和大祭司。帝国通过武力征战不断扩大地盘，并要求其统治下的部落进贡。他们十分重视规则的制定，要求民众严格遵守法律。

---

① 纳瓦特尔语为CeTecpatlMixcoatl，译名为"云蛇"，在古印第安神话中是羽蛇神的父亲。

二、托尔特克的二元宗教

托尔特克人的宗教是多神教。他们信奉羽蛇神奎扎科特尔、无形与黑暗之神特斯卡特利波卡、玉米神森特尔、雨神特拉洛克等,这些神灵也经常出现在其绘画和雕塑中。托尔特克的宗教信仰体现出二元宗教的特点。他们崇拜的主神羽蛇神奎扎科特尔和无形与黑暗之神特斯卡特利波卡是对立的两个神灵,前者是一条长有羽毛的蛇,主要功能是生育力和创造力,之后也被赋予创造者、金星之神等多重身份,后者在纳瓦特尔语中的意思是"冒烟的黑镜",代表了天意、无形和黑暗。

托尔特克人也有用活人祭祀的传统,他们认为这是对众神的服务,向神灵供奉活人的心脏可以延缓世界末日的到来。托尔特克人主要用战俘进行祭祀,但考古发现他们也用5—15岁的儿童进行活人祭祀。

三、"伟大的工匠"

托尔特克因其在建筑、雕塑、绘画等方面拥有较为高超的技艺,被称为"伟大的工匠"。以图拉城为例,整座城市布局对称,设有排水系统。其中心是一个边长约120米的四方形广场,广场北面有一个金字塔,顶部是托尔特克人用来祭祀金星的神庙。此外,城中还有太阳神庙、球场、祭坛和居民住宅等。

托尔特克人在墨西哥古代建筑史上以创造和使用圆柱而闻名。他们发明了采用人形雕像的立柱结构支撑房屋的天花板。考古学家在图拉城金字塔顶部发现了两排共8个高约4.6米的武士像石柱,头戴羽毛装饰,手持长矛,表情严肃。金字塔顶的神庙顶部已经被毁消失,只留下这些石柱作为图拉城的标志性建筑。

| 墨西哥史话

图拉城的人形雕像

　　托尔特克人与玛雅人在尤卡坦半岛共建的新奇琴伊察城位于老城的北侧，呈现出浓厚的托尔特克风格。其中的武士神庙是按照图拉城的神庙而建，也伫立着大量的武士像立柱。神庙南部的柱廊有好几排石柱，形成千柱广场。托尔特克的艺术作品经常表现战争题材，其中有全副武装的武士和美洲豹、鹰、蛇等食肉动物，这些动物的嘴里经常叼着滴血的人心，表现出托尔特克文化的好战尚武。另外，恰克摩尔（Chac-mool）的形象也经常出现在托尔特克的雕塑中。它是托尔特克神话中负责传递消息和祭品的神使。这种雕像为人形，呈半躺仰卧状，以手肘支撑上半身，腹部的容器用于放置祭品。考古学家在图拉城和奇琴伊察分别发现了12座和14座这种雕像。托尔特克人还喜欢在艺术品中使用黑色，其器皿边沿经常带有黑色直线纹路。此外，他们还利用蚌壳制作装饰品，并制成生动的人像。

恰克摩尔

四、社会文化

图拉城在鼎盛时期约有 6 万人口，此外山谷地区生活了约 6 万人，大多数为农民，他们主要种植棉花、玉米、辣椒和豆类等作物。由于他们生活的地区经常发生干旱，因此苋菜成为其饮食中的一种重要食物，它的适应性很强，可以在各种土地上生长，耐干旱和霜冻，而且储存时间比玉米和豆类更长，不易变质，在缺乏谷物的情况下可以作为储备食物。如今墨西哥和中美洲一些地区还有居民习惯将苋菜与蜂蜜、花生和葡萄干混合制作成菜肴"阿莱格里亚"（alegría）①。同时，手工艺和宝石加工也是托尔特克人的重要产业。图拉城中有专门的石器和冶金作坊，手工艺人在那里制作出农具和武器。另外，也有专门的纺织和陶器作坊。尽管和玛雅人相比，托尔特克人的势力范围较小，但其也经常与周围的城镇开展贸易和交换商品。考古学家曾在尼加拉瓜和墨西哥湾沿岸发现了托尔特克的陶瓷作品。

公元 12 世纪，图拉衰落后，当地部落不断互相征战。墨西哥谷地逐步形成了库尔瓦坎、阿斯卡波查尔科、科阿特利昌等城邦。随后，阿兹特克人到来并占领了这些地区。同时，阿兹特克人也认为自己是托尔特克文化的继承者，其传说和图画也经常描写托尔特克帝国历代统治者的故事。

第六节　阿兹特克文化

阿兹特克文化是西班牙殖民者到来前墨西哥最后一个印第安古文明，兴盛于公元 14 世纪到 16 世纪，发源于墨西哥中部的特斯科科湖地区。阿兹特克文明与玛雅文明、印加文明并称为拉丁美洲三大古文明。

---

① 其意思为高兴、愉悦。

一、阿兹特克帝国的崛起

阿兹特克人又被称为"特诺奇卡人"或"墨西卡人",是说纳瓦特尔语的游牧民族,原先是奇奇梅卡人的分支。因其发源地为阿兹特兰,该民族被命名为"阿兹特克",意为"阿兹特兰的人民"。根据民族传说,阿兹特克人受到太阳神威齐洛波契特里[①]的启示,称如果看到一只鹰叼着一条蛇站在仙人掌上,那就是可以定居的地方。经过长途跋涉,公元1276年左右,阿兹特克人进入墨西哥谷地,并在查普尔特佩克地区定居。当时,该地区战事不断,库尔瓦坎、阿斯卡波查尔科等国家之间经常发生冲突。阿兹特克人为了生存,开始为库尔瓦坎充当雇佣军,并逐渐融入当地社会。1325年左右,因与库尔瓦坎发生冲突,阿兹特克人再次进行迁徙,在首领特诺克带领下来到特斯科科湖,据说在那里看到一只叼着蛇的老鹰停歇在仙人掌上,便在这里定居下来,后来建立了特诺奇蒂特兰城(位于如今墨西哥城的下方)。

当时的特诺奇蒂特兰坐落在特斯科科湖中的一座岛上,阿兹特克人用3条10米宽的道路将其与湖外的陆地相连。城市有长达1万多米的防水堤坝,防止城市被雨季上涨的湖水淹没。由于湖水是不能饮用的苦涩咸水,所以建造者修了两条石槽从城外的查普尔特佩克地区引淡水入城。城市中心是以金字塔大神庙[②]为主的建筑群,大约共有40座神庙,供奉着太阳神威齐洛波契特里、黑暗之神特斯卡特利波卡等阿兹特克的神灵,同时也会供奉一些被征服的部落信奉的神灵。神庙群的周围则是王室和贵族的宫殿府邸,墙壁呈红色或白色,大多数建有美丽的花园。该城市在鼎盛时期达到20万—30万人口,成为哥伦布抵达前美洲最大的城市之一,当时只有

[①] 纳瓦特尔语为 Huitzilopochtli,阿兹特克神话中的战神和太阳神。
[②] 西班牙语为 Templo Mayor,主要供奉阿兹特克的守护神 Huitzilopochtli 和雨神 Tlaloc。

巴黎、威尼斯和君士坦丁堡能与之匹敌。

特诺奇蒂特兰建立之初，墨西哥谷地已形成了阿科尔瓦人①控制的特斯科科和特帕内克人控制的特拉科潘等城邦，但势力最强的是同被特帕内克人控制的阿斯卡波查尔科。特诺奇蒂特兰、特斯科科和特拉科潘都要向阿斯卡波查尔科进贡并提供军事服务。公元1376年，阿兹特克人与库尔瓦坎人的混血后代阿卡马皮奇蒂利登基，成为阿兹特克第一任国王。其统治期间，制定了阿兹特克第一部法律，建立了政府，并将特诺奇蒂特兰划分为四个区域，还建造了大神庙。此外，由于特诺奇蒂特兰建在特斯科科湖中，耕地有限，阿卡马皮奇蒂利通过推动建设岛屿周围的"浮动花园"②，进一步扩大特诺奇蒂特兰的领土。

公元1396年，阿卡马皮奇蒂利病逝，其子维齐利维特尔继位。通过与阿斯卡波查尔科的公主联姻，维齐利维特尔的统治得到了巩固。到1417年维齐利维特尔病逝时，墨西哥谷地已经形成了阿兹特克与阿斯卡波查尔科两强并存的局面。公元1426年，长期以来阿斯卡波查尔科的统治者特佐佐莫克去世，该国陷入混乱。特佐佐莫克杀害了阿兹特克人支持的继承人塔亚哈乌，并登上王位。

公元1428年，阿兹特克第四任国王伊斯科阿特尔上台后，推动国家振兴，推动特诺奇蒂特兰、特斯科科和特拉科潘形成"三方联盟"，对阿斯卡波查尔科发起进攻，杀死马斯特拉，获得墨西哥谷地的控制权。其中，特诺奇蒂特兰因力量最为强大而占绝对主导地位，其他两方则扮演附属角色，阿兹特克人的影响力进一步扩大。

公元1440年，蒙特祖马一世继承了他的叔叔伊斯科阿特尔的王位，

---

① 阿卡尔瓦人是主要分布于墨西哥山谷东部的原住民，公元13世纪进入该地。其文化与墨西卡人接近，通常被视为纳瓦特尔人的分支，创建了城邦科斯科科。
② 西班牙语为"chinampa"，中美洲后古典时期（公元1000年—15世纪）阿兹特克人的农业生产方式，主要是在湖中用芦苇和木桩打底，作为水下围栏，之后填充泥土形成田地。这种耕种方式对灌溉需求低、产量较高。

此后不断强化同盟关系，并对外进一步扩张势力。此后，阿萨亚卡特尔、蒂佐克、阿威佐特尔等国王均不断征服周边的部落，扩大领地。1502年，蒙特祖马二世继承王位，大力建设特诺奇蒂特兰，使其成为中美洲的商业中心。

阿兹特克帝国在鼎盛时期统治了现今墨西哥全境以及中美洲部分地区，拥有1000万—2500多万居民。被打败的部落可以保留自己的统治机构，但是要接受阿兹特克的驻军，并向阿兹特克贵族赠送土地。而且这些部落要经常提供粮食、金银珠宝、珍禽异兽等贡品给阿兹特克贵族享用，还要定期向阿兹特克帝国献出用于祭祀太阳神和战神威齐洛波契特里的牺牲者。蒙特祖马二世继位后，下令向周围部落征收更多的贡品，并更加频繁地对外发动荣冠战争，①抓捕用于祭祀的俘虏。尽管有人谏言称这些做法会削弱阿兹特克帝国的实力，但蒙特祖马对此充耳不闻，迷信的他认为太阳神和战神威齐洛波契特里会保佑阿兹特克人无往不胜。

在西班牙人到来之前，阿兹特克人也并非战无不胜。米却肯地区的塔拉斯卡王国②和特拉斯卡拉地区的纳瓦人都成功抵抗住了阿兹特克人的入侵。瓦哈卡地区的萨波特克人也曾打败阿兹特克人，维护了自身的独立。还有一些被征服的部落因不满高额的赋税和进贡而对阿兹特克心怀怨恨，时刻准备发动叛乱。这些都为后来阿兹特克帝国的迅速土崩瓦解埋下了伏笔。

---

① 荣冠战争是指阿兹特克三国同盟与敌对国家（Tlaxcala, Huexotzinco, Atlixco和Cholula）之间的战争。据说蒙特祖马一世在位期间，阿兹特克帝国发生大饥荒，阿兹特克人相信唯有人祭能平息众神之怒，于是阿兹特克三国同盟与敌对国家签订条约，定期发动战争获取活人祭品。

② 塔拉斯卡王国（Tarascan），又称"普雷佩查帝国"，是墨西哥原住民古王国，最早建于14世纪初，疆域大概覆盖了如今墨西哥的米却肯州、哈利斯科州和瓜纳华托州部分地区。在西班牙人抵达墨西哥前，塔拉斯卡王国是仅次于阿兹特克的第二大帝国。

阿兹特克帝国历代帝王及在位时间

1	阿卡马皮奇蒂利（Acamapichtli）	1372—1391 年
2	维齐利维特尔（Huitzilihuitl）	1391—1415 年
3	奇马尔波波卡（Chimalpopoca）	1415—1426 年
4	伊斯科阿特尔（Itzcoatl）	1426—1440 年
5	蒙特祖马一世（Motecuhzuma I）	1440—1468 年
6	阿萨亚卡特尔（Axayacatl）	1468—1481 年
7	蒂佐克（Tizoc）	1481—1486 年
8	阿威佐特尔（Ahuizotl）	1486—1502 年
9	蒙特祖马二世（Motecuhzuma II）	1502—1520 年
10	库伊特拉瓦克（Cuitlahuac）	1520 年
11	夸乌特莫克（Cuauhtemoc）	1520—1525 年

二、阿兹特克宗教神话

阿兹特克神话传说对其宗教有着重要影响。阿兹特克人相信，诸神的创造者名为奥梅堤奥托（Ometeotl），意为双重神，该神是一个对立统一的个体，既是天又是地，既是光明又是黑暗，既是火又是水，既是秩序又是混乱，既有男性的一面奥梅堤库特里（Ometecuhtli），又有女性的一面奥梅希瓦托（Omecihuatl）。奥梅堤奥托生有四个儿子：西佩·托堤克[1]、特斯卡特利波卡[2]、奎扎科特尔[3]和维齐洛波奇特利。这四位神

---

[1] 纳瓦特尔语为 Xipe Totec，意为剥皮之主，是四子中的长子，没有自己的皮肤，标志装束为尖头帽子和拨浪鼓。阿兹特克人认为，身披剥落的皮肤象征着雨季时大地生出植被。因此在阿兹特克神话中，其为重生之神，同时也是农业、植物、疾病、春日、金银匠、解放与季节之神，主掌东方。

[2] 纳瓦特尔语为 Tezcatlipoca，意为烟雾镜，代表世间的无常，是"眼前、当下之主"，并像"夜晚之风"一样无所不在、捉摸不定。在某些手抄本中，其形象是黑身、黑脸、黄头带，以镜代足，持有箭、盾、掷矛器。

[3] 纳瓦特尔语为 Quetzalcohuātl，意为羽蛇，被阿兹特克人视为是太阳的化身。人间认为他是金星的孪生兄弟，是金银匠和其他手工艺人的守护神，也是学习之神、科学之神和农业之神。

灵合力创造了世界，包括大地海洋、山川河流，男人和女人以及各种各样的动植物。

为了创造光明，诸神需要选出一位神成为太阳。第一位成为太阳的是特斯卡特利波卡，但不久后弟弟奎扎科特尔产生不满，将哥哥从天上砸落大海。特斯卡特利波卡变身为美洲豹，将地球上一切生物毁灭，第一个太阳纪"美洲豹纪元"（亦称"四豹"）延续了676年后结束。

奎扎科特尔继而成为第二位太阳。该时期大地一片繁荣，人民生活安康，但特斯卡特利波卡产生了妒意，重新升上天空并向奎扎科特尔发起挑战。奎扎科特尔被击落时制造了一场狂风，摧毁了一切。人们不得不弯腰走，以避免被风吹走，其中一些人变成了猴子。这个纪元被称为"强风纪元"（亦称"四风"），历经675年。

随后，雨神特拉洛克成为第三个太阳。这个时期，雨神给大地带来充沛的雨水，农作物生产茂盛，但人们却忘记了神灵给他们约定的道德戒律，愈发堕落并沉迷于不健康的享乐。于是奎扎科特尔命令火神毁灭人类，只有少数人变成鸟类得以幸存。这个纪元持续了364年，被称为"暴雨纪元"（或"四雨"）。

第四个太阳是女神查尔奇赫特利奎，在她的统治下，人类得以在地球上幸福地生活，但特斯卡特利波卡用谣言中伤查尔奇赫特利奎，令她十分受伤。查尔奇赫特利奎终日哭泣，引发可怕的洪水，淹没了世界，一些人为了生存而变成了鱼类。第四个纪元持续了676年，被称为"四水"。前四个太阳被毁灭后，特斯卡特利波卡和奎扎科特尔为他们的内讧感到后悔。他们决定创造第五个太阳，于是燃起一堆篝火，神灵纳纳瓦特辛和库西斯卡特尔自愿跳入火中，分别成为太阳和月亮。

宗教在阿兹特克文化中具有重要地位。阿兹特克人和玛雅人以及托尔特克人一样，也信奉许多神灵。自然界中的许多物体和自然现象都被阿兹特克人视为神灵，如太阳神、月亮神、金星神、大地之神、雨神、风神、火神等。他们尤其重视太阳神和战神维齐洛波奇特利①，也信仰奎扎科特尔（羽蛇神），即玛雅人信奉的库库尔坎。他们将格查尔鸟奉为神鸟，国王和大祭司的雕塑上都装饰有格查尔鸟的羽毛。同时，爱情、战争、死亡等与人类活动相关的重要主题也被赋予神灵化身。此外，阿兹特克人认为他们的重要食物如玉米、龙舌兰、盐和一些草药也有神灵附于其上。

阿兹特克的宗教神话深刻反映了古代墨西哥的实际情况。由于地震、洪水、火山喷发等自然灾害频发，当地的人民对自然充满了敬畏，认为灾难的发生都是神灵不满的表现，于是极力取悦自然。他们认为要保证第五个太阳每天照常升起，就需要向神灵献祭血液和心脏。阿兹特克人几乎每天都在献祭众神，主要用战俘进行活人祭祀，据记载每年祭祀就要牺牲掉2万多人。他们用尖刀将牺牲者的胸膛剖开，挖出心脏放在神灵面前。此外，祭司们每天会烧香和焚烧柯巴脂进行祭祀。阿兹特克人相信作为祭品的牺牲者死后将成为神灵，因此成为祭品被认为是至高无上的事。

为了获得更多的战俘用于祭祀，阿兹特克帝国拥有强大的军事力量，经常对外发动荣冠战争。每个阿兹特克男性都要接受基本的军事训练，年满20周岁就要投入对外征战中。战士使用弓箭、弹弓、匕首和长矛等武器，其中武器的尖锐部分经常由美洲特有的黑曜石制成。贵族和战场上出类拔萃的平民被封为雄鹰战士和美洲豹战士，分别象征着光明和黑暗。据记载，西班牙殖民者抵达时，阿兹特克帝国已经征服了大片领土，其统治区域内的38个省必须定期向国王进贡财物和用于祭祀的牺牲者。

---

① 纳瓦特尔语为 Huitzilopochtli，意为左蜂鸟、南蜂鸟，是阿兹特克神话中的战神、太阳神、太阳与火之主、南方的统治者，特诺奇蒂特兰城的守护神，墨西加人（阿兹特克人前身）的民族守护神与至高神，可谓阿兹特克人心中至高无上的神明之一。

三、社会与经济

阿兹特克王国实行神权政治。国王拥有至高无上的权力，拥有最高的行政职能，同时也是大祭司和最高军事统帅。西班牙人卡斯蒂略在其书《征服新西班牙信使》中回忆道，阿兹特克国王蒙特祖马的生活十分奢华，锦衣玉食，妻妾成群，宫中还驯养了许多珍禽猛兽。除了国王以外，酋长、祭司和官员为贵族阶级，他们拥有大部分土地。平民从事农业和手工业劳动。阿兹特克的基本社会单位是以血缘为纽带的氏族，一般由几个家族组成，选出一位作为首领。氏族的村社实行土地公有制，各个家族可分到用于耕作的土地。如果停止耕种，这些土地必须归还给村社。

阿兹特克人的经济基础是农业。阿兹特克人主要种植玉米、棉花、可可、辣椒和鳄梨等作物，并饲养火鸡、鸭子、狗等禽畜。他们开发出了较为发达的灌溉系统，能够在浅水中耕种，特诺奇蒂特兰城的漂浮花园（Chinampas）成为当时的一大奇观。

阿兹特克的手工艺较为发达，能够用金、银、铜、宝石、羽毛等材料制作工艺品。他们喜欢用格查尔鸟的羽毛制作挂毯、面具和服装。几乎所有的阿兹特克城市都有商贸市场，人们将可可豆、斗篷、金子或者羽毛当作货币用于买卖商品。阿兹特克人虽然相信神灵并用宗教仪式为病人"驱魔"，但也会用草药和一些矿物治疗疾病，包括将黑曜石研磨成膏药用于愈合伤口。

四、文化教育

阿兹特克人在历法上使用太阳历和圣年历，由365天的太阳年和260天的神圣年组成，两个历法平行运转，每52年为一个大周期。1790年考古学家在墨西哥城宪法广场地下发掘出一块刻有阿兹特克历法的巨石。该石直径长达3.6米，重达24吨，鲜明表现了阿兹特克神话传说，因其中央为太阳神的形象，因此被称为"太阳历石"。太阳神两侧各有一只老鹰的爪子，舌头的部位是一把刀子，表明其嗜血的本性。这块巨大的太阳历石目前收藏于墨西哥国立人类学博物馆。

阿兹特克的太阳历石

阿兹特克人使用的语言是纳瓦特尔语，至今墨西哥境内仍有160万人使用这种语言。纳瓦特尔语有很多分支，而且有着复杂的语法，讲纳瓦特尔语不同方言的人并不是都能互相听懂。与玛雅人不同，阿兹特克人没有完整的字母表。他们的文字是表意文字和语音文字的混合体，大部分属于图画文字，但也包括部分象形文字。

阿兹特克重视教育，专门为贵族子弟设立学校，以培养新的宗教和军事首领，同时也教授阅读、写作、历史和音乐。普通人家的子弟则进入街区学校上学，那里也开设了历史、宗教和音乐课程，并进行严格的军事训练。但妇女不能上学，只能在家接受教育，主要培养家庭劳动技能。阿兹特克人的生活颇有规律，他们每天根据寺庙的鼓声和号角声进行一天的活动。他们十分注重形象，每天都要沐浴。贵族身着棉质衣服，身上带有羽毛装饰。男性缠有腰布，从两腿之间穿过并系在肚脐下，在身前放下一端长条，另一端则挂在腰后，上身还有一条披肩，普通贵族斜披披肩，在左肩打结，国王和大祭司则正披披肩，在颈部下方打结；女性身着绣花的白色上衣和过膝的裙子。

五、帝国的灭亡

阿兹特克帝国辉煌一时,却经不住欧洲人的猛烈炮火和天花病毒袭击。15世纪,西班牙和葡萄牙为了开辟新的市场和贸易路线,开启航海探索时代。在西班牙王室的资助下,1492年意大利航海家克里斯托弗·哥伦布率领船队出发,途中意外发现美洲的岛屿。1519年西班牙探险家埃尔南·科尔特斯率领队伍登陆墨西哥沿海。两年后,西班牙人大举进攻阿兹特克帝国,首都特诺奇蒂特兰城陷落。1525年,阿兹特克最后一位国王夸乌特莫克被西班牙殖民者杀害。战争摧毁了大量城市,许多阿兹特克人被屠杀。同时,天花瘟疫随着欧洲殖民者进入墨西哥,阿兹特克人面对病毒毫无抵抗力,人口急剧减少,到1576年仅剩200万人,帝国已经几乎灭亡。

| 第二章 |

西班牙殖民时期

第一节　西班牙人入侵

美洲印第安人平静祥和的生活因为欧洲殖民者的到来而被打破。随着大航海时代的到来，包括墨西哥在内的美洲地区被欧洲殖民者发现，并迅速沦为殖民地，从此进入了数百年受压迫和剥削的时期。

一、欧洲人与美洲人相遇

公元 1096—1291 年，罗马教廷为了收复被伊斯兰教入侵的土地而发动十字军东征，屠杀了许多穆斯林和犹太人，给东方和西欧各国带来巨大的物质损失，同时客观上也带来了东西方文化的交流，开辟了东西方接触交流的时代。欧洲人在中亚地区见识了许多来自中国和印度的黄金、丝绸和香料，对此垂涎不已。随后，在公元 13 世纪，威尼斯人马可·波罗在东方游历多年，回国后留下了《马可·波罗游记》。该书对东方神话般的描述也激发了欧洲人对东方的热烈向往。在当时，黄金是权力的象征，拥有越多的黄金就能拥有更大的权力。香料和丝绸的价格也极其昂贵。然而，当时的君士坦丁堡被奥斯曼帝国所占领，欧洲通往东方的陆地通道被封锁了。因此，许多欧洲国家便计划从海上开辟通往东方的贸易路线，为大航海时代的到来拉开了序幕。

13 世纪，伊比利亚半岛西侧的葡萄牙打败了其所在地区的穆斯林并完成收复失地运动后，开始寻求探索新的贸易路线。15 世纪，得益于便利的地理条件和先进的航海及造船技术，葡萄牙率先开启海上探索。1487 年，在葡萄牙王室派遣下，航海家巴尔托洛梅乌·迪亚士沿非洲西海岸线往南航行，绕过了南部的好望角，并于一年多后成功回到葡萄牙。好望角的发现为欧洲人经海上抵达东方带来了希望。恩格斯曾称："葡萄牙人在非洲海岸、印度和整个远东寻找的是黄金；黄金是驱使西班牙人横渡大西洋到美洲去的咒语，是白人刚踏上第一个新发现的海岸时所要的第一件东西。"

同在半岛上的卡斯蒂利亚王国[①]紧随葡萄牙之后，加快实施航海计划。1451年出生于热那亚的探险家克里斯托弗·哥伦布（Christopher Columbus，1451—1506年）成为了其出征人选。哥伦布自幼热爱航海，富有冒险精神，青年时期四处游历，曾听水手说在大西洋上发现过岛屿和陆地。加之当时"地圆说"已在民间逐渐流传，哥伦布便产生了穿越大西洋完成环球航行的想法。当然其最终目的还是通过发现新领地发财致富。哥伦布曾花费十几年的时间游说英国、法国、意大利和葡萄牙资助其航海，但均遭到拒绝。随后，他又前往拜谒卡斯蒂利亚王国伊莎贝拉一世（Isabel la Católica，1451—1504年），劝说后者支持其环球航行。

哥伦布画像

当时，"天主教双王"伊莎贝拉一世和她的丈夫阿拉贡王国的费迪南二世刚刚征服了伊比利亚半岛南部的格拉纳达王国，完成复国运动。随着

---

① 除了葡萄牙外，当时伊比利亚半岛上还有三个天主教王国——阿拉贡、纳瓦拉和卡斯蒂利亚。这三个国家后来逐渐融合，形成了现在的西班牙。

国家政治和经济的统一，国内统一市场基本形成，政局趋于稳定。而伊莎贝拉一世具有一定的魄力和野心，希望进一步扩张西班牙的势力，于是最终同意了哥伦布的计划。1492年8月3日，哥伦布在"天主教双王"的资助下，带着致印度君主和中国皇帝的国书，带领三艘大帆船和120名船员，从西班牙巴罗斯港扬帆起航，开始了航海活动，向西寻找前往印度洋的路线。

然而，哥伦布没有抵达亚洲，反而率先发现了美洲。经过七十多年的航行，10月12日其率领的船队在巴哈马群岛的瓜纳哈尼岛登陆，之后又继续向南航行，到达了伊斯帕尼奥拉岛[①]。当时，哥伦布误以为自己到达了印度附近的岛屿，于是将岛上的土著居民称为"印第安人"。由于他们所遇到的印第安人性情温和，而且处于文明程度相对落后的石器时代，他们便俘虏了一群印第安人，并在该岛上建立了第一个殖民据点，将其命名为拉纳维达德[②]。然而，哥伦布在岛上并没有发现大量黄金，于是绑架了六名印第安人，带着40只鹦鹉、一只刺尾鬣蜥和少量的金子回到西班牙拜见天主教国王伊莎贝拉一世和费尔南多二世。回国后，国王嘉奖了哥伦布，并委派他再次出航。此后，哥伦布又开展了三次远航，分别是1493—1496年、1498—1500年以及1502—1504年，其间陆续抵达大安的列斯群岛、小安的列斯群岛、委内瑞拉和中美洲等地区。

哥伦布在大西洋彼岸发现陆地的消息传出后，西班牙和葡萄牙为争夺势力范围而吵闹不休。1493年5月，罗马教皇亚历山大六世允许西班牙占领哥伦布发现的全部土地，从而有权掌握佛得角群岛以西约600公里往西的全部土地，但葡萄牙对此十分不满。1494年，经教皇调解，西葡两国签订了《托尔德西里亚斯条约》，同意将之前的划界向西推移，确定美洲除巴西以外的地区归西班牙所有，巴西所在地区则归葡萄牙。

[①] 即如今多米尼加和海地所在的岛屿。
[②] 西班牙语为 La Navidad，意为圣诞节。

1499年，意大利探险家亚美利哥·维斯普西（Amerigo Vespucci）参加了西班牙航海家阿伦索·德·奥赫达（Alonso de Ojeda）前往美洲的航行，发现了亚马孙河河口、特立尼达岛以及奥里诺科河。1501年，亚美利哥又代表葡萄牙出航，抵达阿根廷南部的巴塔哥尼亚地区。经过对南美洲东海岸的考察，亚美利哥提出这块大陆并非亚洲东部，而是欧洲人此前未曾知晓的新大陆，从而引起欧洲社会轰动。1507年，德国地理学家马丁·瓦尔德塞弥勒采用了亚美利哥的名字，在地图上将新大陆标为"亚美利加"，美洲的名字由此被沿用。

二、西班牙殖民者抵达墨西哥

哥伦布的船队到达美洲后，不断在当地扩大殖民活动。1493年，哥伦布第二次前往美洲航行，抵达伊斯帕尼奥拉岛后，他们发现首个殖民点已经被当地的印第安人推翻，于是在岛上建立了新的殖民据点。由于岛上大量印第安人被屠杀，加上传染病肆虐，劳动力日益短缺。1492年哥伦布首次抵达该岛时，岛上有近50万人，但1507年原住民仅剩6万人左右。西班牙人不得不探寻新的殖民地。1509年，哥伦布的儿子、伊斯帕尼奥拉岛的总督迭戈·哥伦布派遣西班牙人迭戈·贝拉斯克斯率领队伍征服了古巴。贝拉斯克斯成为首任古巴总督，并在岛上建立了哈瓦那、圣地亚哥等多座城市。

令哥伦布感到失落的是，在四次航海中，其船队都没有找到大量的黄金和珠宝，见到的只是许多当地的动物和赤身裸体的印第安人。而当1497年葡萄牙航海家达伽马抵达印度并带回许多昂贵的香料后，哥伦布更加感到自己的探险都是徒劳的，而且也愈发地不受西班牙王室的重视。找不到黄金的哥伦布只能转而从事罪恶的奴隶贸易，将印第安人抓到西班牙的奴隶市场去贩卖。后来，哥伦布被人指控犯下残暴罪行，罪名之一就是花言巧语欺骗王室。1500年，身败名裂的哥伦布回到西班牙，只能栖身于巴亚多利德一家普通公寓，最后于1506年在贫病交加中去世。直到去世，他都认为自己抵达了东方的印度。

到1517年，古巴岛上的土著人口日渐减少，无法继续为西班牙人提供充足的劳动力。当时的总督贝拉斯克斯便资助岛上一个名叫弗朗西斯科·埃尔南德斯·德·科尔多瓦（Francisco Hernández de Córdoba）的人，命令其起航寻找新的领地。科尔多瓦的队伍出发远航，在途中发现了尤卡坦半岛。他们登陆后不久与当地的玛雅人发生了交战，科尔多瓦受了重伤，回到古巴后不久便不治而死。

贝拉斯克斯对科尔多瓦发现的尤卡坦地区产生了浓厚的兴趣，便派遣自己的亲信胡安·德·格里哈尔瓦（Juan de Grijalva）率领船队重返墨西哥。船队先是抵达距离尤卡坦半岛不远的科苏梅尔岛，之后沿着此前科尔多瓦的路线航行，在如今墨西哥的塔巴斯科州附近发现一个宽阔的河口，将该河命名为"格里哈尔瓦河"，并靠岸登陆。格里哈尔瓦的船队一路颇为顺利，而且用物品换取了不少当地的金子。在塔瓦斯科州，他们受到了当地玛雅人的礼遇。一位名叫塔布斯科布的酋长告诉格里哈尔瓦，称中美洲最强大的帝国特诺奇蒂特兰在他们北部的方向。在抵达位于维拉克鲁斯州附近的帕努科河后，船队停下休整，讨论要不要继续前进时。最终因食物耗尽，加之人员疲惫不堪，格里哈尔瓦感到无力继续前进，便返回了古巴。

古巴总督贝拉斯克斯看到了船队带回来的黄金，认为发现了新的富饶之地。同时他认为格里哈尔瓦缺乏进取精神，便决定改派他人前往墨西哥开展殖民活动。他选中了自己的私人秘书埃尔南·科尔特斯（Hernán Cortés，1485—1547年），因为他认为科尔特斯的领导和指挥能力更强。科尔特斯出生于卡斯蒂利亚王国的小镇麦德林，是一个小贵族家庭后代，1504年跟随贝拉斯克斯登陆古巴。他野心勃勃，一心想要通过寻求领地来获得更多的财富。在总督的帮助下，科尔特斯筹集资金、招兵买马、采购枪支弹药，最终备足了十一条船以及食物，召集了三百多名士兵，购买了十六匹良马和十几门炮。这时，贝拉斯克斯突然改变主意，他担心科尔特斯羽翼丰满后不受其控制，便收回此前的命令。然而，科尔特斯对此早有准备，于1519年2月18日擅自带着队伍离开古巴，向科苏梅尔岛进发。

三、击溃阿兹特克帝国

一路上，科尔特斯向部下极力描绘传说中的财富之地，获得他们的拥戴。登陆尤卡坦半岛后，科尔特斯禁止手下对当地的玛雅人大规模烧杀抢掠，而是向他们赠送小礼物以获取信任。玛雅人见到如此情形，便回去禀报酋长，科尔特斯得以与酋长见面并谈判。科尔特斯了解到当地还有两名幸存的西班牙探险者，他们是七年前跟随一支西班牙船队从牙买加出发抵达墨西哥的。其队友大部分都作为俘虏被献祭给了神灵，唯独他们二人得以存活下来。其中名为冈萨罗·格雷罗的西班牙人已经在当地娶妻生子，已完全融入印第安部落，拒绝跟随科尔特斯离开。另一位名叫赫罗尼莫·德·阿吉拉尔的西班牙人也精通当地语言，他归顺了科尔特斯的部队。

埃尔南·科尔特斯画像

科尔特斯部队继续向北部进发。当地的酋长事先已经从尤卡坦半岛的印第安人那里得知了西班牙人的重返，深感来者不善，为此前友好对待格里哈尔瓦而感到后悔，于是召集了大批印第安人对西班牙人进行围攻。然而科尔特斯一行武装更为先进，不仅有枪支和利剑，还穿有坚硬的盔甲，尤其是西班牙人随行的马匹强壮高大，被印第安人视为超自然的物种，令其十分惧怕。很快，科尔特斯的部队就在战斗上占据了上风，玛雅人死伤无数。战斗结束后，玛雅酋长表示屈服，并献上二十名年轻的印第安女子作为礼物，科尔特斯则向他们宣扬基督教义。

这些作为礼物的印第安妇女中，有一位名叫玛琳切（La Malinche）的女子，是纳瓦人土著，其父母是科佩纳拉镇的领主和酋长。其父亲去世后，亲生母亲改嫁，并将她卖给了塔瓦斯科酋长作为女奴。因此，玛琳切会说阿兹特克的纳瓦特尔语和多种玛雅方言。玛琳切接受天主教洗礼后，还被取了一个西班牙名字"玛丽娜"。科尔特斯起初把她安排给自己的部下普埃托卡雷罗，后来发现她具有很高的语言天赋，便在部下普埃托卡雷罗回西班牙后将她占为己有，并和她生下一个儿子。玛琳切除了担任翻译外，还向西班牙人提供有关当地人的社会和军事习俗的信息，并执行情报和外交任务。科尔特斯依靠阿吉拉尔和玛琳切的帮助，得以顺利地向墨西哥内陆挺进，为其不断征服墨西哥奠定了基础。一位名为罗德里格斯·德·奥卡尼亚（Rodríguez de Ocaña）的西班牙殖民者甚至表示，除了上帝之外，帮助西班牙成功征服美洲的最大因素是玛琳切。

当时阿兹特克帝国的统治者是蒙特祖马二世，1502年被具有决定权的长老小组投票选举出来，在中美洲拥有至高无上的权力。蒙特祖马二世得知了西班牙人抵达自己的国土。而根据阿兹特克人的传说，羽蛇神曾从海上派来一些白面髯须的智者帮助其建立文明，他们离开时许诺以后一定会回来。迷信的蒙特祖马二世根据听闻，认为这些人和他们祖先描述的智者十分相像，尤其当听说西班牙人带来一种高大威猛的超自然物种时，更加对自己的判断深信不疑。而且当时阿兹特克人目睹了一些奇异的天象，看到一颗有着三个彗头的彗星掠过阿纳瓦克地区，还有一束神奇的光在东方的地平线照耀了四十天，这些都让蒙特祖马认为是神在给他传递信息。

同时，当时阿兹特克帝国连续发生了一些怪事，例如太阳神和战神威齐洛波契特里庙宇的塔座部分起火焚毁，特斯科科湖水上涨并部分淹没了特诺奇蒂特兰城，一支阿兹特克军队在入侵其他地区时，士兵被天上掉落的树干和石块砸死。对此，特斯科科君主内萨华皮利直言称，阿兹特克帝国正在等待它的灭亡。帝国衰败的谣言让阿兹特克人感到不安。然而蒙特祖马始终坚信战神会拯救他们，于是更加疯狂地对外发动荣冠战争，抓捕更多的俘虏来献祭神灵。

同时，西班牙人不断向特诺奇蒂特兰进发的消息让蒙特祖马感到不安。他认为不能冒犯羽蛇神派来的使者，但是这些人如果真的是羽蛇神派来帮助阿兹特克帝国重建秩序的话，就意味着自己离下台也不远了。思前想后，蒙特祖马决定派遣特使给带去大量的金银财宝和华丽的饰品作为礼物安抚西班牙人，希望他们不要给阿兹特克帝国带来混乱和灾难。科尔特斯一行看到这些贵重的礼物惊讶得目瞪口呆，贪婪的胃口被吊得更厉害了。此时，队伍中出现了不同的意见，一些西班牙人担心打不过阿兹特克人，并且饱受当地蚊虫侵袭和疾病折磨，希望回到古巴休养生息。然而科尔特斯的贪婪之心进一步膨胀，不顾一切要前往特诺奇蒂特兰，并让信使带回口信，表示希望见到蒙特祖马。

同时，科尔特斯还做了一件大胆的事，他宣布与古巴总督贝拉斯克斯断绝关系，不再听从他的指挥，也不再为他服务。部下大多数人都选择效忠科尔特斯并决定继续前进。1519年4月21日，他们决定在墨西哥沿岸建立一座小镇作为据点。由于当天在天主教日历中是"圣日星期五"，所以他们将小镇命名为"维拉克鲁斯"（即基督受难的十字架）。科尔特斯宣布这个地方直接受西班牙国王管辖，并派一艘船返回西班牙向国王禀报。

在路上，科尔特斯的队伍遇到了几名托托纳克人。由于托托纳克被阿兹特克人打败，他们不得不定期缴纳高昂的赋税和用于人祭的牺牲者，因此对蒙特祖马的暴政充满了仇恨。科尔特斯一行被托托纳克人带到了他们的都城坎波拉，在那里受到了民众的热情欢迎和接待。被西班牙人称为"胖酋长"的托托纳克首领请求科尔特斯帮助他们抵抗阿兹特克人。这时,正好有五名穿着华丽、不可一世的阿兹特克收税官前来,要求托托纳克人交出 20 名用于祭祀的牺牲者,一旁的科尔特斯命令托托纳克人不要再听从蒙特祖马的指挥,断然回绝了收税官的要求,并把他们押解回去,对胖酋长说要把他们投入监狱。回去后,科尔特斯又悄悄把这些收税官释放了,以向蒙特祖马表明自己的善意。科尔特斯开始在当地宣传基督教,命令部下将神庙里的神像推翻,然而此举遭到当地人的反对。科尔特斯抓住胖酋长和几名祭司,威胁称如果西班牙人遭到攻击,那他们也将命丧黄泉。最终托托纳克人妥协了,西班牙人在神庙里建了一座供奉圣母的圣坛,并返回了维拉克鲁斯。经过此事,托托纳克人也成了科尔特斯的盟友。

科尔特斯为了断绝下属回到古巴的想法以继续开展殖民行程,竟然烧毁队伍的所有船只,以示"破釜沉舟"之意,并命令少部分人留守在维拉克鲁斯。1519 年 8 月 19 日,科尔特斯一行在 40 名托托纳克贵族和 200 名托托纳克护卫的陪同下,继续向内陆进发。他们的下一个目标是特拉斯卡拉(Tlaxcala),这是一群住在墨西哥谷地东部的印第安部落,阿兹特克人曾对其发动多次战争,均未成功。托托纳克人告诉科尔特斯,可争取拉拢特拉斯卡拉组成反阿兹特克联盟。然而,特拉斯卡拉人起初并未打算与西班牙人结盟。他们骁勇善战,多次击退过阿兹特克人,也不打算让其他任何敌人侵略自己的家园。于是在科尔特斯一行向特拉斯卡拉进发的路上,一群印第安士兵包围住了他们,双方发生混战。在多次交锋后,双方各有伤亡。科尔特斯派出使者与特拉斯卡拉的酋长们讲和,他们随后送来礼物表示诚意,双方结为盟友。

此前,蒙特祖马二世不断向科尔特斯派遣使者,希望阻止其前往特诺奇蒂特兰。现在他改变了策略,因为一位祭司告诉他,乔卢拉将是西班牙人的坟墓。于是,蒙特祖马建议科尔特斯从乔卢拉取道前往特诺奇蒂特兰。特拉斯卡拉的酋长们纷纷劝阻科尔特斯,说蒙特祖马经常在乔卢拉布设圈套。然而,科尔特斯思前想后,还是决定进乔卢拉城。于是,科尔特斯一行带上6000名特拉斯卡拉护卫，一路来到了乔卢拉。这座城市为祭拜羽蛇神而建有巨大的金字塔和400座神庙，是墨西哥冲积平原上各部落朝圣的地方。蒙特祖马事先已经与乔卢拉的酋长们达成协议，在这里设下埋伏，等西班牙人进城后就将他们一网打尽。然而，蒙特祖马的计谋被一位印第安酋长的妻子泄露给了科尔特斯身边的玛琳切。得益于玛琳切及时通报消息，西班牙人迅速控制住几位乔卢拉首领，并在特拉斯卡拉人的协助下血洗乔卢拉城。

得知消息的蒙特祖马二世更加坚信这群西班牙人具有预知未来的超能力，并且认为自己再也无法阻挡他们前来的脚步，便派遣使者带领他们抵达特诺奇蒂特兰。1519年11月8日，四位阿兹特克酋长前来迎接他们进城。西班牙人一路上见到巨大的宝塔和神庙，以及建在水上的果园和花园，湖上到处荡漾着小船。他们从未见过这样魔幻的城市，都被眼前的美景震惊了。道路两侧是夹道欢迎他们的阿兹特克贵族，而蒙特祖马本人则在两位酋长的搀扶下出面。据科尔特斯向西班牙国王描绘："蒙特祖马的气派无人能及，戴着世界上任何金匠都难以做出的精美金银装饰"。蒙特祖马对科尔特斯予以隆重接待，赠送给了他们许多黄金和宝石，每天对他们盛宴款待，并将其父亲的一个宅子安排给他们当住处。

科尔特斯一行受到蒙特祖马的礼遇，每天过着神仙般的日子。有一天，他们在住所一道隐蔽的门后发现了蒙特祖马父亲私藏的大量金银珠宝，贪欲之心更加膨胀，想要迅速占领整个特诺奇蒂特兰，将墨西哥的财富洗劫一空。经过商量，科尔特斯一行决定先发制人，找机会俘虏蒙特祖马。于是，科尔特斯拜见了蒙特祖马，称自己的部下在比利亚里卡遭到了当地人的杀害，而且阿兹特克人也在密谋杀害他们，为了让他们安心，希望蒙特祖马跟他们回到住所，这样西班牙人就能原谅一切。蒙特祖马本来就畏惧这些"羽蛇神的使者"，只得跟随科尔特斯回到住所，随后被软禁起来。这样，蒙特祖马成了西班牙人的傀儡，对科尔特斯言听计从，按照后者的意思继续领导阿兹特克帝国。

科尔特斯一行随后便大肆洗劫阿兹特克王国的黄金珠宝，并且擒拿了酋长们和蒙特祖马的子侄们，要求他们都向西班牙国王俯首称臣。随后，科尔特斯将掠夺来的黄金按照五分之一的比例派人回国献给西班牙国王，自己则按照同样的比例抽成，得到了大笔财富。科尔特斯一行将掠夺的黄金直接送给西班牙国王的消息传到古巴后，古巴总督贝拉斯克斯再也按捺不住心中的怒火。他立即派出纳瓦埃斯赴墨西哥抓捕科尔特斯。科尔特斯知晓后，带领士兵出城迎战，同时派自己的部下阿尔瓦拉多驻守特诺奇蒂特兰城。

谁知，正当科尔特斯打败纳瓦埃斯准备启程回特诺奇蒂特兰时，蒙特祖马派使者告诉科尔特斯，称阿尔瓦拉多在一次祭祀活动中与阿兹特克人爆发冲突，导致许多阿兹特克人被杀。1520年6月，科尔特斯匆匆回到特诺奇蒂特兰，想利用蒙特祖马与闹事者谈判，但当时阿兹特克人已经决定推选新的国王，谈判注定破裂。蒙特祖马被西班牙人带到住所的屋顶与闹事者谈判，突然后者向其投掷石块，蒙特祖马被击中头部受伤，三天后便身亡。

科尔特斯眼见形势不妙，决定带领手下的西班牙人和特拉斯卡拉人连夜突围，然而面对人数众多的阿兹特克武士，他们寡不敌众，伤亡惨重。科尔特斯带领残余的四百多名士兵回到了特拉斯卡拉，那里的民众友好接待了他们并为他们提供住所和食物。科尔特斯想杀回特诺奇蒂特兰，但因为兵力不足而一筹莫展。这时，有一些从古巴、海地和牙买加来到墨西哥的船员归顺了科尔特斯，同意参与他的征服之旅。这样，科尔特斯拥有了900多名手下，将近100匹马以及充足的枪支弹药，开始为新一轮进攻做准备。

西班牙人撤退后，阿兹特克人拥立蒙特祖马二世的侄子库伊特拉华克为新的统治者。但这段时期，西班牙人从古巴带来的一名黑人感染了天花病毒，并传染了墨西哥的印第安人。从没得过天花的印第安人对这种疾病毫无抵抗力，同时美洲许多地区原始而湿热，适合病毒和病菌的传播和生长，造成天花迅速扩散和传播，大批印第安民众染疫后不治而亡。同时，库伊特拉华克登基不久便也因感染天花死去，随后由蒙特祖马的另一位侄子夸乌特莫克继承王位。1521年4月，西班牙殖民者再度对特诺奇蒂特兰发起进攻时，该城人口已经从30万锐减到15万。美国学者霍华德·马凯尔在《瘟疫的故事》中这样描述特诺奇蒂特兰的场景："除非你把靴子踩在一个印第安人的尸体上，否则你无法走路"。

为了反击西班牙人的入侵，阿兹特克国王夸乌特莫克带领民众奋勇反抗。然而，西班牙人切断了城外往城内运输粮食和水源的要道，导致城内居民无法获得补给。阿兹特克人英勇不屈，在弹尽粮绝的情况下继续浴血战斗长达3个月之久，宁可吃树皮草根都不愿投降。无奈西班牙人的炮火更为猛烈，同时印第安人兵力不足，最终使得阿兹特克首都一步步落进西班牙人手中。

1521年8月21日，科尔特斯的部队彻底攻占了阿兹特克帝国，并建立起西班牙殖民统治。为了向西班牙国王卡洛斯五世表示衷心，科尔特斯将殖民地命名为"新西班牙"。夸乌特莫克在乘船逃离时被科尔特斯手下抓获，在西班牙人的严刑逼供下拒不交代阿兹特克人财宝的埋藏地。1525年，夸乌特莫克被科尔特斯处以绞刑。而在武力征服墨西哥中部其他地区后，科尔特斯下令拆除特诺奇蒂特兰城的主要建筑，并在原有地址上按照西班牙风格建造新西班牙的首都，形成了墨西哥首都墨西哥城最初的样貌。

四、其余印第安部落的陷落

攻占了阿兹特克人的特诺奇蒂特兰城后，科尔特斯还面临收复墨西哥其余印第安部落的任务。他向西班牙国王查理一世（即神圣罗马帝国皇帝查理五世）承诺，可以通过征战使查理一世成为大片土地的君主，征服阿兹特克帝国仅仅是其计划的开始。科尔特斯派遣自己的部下去攻打新的部落，并且同时伺机寻找前往亚洲的通道。为了征服新的部落，他调动了大批已经成为其盟友的特拉斯卡拉和纳瓦人出战。科尔特斯规定，和平归顺西班牙人的部落可被赐予"委托监护"的权力，可以管理自己土地上的印第安人。而不愿归顺的部落被征服后，男女老少沦为奴隶。

1521年，科尔特斯的副官桑多瓦尔攻占了维拉克鲁斯南部的几个部落，奥罗斯科沿着太平洋海岸南下，直抵特万特佩克地峡，使萨波特克部落归顺西班牙。次年，阿尔瓦拉多征服了墨西哥内陆山区的米斯特克人和萨波特克人。米却肯地区的塔拉斯坎人曾想帮助阿兹特克人抵抗西班牙人，但当时种种不祥之兆让他们犹豫了，加上当时他们的酋长去世了，其子继承王位后为防止兄弟篡位而展开杀戮。等其反应过来时，阿兹特克帝国已经灭亡，塔拉斯坎部落随后也被科尔特斯征服。西班牙人在太平洋沿岸的萨卡图拉建立了一座城镇，随后又征服了科利马并深入哈利斯科地区。

此时，生活在危地马拉的基切人听闻了西班牙人的行径，为了阻止西班牙人的侵略，特地向科尔特斯送来黄金和珠宝等贵重的礼物。谁知西班牙人的贪婪欲望再次被唤起，他们认为特万佩克地峡南部或许存在又一个富有的特诺奇蒂特兰，而且有传闻说那里的渔民甚至用黄金做鱼钩钓鱼。科尔特斯决定马不停蹄继续南下，因为他担心达连（位于如今的巴拿马）总督佩德拉里亚斯会抢先一步去掠夺宝藏。

1523年，科尔特斯派遣阿尔瓦拉多带兵入侵危地马拉。同年，他又派遣部下奥利德对洪都拉斯展开侵略行动。然而，奥利德成为部队首领后心态膨胀，加之受人挑唆，离开墨西哥后不久便背叛了科尔特斯，与古巴总督贝拉斯科斯达成合作协议。科尔特斯得知后，亲自集结人马前去讨伐奥利德，然而因路途遥远，队伍损耗巨大，科尔特斯最后不得不草草结束了远征。

这时，尤卡坦半岛和洪都拉斯还没有完全收归西班牙旗下。1527年，西班牙国王授权科尔特斯的部下弗朗西斯科·德·蒙特霍征服洪都拉斯。蒙特霍率领数百人在距离尤卡坦半岛不远的科苏梅尔岛登陆，随后在尤卡坦半岛的金塔纳罗地区建立了第一个殖民地萨拉曼卡。不久后，蒙特霍带领部队继续深入尤卡坦半岛内陆，但遇到当地玛雅人的顽强抵抗。加之热带雨林环境恶劣，西班牙士兵纷纷病倒，蒙特霍的队伍人数大量减少，不得不撤出尤卡坦半岛，乘船前往洪都拉斯。1531年，蒙特霍带着他的儿子小蒙特霍再次向尤卡坦进军，这次他们选择在尤卡坦半岛西岸的坎佩切地区登陆。当地的玛雅部落不敌西班牙人的猛烈攻势，选择投降并与西班牙人结盟。蒙特霍带领部队继续向尤卡坦半岛内陆进发，然而遭到了剩余玛雅人的联合攻击，再次被迫出逃。1540年，蒙特霍带着大批人马再次卷土重来，最终利用先进的火炮和枪支战胜了玛雅人，并于1546年几乎征服了整个尤卡坦半岛。

五、攻占墨西哥北部

如今美国南部包括佛罗里达州在内的部分领土在墨西哥独立前曾属于新西班牙总督区。据说，1513年波多黎各首任总督胡安·庞塞·德莱昂为了寻找不老泉，曾踏上佛罗里达的土地，但不幸被当地印第安人杀死。1527年，被科尔特斯打败的纳瓦埃斯带领400名士兵抵达佛罗里达，他们为了寻找一个名为阿帕拉契的王国进一步向内陆进发。然而，当他们发现自己寻找的王国只是一个穷困的小山村时，只有失望地打道回府。但纳瓦埃斯回到佛罗里达海岸时却发现其余人马已经带着所有船只前往古巴，只有带着手下自己打造船只出海，却不幸被风浪袭击。队伍中仅有卡贝扎德·瓦卡等几名西班牙人幸存，他们被印第安人俘虏后，靠着给当地人治病而得以活命，借机逃跑出来，跨过如今美墨边境的格兰德河，越过奇瓦瓦地区沙漠，穿过锡那罗亚地区，最终在八年后幸运地在库利亚坎地区遇到了一群西班牙人并得救。瓦卡向他们天花乱坠地讲述了自己的经历，称听说北方有七座"黄金城"。

西班牙殖民者费尔南多·德索托对这一传闻产生了极大的兴趣，便于1538年率领人马从西班牙出发，在佛罗里达登陆并开始寻找黄金。但最终他们同样一无所获，德索托本人病死于路易斯安那附近地区，其余人马回到了古巴。此后，另一位西班牙殖民者门多萨也为了寻找传说中位于西博拉的七座黄金城进行远征，最后也失望而归。

此时，西班牙人努尼奥·德·古斯曼在西班牙国王卡洛斯一世的授意下，带领部队在墨西哥西北部开展殖民活动。1530—1536年间，他征服了哈利斯科地区，建立了瓜达拉哈拉等城市，并对当地印第安人采取了残酷的镇压手段。随后，西班牙人又进入萨卡特卡斯地区，并在当地发现了巨大的银矿。1584年，殖民者路易斯·德·卡瓦哈尔被西班牙国王任命为墨西哥东北部的新莱昂地区总督，并建立了蒙特雷城。1598年，西班牙人又拿下了新墨西哥地区。随后，他们又在加利福尼亚地区站稳了脚跟。

此时，其他欧洲殖民者也蜂拥而至，开始在美洲大陆瓜分势力范围。法国人在北美洲的路易斯安那地区建立了殖民地，英国人也在17世纪初抵达北美洲并开始殖民活动。由此，西班牙人在美洲北上的行动开始受到限制，其殖民范围的北界初步形成。

第二节　西班牙殖民统治

一、政治统治

西班牙人在不断侵略美洲土地和掠夺当地财富的同时，逐渐建立了自己的统治，以巩固对这片领土的控制。1524年，西班牙国王卡洛斯一世宣布正式成立西印度事务委员会，将其作为西班牙国王领导和处理美洲殖民地事务的最高决策机构。西印度事务委员会设在西班牙本土，拥有管辖殖民地行政、立法、司法、财政、军事等各项大权。起初，西印度事务委员会只有4—5人，后来逐步扩展到近20人。委员会设有一名主席，每周需向国王汇报工作。委员则包括专家、学者及法律界人士。委员会下面还设有一名贸易总督，负责西班牙与美洲殖民地之间的贸易事务。直到后来建立了总督区，西印度事务委员会依然对西班牙人在殖民地的军事事务具有领导指挥作用。

1535年起，西班牙为加强殖民统治，在美洲设立了新西班牙总督区，此后又先后建立了新格拉纳达总督辖区、秘鲁总督辖区和后来的拉普拉塔河总督辖区。新西班牙总督区的范围包括现今的墨西哥、中美洲（除巴拿马）、西印度群岛、委内瑞拉沿海地区、美国加利福尼亚州、内华达州、犹他州、科罗拉多州、亚利桑那州、新墨西哥州、得克萨斯州，首府设在墨西哥城。16世纪70年代后，菲律宾被西班牙人攻占，也被纳入新西班牙总督区范围。直到1821年新西班牙独立战争胜利，上述地区一直处于西班牙殖民统治之下。西班牙王室向总督区派遣总督，命其协助西班牙国王直接管理殖民地事务。按照规定，总督对其管辖的范围实行君权统治，也就是说，拥有类似于君王的地位和权力，可以领导立法，管理行政事务和财政税收，任命官员，统领军队，指导宗教事务等。

首任新西班牙总督为安东尼奥·德·门多萨（Antonio de Mendoza y Pacheco）。此人1490年出生于西班牙格拉纳达的大贵族家庭，曾受西班牙国王查理一世之命出使匈牙利、罗马等地。1535年，其到墨西哥城任新西班牙总督，1551年调任秘鲁总督。在作为殖民地的二百多年里，新西班牙被委派过62位总督。除了门多萨之外，路易斯·德·贝拉斯科（1550—1568年）、马丁·恩里克斯·德·阿尔曼萨（1568—1580年）、安东尼奥·玛利亚·德·布卡雷利（1771—1779年）、文森特·帕切科（1789—1794年）都是历史上比较有名的总督。由于总督势力极大，西班牙王室之后采取了一定的限制措施，如规定总督任期为3—5年，不得在殖民地经商和购置产业，任期届满后要接受审查等。但山高皇帝远，西班牙王室实际上无法真正对总督的举动进行监管，很多限制政策都是形同虚设。

总督辖区以下的行政单位主要是省级行政区（gobernación）。由于总督区范围过大，一些偏远地区难以得到很好的管理。同时也为了避免总督权力过于集中，西班牙王室将总督区中某些地区划为军事管辖区即都督辖区（Capitania general）和司法管辖区即检审庭辖区（la presidencia de audiencia），国王直接任命都督和庭长。西班牙一共在美洲设立了5个都督辖区和13个检审庭。都督和庭长名义上属总督管理，但实际拥有很大自主权，相当于小总督。殖民地各大城市均设立了检审庭，墨西哥的检审庭成立于1527年。该机构主要代表国王在殖民地执行司法职能，也用来监管殖民地各级官员，将其举动直接上报给国王和西印度事务委员会。此外，在总督缺位时，庭长可自动代行总督职能。

省级行政区下面划分为若干市镇辖区。重要市镇的行政长官由王室直接任命，小一点的市镇长官则由总督任命。每个市镇都有市政委员会（ayuntamiento 或 cabildo），主要讨论当地事务，因此具有一定的自治色彩。市镇辖区又分为西班牙人市镇和印第安人市镇。

16世纪初，西班牙在美洲开始实行委托监护制（Encomienda），允许西班牙殖民者对所委托监护范围内的土地和印第安人拥有监护和管辖权。1512年，西班牙王室颁布面向美洲的第一部法律《布尔戈斯法》（Las Leyes de Burgos），以加强对美洲地区的殖民活动。该法律废除了土著奴隶制，规定印第安人具有自由人的法律性质，并拥有财产权，但天主教君主是印第安人的领主，印第安人必须为西班牙王室服务。《布尔戈斯法》的第1条规定："印第安人必须集中居住于委托监护人的住所附近，每五十个印第安人居住在四间茅屋中，面积应为450平方英尺；并划给他们小块土地，以便从事耕牧，维持生活上的自给自足。一旦他们迁移到新住所集中居住后，过去的旧住所就应该焚毁，防止他们重返故土。"这种做法就是强行将印第安人与西班牙人分离开来管理。而印第安村社的酋长事实上成了西班牙人控制印第安人的帮凶，常年坐拥权力贪污腐败，一般到去世才会让位。同时，《布尔戈斯法》规定，只要布置的工作可以忍受并且工资合理，就可以强迫印第安人工作，而且雇主可以用实物而非金钱支付工资。这为西班牙殖民者剥削印第安人提供了极大的空间。

值得一提的是，天主教会在西班牙殖民统治架构中具有很高的地位。教会按照西班牙国王的指令分配王室给予的恩赐，并在神职上向国王推荐人选。而西班牙王室则为教会在殖民地传教布道以及建造教堂、医院、慈善机构等场所提供资金。

从人事任命上看，殖民地的高级官员基本都是从西班牙国内派来的白人担任。宗主国为填补国库虚空，经常公开卖官鬻爵，而通过买官上马的官员则大肆搜刮民脂民膏，官僚主义、营私舞弊、贪污腐化成风。殖民地出生的西班牙人即土生白人（criollo）只能担任低级别官员。而殖民地的广大原住民和混血人种则处于更为悲惨的被剥削境地。

西班牙哈布斯堡王朝时期，美洲殖民地划分为新西班牙总督区和秘鲁总督区。然而，辖区过大也增加了管理的难度。同时英、法、俄等国利用海盗和走私者不断对西班牙殖民地发动攻击，西班牙殖民者面临的外部威胁与日俱增，美洲不断被其他欧洲殖民者蚕食。1655年，英国人占领了牙买加。五年后，英国以牙买加为跳板，占领了美洲大陆上塔瓦斯科东部地区，并以此向南扩展，占领了伯利兹。1692年，英国又短暂占领了古巴，引起西班牙人的极度反弹。1685年，法国远征军占领了得克萨斯海岸的一个据点，并且在路易斯安那建立了殖民地。面对欧洲强邻的滋扰和干涉，西班牙急需对美洲殖民地管理区进行重新划分。

1713年，法国国王路易十四的孙子费利佩五世继承西班牙王位，开启了波旁家族统治时代，并开始重建国家的任务，史称"波旁改革"。波旁改革的思想基础是启蒙运动思想，后者的核心思想是相信人类的理性，摒弃传统，反对无知，认为科学和技术是改变世界的手段，通过理性方法来解决国家和社会的问题。总而言之，启蒙运动遵循改革精神。18世纪，几乎所有欧洲君主都采用过启蒙主义，因此其政治治理形式也被称为"开明专制主义"。

卡洛斯三世（1759—1788年在位）上台后，进一步推动改革。对内，西班牙波旁王朝仿效法国实行"开明专制"，削弱分散的割据势力，加强中央集权。对外，在殖民地进行一系列政策调整，以加强控制、防御外敌。一是改革管理体制。1716年，为了加强边疆防卫，菲利普五世批准在新西班牙总督区设立独立于总督之外的都督府，辖地包括墨西哥北部和加利福尼亚、新墨西哥、得克萨斯。都督府首府最先设立在索诺拉，之后改在了奇瓦瓦。1717年，西班牙王室将新格拉纳达都督府改为新格拉纳达总督区，辖区包括哥伦比亚、厄瓜多尔、委内瑞拉，首府设立在圣塔菲。1776年，西班牙将南美的玻利维亚、乌拉圭、巴拉圭和阿根廷等地划为拉普拉塔总督区，1778年又成立了智利总督区。

此外，西班牙波旁王朝还在殖民地加强打击腐败行为。西班牙哈布斯堡王朝时期，新西班牙总督区盛行世袭制的政治制度，一些人卖官鬻爵，官商勾结，腐败横行。为此，波旁王朝设立了监察官制度，监察官职能相当于省级行政长官，负责管理经济、财政和防务，以及维护社会治安、公共工程建设等事务。该制度最先于1764年在古巴试行，随后于1782年开始在美洲大陆地区推广。1787年，新西班牙总督区取消了200个郡，取而代之的是12个监察区。通过监察官制度，王室削弱了总督的权力，大大加强了对殖民地的控制。

二、经济掠夺

西班牙人最初踏上美洲的目的是寻求通往东方的贸易路线，谁知他们抵达的地区并非富庶先进的印度和中国等东方大国。美洲当地没有欧洲人可以与之进行贸易的商品，于是欧洲人在此地开展贸易的梦想破灭。西班牙殖民者采取了"拓殖榨取型"模式，通过尽可能多地掠夺和占有当地的矿产和农业等自然资源以及直接奴役土著居民，以最大限度地榨取财富。这种方式既不同于早期英国、葡萄牙、荷兰等国采取的建立贸易站的商业殖民，又与后来抵达北美的英国殖民者采取的"移民垦殖"模式不同，对此后墨西哥以及其他拉美国家的经济结构产生了重要且深远的影响。

西班牙人最初在墨西哥采取的殖民制度是1503年开始实行的委托监护制（encomienda）。西班牙王室在伊比利亚半岛收复摩尔人占领区后，就曾采取这种制度，将新收复的土地和征收摩尔人额外贡赋的权力，按照官职和功劳大小"委托"给各级贵族，让他们变为领主代为掌管土地。这些领主负责统治摩尔人，并每年向西班牙国王缴纳一定的贡赋。哥伦布的船队在加勒比地区登陆后，为了安抚和赏赐手下，哥伦布也在伊斯帕尼奥拉岛（如今的海地）私自实行这种政策，自行把印第安人分配给殖民者接受"监护"。他规定，岛上14岁以上的印第安人必须每年四次向殖民统治者提供一定数量的黄金或者棉花作为贡赋，否则要用无偿劳动来代替。最初这一制度实际并没有得到西班牙王室的认可，而且印第安人的财富直接流入了殖民者的腰包，西班牙王室所获无几。1501年，西班牙女王伊莎贝拉一世下令释放伊斯帕尼奥拉岛委托监护地上的印第安人，结果所有印第安人全部逃走，西班牙人没有可用的劳力，殖民据点摇摇欲坠。为了巩固统治，1503年西班牙女王伊莎贝拉重新下令，命令伊斯帕尼奥拉岛总督强迫印第安人为西班牙人提供劳动，这样，委托监护制在殖民地的地位才得到了官方确认。

委托监护制度规定土地仍然归西班牙国王所有，监护主不享有土地的所有权，只对所委托监护范围内的土地和印第安人拥有监护和管辖权。印第安人名义上是"自由人"，可以分到小块土地，但必须为监护主缴纳一定的赋税并服劳役，并且不能任意离开自己的居留地。

这种委托监护制给印第安人带来了沉重的负担。首先，他们的第一个主人是西班牙国王，必须向国王交税。他们的第二个主人是委托监护主，必须接受监护主的所有安排。第三个主人是收税官，印第安人也必须向他们交一定的税。第四个主人是印第安酋长，有一些酋长在委托监护制下已经沦为西班牙人利益的执行者和捍卫者。起初，西班牙王室向殖民地征收五一税，此后该比例针对贵金属减至十分之一，而针对盐、烟草等用于出口的商品，贡税比例为百分之六。到殖民时期末，西班牙王室向新西班牙总督区征收的税目种类已多达 60 种。为此，印第安人承担了沉重的赋税，年龄在 18 到 50 岁的印第安男性均需缴税，他们上交的物品包括金银、谷物、猪羊等土地上能够生产出的各种东西。同时，西班牙人借委托监护制肆意地奴役印第安人，逼迫他们为自己从事淘金、采银、务农等体力活动，还将他们纳入侵略其他美洲地区的远征军队伍。此外，一些监护主还将自己土地上的印第安人作为奴隶随意售卖，以换取商品。此外，西班牙人在每个委托监护地都安排了牧师，让他们给当地印第安人传播天主教思想，使他们皈依天主教。

委托监护制成为西班牙殖民者剥削压榨印第安人的重要形式。西班牙人利用这种制度大肆攫取财富，搜刮民脂民膏，美洲地区大量黄金、白银、珍珠、烟草、牛皮、可可、糖、染料等源源不断流向西班牙。据统计，从 16 世纪中期到 18 世纪期间，美洲开采出的白银高达 1 亿公斤。1493 年至 1610 年，西班牙在美洲的殖民地生产了 170 吨黄金。而当地土著的处境极为悲惨，在重度剥削和奴役下，印第安人口大量减少。16 世纪起，远在西班牙本土的王室从长远角度出发，开始考虑适度调整政策，维护自己在美洲的统治地位。同时，监护主势力不断壮大也威胁到王室的利益。加上巴托洛梅·德·拉斯卡萨斯等教会人士极力谴责殖民者的暴行，西班牙王室决定取消委托监护制。1542 年，西班牙国王查理一世颁布新法律，要求停止滥用委托监护制，并试图废除监护区的世袭权力，最终目的是废除委托监护制。这一举动遭到了西班牙殖民者的强烈反对。尽管如此，随着印第安人大量减少，委托监护制的弊端已经日益显现。1549 年，王室再次颁布法令，宣布委托监护制下的印第安人不必再服劳役。然而，西班牙殖民者仍然需要劳动力为他们创造财富。于是从 1550 年起，新西班牙总督区开始实行劳力征调制（或劳役摊派制，repartimiento）[①]，规定每个印第安村庄定期派出强壮劳力为西班牙人的农场、矿山、作坊或是公共项目劳动。

---

① 这一制度在秘鲁被称为"米达制"（mita）。

印第安人完成劳动任务后，可以获得一份微薄的工资并回到自己的村庄，然后再由新一组印第安人接替他们的工作。为了让殖民地完全依附于宗主国，西班牙禁止其管辖的地区与第三国开展贸易活动，并且严格限制他们发展与西班牙本土有竞争关系的产业。

16世纪初，西班牙的伊莎贝拉一世、斐迪南一世、卡洛斯一世等国王重视发展殖民地经济，他们将欧洲的动植物引入美洲地区，包括在当地种植葡萄和桑树等经济树种，教会当地人饲养马、牛、羊、猪等家畜，并为当地培训工匠。随后的一百年里，殖民地的纺织业、酿酒业、皮革业、家具业、冶铁业等得到迅速发展。这段时间，印第安公地村社依然是墨西哥土地所有制的主体，尽管西班牙人正在不停地蚕食土地，但由于印第安人的抵抗和西班牙王室的限制，西班牙殖民者在美洲的地产扩张速度相对较慢。

16世纪中叶，西班牙殖民者在墨西哥塔斯科、萨卡特卡斯等地区发现了丰富的白银矿藏，于是开始疯狂地采取白银运往西班牙。然后西班牙人再将自己本国生产的酒类、谷物和大量制成品输往美洲。16世纪70年代，西班牙正式占领菲律宾，开辟了从马尼拉到墨西哥太平洋沿岸的阿卡普尔科港口的海上贸易通道。从马尼拉出发的大帆船，满载着中国的丝绸、瓷器等贵重物品，跨越太平洋抵达阿卡普尔科，返回时则载着墨西哥的白银。这一路线也被誉为古代中国与其他国家间开展贸易的"海上丝绸之路"的一部分。

1720年，西班牙王室下令彻底取消委托监护制。大庄园制逐渐发展起来，到18世纪已成为拉美地区主要的农业发展模式和土地占有形式。大庄园制的兴起归因于多重因素：其一，印第安人在西班牙殖民者的残酷统治下大批死亡，大量土地因此荒废，为殖民者占领这些土地提供了可乘之机。其二，许多西班牙人受到白银的吸引来到美洲，矿山附近本来大量无主的土地聚集了大量人口，这些地区对粮食和肉类需求也随之而来，刺激了西班牙人在当地购买土地兴建庄园。加之白银的发掘为西班牙带来了巨大的利润，一些获利者拥有更多资本用于投资土地和雇佣工人。其三，西班牙王室因战争导致国库亏空，为捞取钱财而对大庄园制表示了接受和允许的态度。16世纪末，西班牙与英国、法国、荷兰之间发生战争，西班牙王室因穷兵黩武而濒临破产。为解决财政困难，1591年西班牙发布敕令，宣布殖民地的土地持有者只要缴纳一笔费用，即可获得土地所有权。由此，殖民者加快土地兼并，许多印第安人的土地被强占或购买。最终，几乎只有大庄园主和大农场主拥有自己的土地。大庄园主群体分为几类：一类是商人以及暴富的矿山主，他们一般是从西班牙来的半岛白人，凭借积累的商业财富购买了多个庄园，属于富裕的庄园主；第二类是神职人员或其他一些财富较少的人，大多数都是土生白人，也包括一些混血种人和印第安酋长。

拉美地区的大庄园一般拥有几千公顷土地。大庄园相当于一个微型的独立社会。最典型的大庄园是自给自足型的，不仅可以生产谷物、畜产品和木材，而且有木匠、铁匠、面包师、裁缝等手工业者，专门从事手工业生产，可以生产服装、砖瓦、盐等产品，几乎可以满足庄园主及其家庭的所有需求。而雇工、佃农等则必须从庄园主那里购买所需的物资。大庄园主处于这个微型社会的顶层，严格控制总管、仆人、债役农、佃农等其他各层群体。总管、牧师、管家、商店经理、会计处于上层；学校教师、收租人、监工和工匠、牛仔等技术性较强的劳动力处于中层，而债役农、佃农、短工、奴隶则处于下层。大庄园和外界的联系较少，一般仅有一条小路与相邻的庄园或村落相连接。

17世纪美洲的白银开采业开始衰落后，矿区对农产品的需求也随之减少，大庄园的农业生产更加趋于自给自足。但由于大庄园主无意提高土地的生产力，大庄园普遍存在耕作方式粗放、技术落后、管理不善等问题。包括墨西哥在内的拉美地区农业发展缓慢，一些庄园出现土地被闲置的情况。

在西班牙的殖民统治期间，墨西哥农村的交通基础设施发展十分滞后。

直到18世纪末，西班牙人都没有在当地修建过公路，骡子或驴仍然作为运输货物的主要工具。当时，在墨西哥可以经常看到大批的骡子驮着货物从墨西哥城出发前往维拉克鲁斯、阿卡普尔科港口和奇瓦瓦等地区。这种运输方式成本很高，而且无法运输大型物品。一旦遇到收成不好的年份，许多城镇便会遭遇饥荒。

16—17世纪，西班牙、葡萄牙等国与法国、英国发生多年战争，导致国库亏空、入不敷出。而当时，美洲殖民地走私现象极为普遍，跨大西洋贸易只有三分之一为合法贸易，走私活动严重影响西班牙王室从中获得商业税收入。同时，矿产开发也遇到了瓶颈。当时美洲的白银矿产是西班牙经济的重要来源，但由于矿井年久失修和技术落后等原因，自17世纪中叶起，矿业逐渐萧条。由于17世纪大庄园制不断扩大，以耶稣会为代表的天主教会通过购买或教徒捐赠而掌控了大量土地，影响了西班牙王室对殖民地的控制。此外，当时海盗活动猖獗，不断袭扰殖民地，英国也加大渗透加勒比地区，迫使政府投入大量资源用于边防。为加大敛财力度，西班牙波旁王朝不得不对殖民地进行财税改革以加强金融控制，宣布重建殖民地统计署，并重组皇家财政部，下令统计署和所有征税中心均由皇家财政部控制；建立由国家管理的专卖品商店和垄断企业；在人口密集地区任命官员负责征收商业税和关税，并下令对小企业进行征税。

西班牙王室还通过贸易改革加大对殖民地的商业控制。此前，殖民地走私行为盛行，宗主国丧失大量的关税收入。为打破少数人对商业的垄断，西班牙王室加强对铸币厂的控制，还批准一系列美洲的港口进行自由贸易。1789年2月，卡洛斯四世允许新西班牙总督区实行自由贸易条例。同时，西班牙王室着手对矿业进行改革，颁布法令成立采矿机构，鼓励私人投资矿产，同时采用现代生产技术，较大地促进了矿业的发展。到18世纪末，新西班牙总督区约有3000座矿山处于运营状态，白银产量占世界总产量的66%。

三、宗教渗透

西班牙王室十分重视宗教事务,企图通过扩大宗教输出和渗透,来实现对殖民地思想和意识形态领域的全面控制。天主教会实际上成为拉丁美洲殖民地殖民制度的重要组成部分。

从哥伦布航海探险开始,西班牙传教士就跟随船队到美洲传播宗教。在哥伦布抵达美洲后,1493年罗马教皇便宣布美洲是天主教的地盘。1493年,12名西班牙传教士跟随哥伦布第二次航行抵达伊斯帕尼奥拉岛,在当地建立了天主教会组织。从踏上美洲的土地开始,西班牙殖民者们所到之处,以宣扬天主教义为名,不断进攻和袭击当地土著居民,推翻印第安人自己的神庙,建立天主教堂,并强迫印第安人改信天主教。随后,方济各教会等天主教传教会在圣多明各岛(如今的多米尼加)开始传播天主教,到1502年已经建立了17个天主教会组织,三年后又在当地建立了西印度群岛宗教使团。不久后,西班牙人又在古巴、多米尼加、巴拿马等地任命了驻扎当地的大主教。

1512年,西班牙王室颁布了面向美洲殖民地的第一部法律《布尔戈斯法》,包括使得西班牙人在美洲传播天主教合法化的种种条例。该法规定印第安人必须接受天主教,否则西班牙有正当理由进行征服战争。为了保证印第安人正确地学习天主教,他们每两周要接受一次测试。没有按时去教堂祷告的印第安人还要接受惩罚。1524年,大批西班牙传教士登陆墨西哥,开始通过翻译用当地的语言向印第安人传播天主教,让他们受洗。其中,方济各教会主要在墨西哥中部的特拉斯卡拉和米却肯地区以及南部的尤卡坦半岛。圣多明我会主要在南部的瓦哈卡和恰帕斯部分地区活动。奥古斯丁会的传教活动主要在墨西哥城北部和米却肯部分地区。

西班牙人还在美洲殖民地大张旗鼓修建教堂,建筑宏大精美,选址往往在城市市中心,以作为天主教权力的象征。截至1559年,方济各教会已在墨西哥建立了80座教堂和380个天主教会组织。到了17世纪20年代,西班牙人已经在墨西哥建立了 1.2 万座教堂。其中最有名的是屹立于墨西哥城市中心宪法广场北侧的大教堂，也是拉美地区最古老的天主教教堂之一。其最早于 1573 年开始修建，至 1813 年方完全竣工，耗费 240 年完工。大教堂包含了古典巴洛克、新古典等多种建筑风格，由两侧高耸的钟楼和中间的主殿构成，钟楼高达 67 米，主殿宽 110 米，教堂顶上还绘有辉煌艳丽的圣经故事壁画。

墨西哥城宪法广场大教堂

教会在西班牙殖民地具有十分崇高的地位。政治上，大主教直接由国王任命，还有许多教士在殖民地官僚政府中被授予较高官职。教会与世俗政权紧密合作，共同掌管着殖民地的政治秩序。经济上，教会可以对民众征税，掌控许多土地和商业，可谓富可敌国。公元 6 世纪起，欧洲教会根据《圣经》中记载，鼓吹农牧产品的十分之一属于上帝的说法，要求所有信徒缴纳什一税。如此这般，西班牙殖民者抵达美洲后，也利用教会要求当地民众缴纳赋税，并逼迫印第安人为上帝劳作以获取祝福。此外，商人、地主、农夫等群体都需要从教会机构贷款，有时候需要用自己的财产作为抵押。到 18 世纪末，天主教耶稣会在西班牙殖民地拥有 400 多个大庄园。到 19 世纪，墨西哥几乎半数以上的耕地都由教会掌控，全国三分之二的流动资金也被其掌握。

在征服各个地区后，1571年天主教会还设立了宗教裁判所，凡是与其思想不符者皆被视为异端并受到残酷镇压。例如，方济各会对于上宗教课迟到的印第安人进行体罚，用带刺的棍子抽打其背部。16世纪晚期，尤卡坦半岛的方济各教会得知当地玛雅人仍在暗中祭拜自己的神灵，由此抓捕了数千名玛雅人并施以酷刑，许多人被折磨致死。此外，教会还控制着殖民地的文化教育事业，在当地成立了许多学校，通过学校向印第安人传授西班牙语、欧洲文化和天主教教义。1697年，西班牙王室颁布法令，撤销了此前禁止印第安人担任神职人员的规定。一些印第安贵族子弟得以进入教会体系。

不可否认的是，教会还建立了医院和慈善会堂，向穷人提供帮扶和救济。在跟随殖民者对美洲开展宗教活动期间，有一些传教士出于人道主义精神，开始提出改变印第安人悲惨境地的建议。如西班牙教士德·拉斯·卡萨斯多次向西班牙王室控诉殖民者的暴行，并撰写《西印度毁灭述略》，留下了西班牙殖民者迫害美洲印第安人的详细史料记载和书面证据。

天主教在墨西哥传播的时候，也受到了当地文化的影响，出现了宗教"本土化"现象。欧洲本土的天主教崇拜圣母玛利亚，到了墨西哥，这位圣母则幻化为长着印第安人面孔的瓜达卢佩圣母。传说1531年12月，圣母玛利亚显灵给墨西哥一位名叫胡安·迭埃戈的印第安人，要求其在自己显现的地方建一座教堂。此后，为使当地主教相信胡安的话，圣母玛利亚指引胡安爬上墨西哥城北部的特佩亚克山，并让他在山上摘到了寒冬中绽放的玫瑰花。胡安回到教堂后，将藏在衣服里的玫瑰花展示给主教，结果衣襟上出现了一幅圣母像，这就是瓜达卢佩圣母肖像。随后，主教相信胡安收到了神的旨意，并下令建成新教堂，瓜达卢佩圣母肖像也被安放在教堂中。依靠着圣母印第安人的面孔，天主教在墨西哥吸引了大批当地信徒，据说其后七年里，约700万印第安人改信天主教。如今，特佩亚克山上已经形成了大规模教堂建筑群，据说从任何角度都能看到圣坛上的瓜达卢佩圣母像。每年前往这里朝拜的各国民众络绎不绝，尤其是每年12月12日瓜达卢佩圣母节来临时，信徒们要在教堂里举行宗教仪式。经考察发现，墨西哥也有一些土著聚居区至今仍然保留着自己的宗教信仰，他们保持着对传统的忠诚，拒绝殖民统治。

瓜达卢佩圣母像

18世纪起，西班牙波旁王朝对殖民地推行改革以加大控制。此前，教会在殖民地享有的种种特权引起了王室的不满。1767年，波旁王朝下令将西班牙美洲殖民地的耶稣会教士全部驱逐出境，据统计被驱逐人数达2500多人，有些被流放到荒岛，有的逃亡至欧洲，其财产均被王室没收。这一举措极大地削弱了殖民地的教会势力，但也引发了殖民地一些民众的强烈不满，还导致了多个城市发生叛乱。总体看，殖民时期天主教已经在墨西哥民众宗教信仰中具有不可动摇的地位。

四、殖民地人口和社会结构

殖民地时期，墨西哥的人口结构发生了急剧变化。据记载，1519年墨西哥中部人口约为2500万，西班牙人入侵四年后，因为战争和瘟疫等原因，只有1700万美洲土著人存活下来。而在墨西哥彻底沦为殖民地后，幸存的印第安人继续遭受殖民者的奴役和迫害，被贫穷、饥饿和疾病所包围，人口不断减少，几乎处于灭绝的境地。到1646年，新西班牙总人口仅剩170万。由于印第安土著不断减少，西班牙人可用的劳动力出现紧缺，不得不从非洲引进黑人继续为他们从事苦力工作。到1800年，西班牙语美洲地区总共有1900万人口，其中新西班牙约占25%，达到475万人，是该地区人口最多的总督区。同时，大多数前往美洲的西班牙和葡萄牙白人是单身男性，导致许多白人男性在美洲难以找到白人女子结婚。因此，在殖民时期美洲出现了大量混血非婚生子。到了18世纪，拉美一些出身较好的印第安女性有机会和白人男性自由恋爱结婚，使得混血人种数量急剧增加。

1770年，新西班牙总督区开启了经济快速发展时代。同时，殖民当局加大对医疗卫生的重视，包括建立公共墓地和检疫隔离站，建设健康中心，为普通民众接种天花疫苗等，提高了印第安土著人和混血种人的寿命，使该地区人口迅速增长。1742—1810年，新西班牙总督区的人口数量从330万增长至610万，其中大部分来自印第安土著人口的增长。

随着时间的推移，美洲地区的人口越来越呈现多元化结构，当地人口根据肤色或种族可以分为几大群体。而在殖民统治时期，包括墨西哥在内的拉美地区，种族和社会等级有着明显的相关关系。血统不同的人在社会中处于不同的阶层，并被赋予专有称谓。白人包括两类：一类是"半岛人"（Peninsular），他们在西班牙本土出生，随后来到美洲，在殖民地拥有大部分土地和矿山，占据了政府和教会的重要职位，并且统治着其他种族的群体，是殖民地统治阶级的最上层。但西班牙白人人口相对较少，一直是少数族群。另一类是在殖民地出生的白人，被称为克里奥尔人（criollo），地位低于西班牙土生白人，无法享受其父母或者其他西班牙土生白人一样的权利。他们一般情况下不能进入政府高层、教会或是从事大型贸易活动。印第安人则主要从事繁重的体力劳动，地位十分低下，黑人则处于整个社会的最底层。除了白人、黑人、印第安人之外，还有各个种族之间的混血人种，他们一般是非婚生子女，因此也普遍遭受歧视。白人和印第安人的混血儿，也叫"印欧混血人种"，西班牙语称为"梅斯蒂索人"（mestizo）。白人和黑人的混血被称为"穆拉托人"（mulato）。印第安人和黑人的混血被称为"桑博人"（zambo）。这些混血种人也主要从事农业生产和手工业等活动，但他们能够比印第安人和黑人奴隶享受更多的特权。白人和梅斯蒂索人的后代被称为"卡斯蒂索人"（castizo），他们中有少部分人能够进入社会中上层。

到1810年左右，新西班牙总督区的核心地带墨西哥约有600万民众，其中白人约占18%（半岛白人和土生白人比例约为1∶60）、60%的印第安原住民和22%的混血人种。尽管半岛白人在人口中的比例最小，但仍享有最高的权力。

尽管16世纪和17世纪西班牙殖民者实行市镇辖区制，将西班牙人和印第安人辖区人为地分隔开，但实际上无法完全做到彻底控制人员的流动。尤其随着殖民城市和大庄园制的发展，许多印第安人被迫离开村社前往城市、大庄园和矿区劳动谋生，大部分作为家庭仆人的印第安人就居住在雇主家中。一些印第安村社因人口流失和土地被侵占而逐渐瓦解消失，还有部分印第安村社里西班牙人和混血种人的数量超过了印第安人。

五、教育文化

西班牙在美洲殖民地的教育事业一般由天主教会进行管理，后者以传播天主教福音、归化印第安人为教育的主要任务。

在殖民早期，美洲地区的教育是针对特定群体的。妇女受到歧视，基本上只能待在家中做家务、相夫教子，不能进入学校上学。除了西班牙人和土生白人之外，只有印第安贵族子弟才有权利进入教会学校接受教育。贫民的孩子和混血种人则无法进入教会学校就读。印第安人一般沿袭自己的传统教育方式给子女传授知识。高等教育学校分为专门教授文学艺术、占星学等为主的文科学校和教授机械学的工科学校。1536年建立的圣克鲁斯·德·特拉特洛尔科学校就是一所文科学校，同时教授拉丁语、希腊语和西班牙语三门语言，时任总督门多萨及其他高官还参加了这所学校的落成仪式。文科学校的部分毕业生被培养成为神职人员进入教会工作，一些进入政府部门担任公务员。工科学校的毕业生则从事建筑业和矿业管理等工作。1551年，在西班牙王室指示下，新西班牙总督区成立了皇家教会大学。

到了17世纪，殖民地教育不平等的情况得到了一定程度的改变。西班牙王室规定从事教职的修士必须懂印第安土著语言，同时要求学校加强对印第安人的西班牙语普及教育。一些印第安平民开始进入大学学习哲学、拉丁文语法、法律和医学。一些人口众多的市镇出现了女子学校，专门接收印第安女性入学，还有一些地方为混血种人开办了学校。

进入18世纪，由于西班牙王室开启了"波旁改革"，从欧洲派遣了大量深受启蒙思想影响的人士到美洲发展科学、艺术和工业，新西班牙总督区的科学文化水平得以提升。教育变得更加普及化，学校的教师不再仅仅由神父或修士担任，一些同时掌握西班牙语和印第安土著语言的普通人也可以担任教师。许多印第安人得以进入学校，学习西班牙语、天主教义、音乐和算术。到了1754年，墨西哥大主教辖区内有281个印第安城镇都设有学校。基本上每所学校能够容纳160名6—12岁的印第安儿童上学。有些学校给教师提供的薪水在当时属于比较高的水平。

随着教育不断发展，16—17世纪的墨西哥涌现出一批有名的作家。其中较为有名的包括诗人贝尔纳多·德·巴尔布埃纳（Bernardo de Balbuena，1562—1627年），他出生于西班牙，后定居于新西班牙总督区，是第一位用西班牙语向世界描绘出拉丁美洲神奇风光的诗人。戏剧作家胡安·鲁伊斯·德·阿拉尔孔（Juan Ruiz de Alarcón，1581—1639年）是一位出生于新西班牙的白人，作品具有鲜明的巴洛克风格，他擅长运用喜剧的手法宣扬社会公德和家庭美德。

在群星璀璨的文学家中，最突出的当属女诗人索尔·胡安娜·伊内斯·德·拉·克鲁斯（Sor Juana Inés de la Cruz，1651—1695）。她是17世纪下半叶美洲文坛上的重要作家，被誉为"第十个缪斯"。索尔·胡安娜是一名土生白人，她出生于墨西哥城附近的乡村，家庭殷实，从小在外祖父的庄园度过。她天生聪慧，勤奋好学，自幼攻读语法、神学、物理、音乐、算数、历史、占星学等，精通拉丁语，能够用纳瓦特尔语写作，而且热爱创作诗歌。15岁时，才华出众的索尔·胡安娜被西班牙总督曼塞拉侯爵邀请入宫，担任侯爵夫人的侍从女官。但因喧嚣的宫廷生活无法让她专心钻研学问，翌年她便主动离开并进入修道院，成为一名修女。

索尔·胡安娜的画像

在此后的日子里，索尔·胡安娜除了完成宗教职责外，大部分时间都用来搞文学创作和科学研究。她的文学作品大部分以殖民时期的墨西哥社会为背景，主题涉及爱情、环保、女权主义和宗教，描绘了贵妇、骑士、印第安人、黑人等各阶层民众的生活，具有典型的现实主义色彩。其中最著名的是长篇诗歌《初梦》（1689年）和《神圣的纳尔西索》（1689年）。她还打破了殖民时期墨西哥社会的封建思想，大胆表达对纯真爱情的向往，撰写了许多爱情诗。她还将自己的住处变为文学探讨的场所，邀请女性知识分子和精英前来聚会，使得所在的圣耶罗米修道院成为当时墨西哥的文化中心。

索尔·胡安娜一生追求科学真理，在修道院中购置了许多科学仪器和书籍，认真思考观察生活中的各种问题并得出自己的结论。索尔·胡安娜追求科学进步主义和倡导女权主义的行为遭到了普埃布拉主教的谴责。1694年，她被迫卖掉藏书，转而投入对穷人的慈善事业。不幸的是，1695年索尔·胡安娜在照顾病人时染疫去世，只留下自己的文学作品和科学成果成为千古绝唱。

18世纪30年代起，来自欧洲地区的启蒙运动思想传入美洲。包括墨西哥在内的拉美地区知识分子和精英受到启蒙思想的熏陶，开始对殖民地的教育制度提出批判，鼓励科学思想的传播，要求学校课程中加入更多科学和技术知识的内容。18世纪末19世纪初，伊比利亚美洲殖民地兴起了追求科学的进步运动，不仅创建了美洲第一本完全意义上的科学杂志《墨西哥文艺杂志》（1768年），还成立了墨西哥植物研究园（1788年）等由科学家组成的科学团体和组织。

启蒙运动思想的传播极大地促进了墨西哥的科学文化发展，让当地民众认识到西班牙殖民统治中的权力滥用及其他种种问题，为之后的独立战争奠定了重要的思想基础。

| 第三章 |

轰轰烈烈的独立战争

第一节　拉美独立运动的萌芽

从 16 世纪初起，欧洲殖民者统治拉美地区长达 300 年左右，西班牙在拉美地区建立了四个总督区（新西班牙区、新格拉纳达区、秘鲁区和拉普拉塔区）和 4 个督军辖区（危地马拉区、委内瑞拉区、智利区和古巴区）。葡萄牙殖民者控制了当今巴西绝大部分领土。英国统治了当今圭亚那、伯利兹以及部分加勒比岛屿。法国则控制了当今巴西和法属圭亚那以及部分加勒比国家。拉美地区作为殖民地完全受欧洲各宗主国控制，当地民众处于被歧视的阶层。

随着压迫日益深重，包括土生白人、黑人、印第安人等在内的拉美民众摆脱殖民统治的意识日趋强烈。最终，在多重因素推动下，18 世纪末 19 世纪初，拉丁美洲发生了轰轰烈烈的独立运动，该地区出现了一系列独立国家。具体看，促成拉美独立运动的内外因素主要有以下几方面：

首先，欧洲大国争霸激烈，对殖民地控制减弱。西班牙和葡萄牙王室从美洲掠夺了大量白银，却没有用于发展本国产业，而是奢靡无度挥霍一空，同时对外穷兵黩武，将金钱消耗在与他国的战争中。1578 年葡萄牙入侵非洲，与摩洛哥苏丹王国爆发战争，葡萄牙惨败，国运开始由盛转衰，后于 16 世纪 80 年代被西班牙哈布斯堡王朝吞并。16 世纪中叶，西班牙在拉美地区获得巨大利益，达到发展的鼎盛时代，遭到英、法等其他欧洲大国的觊觎。1598 年西班牙国王费利佩二世去世，其后的费利佩三世（1598—1621 年）、费利佩四世（1621—1665 年）、卡洛斯二世（1665—1700 年）都软弱无能，导致西班牙帝国迅速走向衰落。16 世纪末英西战争爆发，西班牙决定派遣"无敌舰队"入侵英国，结果惨败于英国，蒙受严重经济损失。16 世纪 70 年代，尼德兰共和国爆发反对西班牙哈布斯堡王朝统治的起义，最终以西班牙失败告终。1635 年起，西班牙哈布斯堡王朝与法国波旁王朝展开霸权争夺，战争延续了近30年，双方两败俱伤。西班牙内部发生加泰罗尼亚叛乱等事件，法国也出现财政崩溃的危机，不得不偃旗息鼓。

1701—1714年，西班牙哈布斯堡王朝的卡洛斯二世去世，因其无子嗣，只能从家族其他成员中挑选继位者。而法国波旁王朝国王和奥地利哈布斯堡王朝国王各自与卡洛斯二世的两个姊妹结婚，因此均具有继承权。卡洛斯二世在遗嘱中宣布将王位传给法国国王路易十四的孙子、17岁的菲利普公爵，若菲利普拒绝接纳，则继承权将传给哈布斯堡家族皇帝的儿子。为争夺西班牙王位，法国和神圣罗马帝国各自拉拢其他欧洲国家展开战争，法国、西班牙以及巴伐利亚组成联盟，而英国拉拢荷兰以及神圣罗马帝国组成"1701大联盟"。经过十几年战争，最终双方签署《乌得勒支条约》，规定西班牙由法方继承王位，但英国占领了直布罗陀和米诺卡岛，还获得了与西班牙殖民地进行贸易的权利，西班牙在地中海的属地——米兰、那不勒斯和西西里岛，以及西属尼德兰均转给奥地利哈布斯堡王朝统治。经过多次战争消耗，西班牙、法国等欧洲国家实力江河日下。而且欧洲内部各国争霸多年，对殖民地的关注和控制也力不从心。

其次，西班牙波旁王朝对殖民地的改革激化了土生白人与西班牙王室的矛盾。随着欧洲人在拉美殖民多年，当地出现了越来越多的土生白人，人数远远超过了伊比利亚半岛来的西班牙白人。这些土生白人通过父辈继承了一些土地和财富，并且通过卖官鬻爵获得了官职，也有了一定的政治地位。然而自18世纪起，西班牙波旁王朝为了强化殖民统治、增加财政收入，对美洲殖民地进行了一系列改革。其中，王室在任命殖民地高级官员时只重用从半岛过去的白人，而对当地土生白人采取压制和歧视态度，从而使后者产生不满情绪。尤其西班牙波旁王朝加大打击殖民地买卖官职的腐败行为，对土生白人谋求政治地位产生了较大冲击。而土生白人因人数众多且在殖民地拥有许多土地和财富，所以认为自己应当拥有较高的政治地位。同时，波旁改革中，西班牙王室为了加强对殖民地资源和财富的控制，极力打击殖民地商人对白银等矿产的垄断，影响了土生白人群体的利益。此外，西班牙波旁王朝在驱逐耶稣会士时，许多土生白人也被流放至其他地区。新西班牙总督区一些地方出现了反对驱逐耶稣会士的示威活动。总体看，新西班牙总督区的当地精英阶层对西班牙王室加强殖民地管控的措施愈发不满。

第三，独立思想逐渐在民众中萌芽发展。欧洲启蒙运动、资产阶级革命以及美国独立革命的发生，唤醒了拉美地区精英阶层摆脱殖民统治谋求独立的愿望。18世纪欧洲启蒙运动从精神实质上看，是宣扬新的政治思想体系的运动。以伏尔泰、卢梭等为代表的启蒙思想家提倡天赋人权，认为人生来就是自由和平等的。法国哲学家狄德罗提出君主的权力来自人民协议，专制政体必将消失。这些思想传播至美洲，对该地区民众争取自由平等地位产生了极大的鼓舞作用。1775年4月19日，为反抗英国殖民统治，北美地区的波士顿民众打响了美国独立战争的第一枪。1776年7月4日，《独立宣言》出炉，美利坚合众国正式诞生。美国独立战争是世界历史上殖民地第一次大规模的争取民族独立的战争，为其他殖民地的民族解放斗争树立了榜样。

18世纪末19世纪初，法国、西班牙、葡萄牙等国相继爆发资产阶级革命。欧洲地区民主自由等思想也随之传播到拉丁美洲，各地民众反对欧洲殖民者的思想日益深化。18世纪90年代，新西班牙总督区首府墨西哥城也出现了雅各宾派的标志，同时市面上还出现了各种宣传革命思想的刊物。1791年8月22日，在法国大革命的影响下，海地的黑人率先起义，拉开了拉美地区独立运动的序幕。海地岛1492年为哥伦布最先发现并沦为西班牙的领土。1697年，海地岛西部被法国占有，东部仍属于西班牙。西部白人只有4万左右，底层50万黑人奴隶受到残酷压迫。1791年，正忙于欧洲战争的法国无暇顾及和干预，法国殖民者在当地黑人的猛烈攻势下节节败退。1798年10月，法国被迫撤走全部侵略军，起义队伍事实上控制了整个海地岛的局势。1801年，海地起义军将西班牙人从海地岛的东部清除了出去，解放了整个岛屿。

海地的独立令1799年通过政变上台的拿破仑大为恐慌。他本想以西班牙为跳板建立一个美洲帝国,当看到海地起义打乱了他的计划,便在1802年急忙派出两万多人的远征军前去海地平息叛乱。侵略者运用诡计,以谈判为借口逮捕了海地起义领导人杜桑·卢维杜尔,并把他押送法国,激起了海地人民更大的反抗。1803年底,法国侵略军在起义军猛烈的攻势下全军覆灭。1804年1月1日,海地正式宣布独立。同年,拿破仑建立法兰西帝国,随后在欧洲发动侵略战争,入侵伊比利亚半岛。1807年11月30日,面对拿破仑军队的威胁,葡萄牙王室在英国人的协助下逃亡至巴西殖民地。1808年3月,拿破仑派法军入侵西班牙,废黜西班牙国王费尔南多七世,将其软禁在法国,另立自己的哥哥约瑟夫·波拿巴为西班牙国王,后者统治西班牙直到1813年。在此期间,西班牙本土爆发了反对法国侵略的起义,各地成立爱国的"洪达"(Junta),行使地方权力。

西班牙对美洲殖民地的管控极大地松动,拉美许多地区纷纷开始闹独立,一些城市效仿西班牙本土建立了临时委员会,以西班牙君主费尔南多七世的名义进行统治。1808年4月,委内瑞拉加拉加斯城得知法军占领西班牙后,土生白人中的独立派人士立即开始驱逐西班牙殖民者,并建立执政委员会。1811年3月,委内瑞拉建立临时政府,7月宣布成立委内瑞拉共和国并制定了宪法。然而,1812年在西班牙殖民者的疯狂反扑下,委内瑞拉第一共和国的建立最终失败。1810年,墨西哥民众也在神父伊达尔戈的带领下发起反对西班牙统治的起义斗争。从此,北起墨西哥,南至阿根廷,民族解放和独立运动在整个拉美和加勒比地区如火如荼地展开。

第二节 墨西哥多洛雷斯的呼声

一、起义的序曲

在19世纪初拉美地区暴发独立运动之前,以墨西哥为核心的新西班牙总督区一直是美洲最重要的区域。由于墨西哥银矿等自然资源十分丰富，因此西班牙殖民统治势力较强，土地贵族和教会势力也比较强大。在西班牙殖民者统治的三百多年内，由于当局的暴政虐施，新西班牙总督区发生了多次民众起义。

1734—1737年，佩里奇人爆发了反抗殖民者的起义。佩里库人是生活在如今墨西哥下加州最南端地区的印第安人。1697年西班牙耶稣会士在下加利福尼亚州设立了第一个常驻代表团，随后在拉巴斯（1720年）、圣地亚哥（1724年）和圣何塞德尔卡波（1730年）建立了传教团。1734年，佩里库人为反抗西班牙殖民统治发动起义，导致两名西班牙传教士被杀，两年来耶稣会对该地区的控制被中断。然而，由于战争的破坏和传染病的传播，佩里库人也遭到灭绝的灾难。到1768年西班牙王室将耶稣会士从下加利福尼亚州驱逐出境时，佩里库人几乎已经在文化上灭绝了，部分人与其他种族通婚而被融合。

1761年，新西班牙殖民地南部的玛雅人在哈辛托·卡内克领导下举行起义。哈辛托·卡内克1730年出生于墨西哥坎佩切地区，曾在梅里达的方济各会修道院学习拉丁语和历史，但因叛逆精神而被开除。卡内克对殖民统治和天主教会抱有不满，并对玛雅人有强烈的认同。1761年11月，其率领玛雅人发动起义，之后被装备精良的西班牙人打败，哈辛托本人被判处死刑。

整个18世纪，索诺拉地区的皮马人都在不断反抗西班牙殖民者的统治。皮马人属于北美印第安人，主要生活在如今墨西哥北部索诺拉和美国亚利桑那州一带，讲犹他—阿兹特克语。1751年，西班牙耶稣会教士在该地区开设了9个传教机构，引起皮马人的愤怒。后者决定赶走西班牙人，杀死了一些西班牙人并袭击了当地的传教机构。后来，在西班牙殖民者的攻势下，皮马人的起义失败。

19世纪初，在西班牙波旁王朝的改革下，新西班牙总督区的经济被西班牙王室牢牢控制，当地收入锐减，许多土生白人的利益受到冲击。同时，随着启蒙运动和欧洲资产阶级革命思想传入，墨西哥一些精英分子受到民主、人权等思想影响，并开始反思墨西哥与西班牙的关系。然而，西班牙当局对新西班牙总督区首府墨西哥城等核心地带的控制十分严密。1808年法国侵占西班牙后，墨西哥议会在时任总督何塞·德·伊图里加雷的支持下宣称拥有主权，这一举动得到了哈拉帕市、维拉克鲁斯市等地方的庄园主和部分印第安派别州长的支持。然而由于首都的革命力量仍然十分薄弱，这场"独立运动"很快被西班牙殖民者扑灭。由此，率先发动独立运动的希望只有寄托在首都以外的地方省市。

二、多洛雷斯的呼声

1810年9月16日，在墨西哥北部瓜纳华托州一个名叫多洛雷斯的村庄，数千名墨西哥人围聚在一起，高喊"独立万岁！美洲万岁！打倒坏政府"。这就是历史上掀开墨西哥独立运动序幕的"多洛雷斯呼声"。领导这次起义的是该地区的教士米格尔·伊达尔哥·伊·科斯蒂利亚（Miguel Hidalgo y Costilla，1753—1811年）。伊达尔戈是一名土生白人，1753年出生于墨西哥瓜纳华托州。他的家庭较为富庶，曾祖父辈来自西班牙，父亲克里斯托瓦尔·伊达尔戈是当地一位有名的庄园主。伊达尔戈在家中四个孩子里排名第二，他从小在庄园里接触到大量的印第安人，掌握了许多土著语言。

1765年，伊达尔戈与兄弟何塞·华金一起前往米却肯州首府巴利亚多利德（现在墨西哥的莫雷利亚）的圣尼古拉斯学院学习。1767年6月，西班牙国王卡洛斯三世推行改革，大规模驱逐殖民地的耶稣会教士，伊达尔戈所在的学校也被迫停了几个月，直到当年12月才恢复课程。在这所学校里，伊达尔戈主要学习拉丁文、哲学和神学，还学会了法语，并阅读了大量法国文学作品。他聪明过人，被同学起绰号为"狐狸"。

1770年，伊达尔戈进入墨西哥国立自治大学攻读神学和哲学。1778年，伊达尔戈获得神学职位，被任命为神父，并担任圣尼古拉斯学院的哲学与神学教授。随着欧洲进步思想不断传入，伊达尔戈受到法国启蒙运动思想影响，尤其对卢梭、孟德斯鸠等人的著作熟稔于心。1788 年，他成为圣尼古拉斯学院的院长，积极改革教学方法和课程内容。同时，他乐于融入世俗生活，爱好音乐和舞蹈，还不顾自己的神父身份，公开与一名叫玛利亚的女子同居并生下两个女儿，此后又与一名叫约瑟夫的女子生下三个孩子。由于伊达尔戈对教会的传统观念构成了极大的挑战，1792 年殖民当局剥夺了他的教职。

印有伊达尔戈头像的邮票

1803 年，伊达尔戈接替其逝世的兄长成为多洛雷斯教区的神父。由此，他有更多机会接触到广大中下层民众，其间对深受殖民者迫害和奴役的印第安人和混血人产生了同情。他将大部分文职工作交给了其他神父，自己几乎完全投身当地商业活动和人道主义活动。伊达尔戈顶住当局压力，利用自己掌握的知识，在其教区内帮助底层民众自力更生、谋求经济利益、摆脱西班牙经济政策的束缚。他帮助和鼓励底层民众种植葡萄、橄榄等经济作物，发展养蜂、酿酒等产业，以及建立皮革、陶器等手工作坊。由于西班牙当局禁止殖民地发展这些产业，以免殖民地产品与西班牙产品形成竞争，伊达尔戈受到了殖民当局的迫害，并被宗教裁判所审讯，当地的部分葡萄园和桑林也被破坏。1807—1808年，多洛雷斯地区遭遇干旱，当地发生饥荒，然而西班牙商人没有将储存的粮食投入市场，而是囤积居奇，推高物价。这种做法令当地的土生白人、印第安人和混血种人极为不满。

1808年，随着法国占领西班牙，墨西哥一些神职人员认为法国国王的意识形态并非天主教，不具备对西班牙殖民地人民的领导力。同年，伊达尔戈加入墨西哥土生白人组织的秘密团体"文学与社交会"，该组织中最有名的是地方民团上尉阿连德，具有一定的影响力和号召力。经过多次谋划，伊达尔戈与同伴计划于1810年12月起义推翻西班牙殖民统治。他们在多洛雷斯为发起武装起义进行了秘密准备，组织印第安人在工厂中制作长矛、砍刀和匕首，并设法搞到了制造火药和大炮的方法。但同年9月计划便被叛徒泄密，西班牙殖民当局开始逮捕起义人员。9月13日，阿连德逃脱抓捕后，急忙告知伊达尔戈，他们决定：与其坐以待毙，不如提前起义。

1810年9月16日凌晨，伊达尔戈和阿连德召集多洛雷斯的爱国人士，迅速逮捕了当地的官员，释放了监狱中的囚犯。随后，伊达尔戈在多洛雷斯教堂举行弥撒，敲响了教堂的钟声，吸引了许多印第安人前往参加。伊达尔戈走上讲台发表演讲，号召大家行动起来，打倒西班牙殖民政府，争取国家独立和民族自由。他向群众大声喊道："300年前西班牙人夺去了我们祖先的土地，你们愿意全力夺回来吗？"民众们激动地高呼："独立万岁！""绞死殖民者强盗！"这次集会标志着墨西哥独立运动正式拉开序幕。

当天早上，伊达尔戈和阿连德上尉带着大约600人和数百匹马离开多洛雷斯。在独立运动早期，伊达尔戈的军队取得了一定的胜利。伊达尔戈将圣母像贴在长矛上，以此作为他的旗帜。他在军队的旗帜上题写下口号："宗教万岁！瓜达卢佩最神圣的母亲万岁！"对于当地民众来说，圣母代表了一种强烈且高度本地化的宗教情感，可以凝聚更多拥有独立共识的群众。一路上，不少印第安人和混血种人纷纷加入他的队伍。9月，伊达尔戈的部队率先经过经济重要且人口稠密的瓜纳华托省。9月21日，伊达尔戈抵达瓜纳华托州的塞拉亚后被任命为将军和最高指挥官。此时，伊达尔戈的军队人数约为5000人。随后，伊达尔戈从瓜纳华托指挥他的部队前往米却肯州的巴利亚多利德。10月，起义队伍扩充到8万人。随后，他们决定向墨西哥城进军，占领了墨西哥中部的不少地区。队伍穿过墨西哥州，穿过马拉瓦蒂奥、伊斯特拉瓦卡、托卢卡等城市，在托卢卡谷和墨西哥谷之间，靠近墨西哥城的蒙特德拉斯克鲁塞斯。

三、多洛雷斯起义的失败

作为一名神父，伊达尔戈缺乏军事斗争的经验，在进攻问题上犹豫不决。本来起义军可以乘胜追击攻下墨西哥城，而他却错误地下令撤军，错失了战机。此时，不少人离开队伍，起义军的战斗力逐渐削弱。11月7日，起义军部队在撤退过程中遇到殖民当局的部队，并遭遇失败，造成许多人员损失。伊达尔戈和阿连德决定分开继续战斗。伊达尔戈在米却肯州停留期间重新召集了7000名士兵。起义军进入瓜达拉哈拉后，伊达尔戈着手建立统一的革命政府和组织解放地区的行政管理机构；颁布法令废除奴隶制，把殖民者侵占印第安人的土地归还原主，取消人头税等苛捐杂税，还出版了革命报纸《美洲觉醒报》。

此后，伊达尔戈的起义部队虽然还取得了一些胜利，但内部矛盾逐渐显现。起义队伍缺乏坚强统一的军事指挥，伊达尔戈与阿连德在队伍管理等方面出现分歧，阿连德反对手下对民众进行烧杀抢掠，认为队伍必须纪律严明，而伊达尔戈为了留住人手则对这种行为视而不见。1811年年初，起义军得知殖民当局的军队正在靠近瓜达拉哈拉后，召开了一次会议。阿连德等人建议离开城市，一部分人马负责应对敌人，另一部分则前往占领克雷塔罗等城市。而伊达尔戈则对自己的人手充满信心，提议前往作战。最终，起义军遭遇失败，内部分裂进一步加剧，伊达尔戈表面上仍然指挥行动，但阿连德实际上已经成为部队的军事领导人。

随后，起义部队决定北上，企图逃至美国并在那里重整旗鼓。然而，他们在转移中遭到叛徒的出卖。一位名为伊格纳西奥·埃利松多的上校写信给阿连德，引诱他们前往科阿韦拉和得克萨斯州边界的一处地方藏身。抵达后，队伍遭到敌人伏击，伊达尔戈和几名主要领导人都不幸被俘。1811 年 7 月 30 日，伊达尔戈在奇瓦瓦市被殖民当局判处死刑，遗体安葬在奇瓦瓦市一所教堂内，头颅则被送往瓜纳华托州示众。

1821 年，墨西哥正式获得独立后，伊达尔戈被国会命名为"墨西哥国父"，和其他英雄的遗体被存放在墨西哥城的大都会教堂里。1925 年，埃利亚斯总统执政期间，下令将伊达尔戈和同伴的遗体转移到墨西哥独立纪念碑内的地下室里。每年的 9 月 16 日，即墨西哥起义者喊出"多洛雷斯呼声"的那天被宣布为墨西哥独立日，全国上下所有民众都会庆祝自己国家的独立。

墨西哥独立纪念碑

第三节 艰苦的游击战争

尽管伊达尔戈领导的起义遭遇失败,新西班牙殖民地的独立运动并没有因此偃旗息鼓。各地出现了一些分散的游击队,不断攻击殖民当局机构和庄园。其中,伊达尔戈的秘书、律师伊格纳西奥·洛佩斯·拉荣在西塔夸罗建立了"美洲最高行政委员会",试图继续凝结起义军的力量;另外,伊达尔戈的学生兼战友莫雷洛斯也继承了他的事业,继续开展武装革命斗争,被任命为起义军领袖,并取得了一定的斗争成果。

何塞·玛利亚·莫雷洛斯(José María Morelos,1765—1815年)出生于巴利亚多利德市一个贫苦的家庭。他的父亲是一名混血种人,从事木匠工作,母亲则是西班牙后裔。莫雷洛斯的父辈与伊达尔戈家族有着共同的祖先,据说都是殖民者埃尔南·科尔特斯的后代。莫雷洛斯年少时曾在阿卡普尔科与墨西哥城之间的商路上担任马夫,因此对当地的地形十分熟悉。1789年,莫雷洛斯开始就读于圣尼古拉斯学院,当时伊达尔戈正好担任该学院的院长,因此莫雷洛斯也深受其革命思想影响。莫雷洛斯毕业后成为米却肯州一名乡村神父,但实际上也融入了世俗生活,与一名女性同居并育有三个孩子,而且还从事商业活动。1810年9月伊达尔戈领导的独立运动爆发后,他也加入起义军队伍,一同参加战斗。

伊达尔戈命令莫雷洛斯在南部征兵并夺取阿卡普尔科港。莫雷洛斯一开始领导队伍,就展现出一定的军事才能,不仅在该地区寻求盟友,获取了大炮和其他战斗物资,而且聚集和训练了一批有战斗力和纪律意识的士兵。他吸取了伊达尔戈的失败教训,避免和装备优良的敌人正面交锋,而是采取迂回的游击战术,夺取墨西哥南部的地区。在起义开始后的九个月里,莫雷洛斯赢得了22场胜利,歼灭了三支西班牙保皇党人的军队,几乎占领了现在格雷罗州的所有地区。1810年12月,莫雷洛斯占领了阿卡普尔科。1811年5月,其部队又先后攻占了奇尔潘辛戈和提斯特拉。

在起义军第二次大规模战役中,莫雷洛斯将队伍分为三组,其中最重要的一场是在库奥特拉的战斗。1811年12月，莫雷洛斯率领队伍正式进入该城市。1812年，其部队被保皇党人卡列哈率领的西班牙军队围攻。当年5月，莫雷洛斯的队伍突破重围，但损失惨重。随后，起义军开始第三次大规模战斗。1812年6月，起义部队在奇特拉里进行战斗，10月28日，起义队伍进入奥利萨巴，西班牙士兵没有反抗即缴械投降。11月25日，莫雷洛斯的队伍占领瓦哈卡。1813年4月，莫雷洛斯再度攻占阿卡普尔科，迫使西班牙军队转移。

1813年，莫雷洛斯召集了已经攻占的各省代表组成奇尔潘辛戈全国制宪会议，讨论制定名为"民族感情"（Sentimiento de la Nación）的政治和社会计划。同年9月底，国会发表该文件，宣布墨西哥摆脱西班牙统治而独立，并创建了政府立法、行政和司法部门。国会还宣布废除奴隶制和种族歧视制度，废除酷刑、垄断制度，所有民众都被视为"美洲人"。国会还表示尊重财产并没收西班牙殖民政府的财产。莫雷洛斯拒绝别人称其为"殿下"，称自己是"国家的仆人"（Siervo de la Nación）。1813年11月6日，国会发表了《北美独立宣言庄严法案》，宣布脱离西班牙统治并独立。

1813年年底，莫雷洛斯开始了第四次大规模军事行动，但在巴利亚多利德遭遇了失败。同时，奇尔潘辛戈全国制宪会议内部发生分裂，伊格纳西奥·洛佩斯·拉荣企图争夺莫雷洛斯在组织中的最高权力。1814年1月，制宪会议撤出奇尔潘辛戈。随后，莫雷洛斯失去最高权力，指挥权被伊格纳西奥·拉荣、何塞·玛利亚·科斯以及胡安·内皮穆塞洛·罗赛恩斯三人掌握。其间，瓦哈卡也被保皇派军队占领。1814年3月22日，费尔南多七世返回西班牙，开始重新统治西班牙，并加大对殖民地的管控。殖民地的保皇派势力也不断巩固和加强，对军队进行大量增援，对革命队伍进行疯狂反扑。

1815年9月，面对敌人的猛烈攻势，制宪会议决定转移到墨西哥东部海岸。莫雷洛斯在转移中负责掩护任务。当年11月，莫雷洛斯在跟随会议代表转移时遭遇保皇派队伍并被俘。之后，他被押送至墨西哥城接受审判。12月22日，莫雷洛斯被判处死刑。其牺牲后，独立运动已经一蹶不振，剩余部队被迫转入山区，制宪会议也很快解散。保皇派节节胜利，对其余独立运动的指挥者各个击破，独立运动不断退潮。

莫雷洛斯牺牲后，被公认为是墨西哥的民族英雄。其遗体被转移到墨西哥城的独立纪念碑下安葬。如今墨西哥有一些地名以其姓名命名，如莫雷洛斯州和莫雷利亚市。自1997年以来，墨西哥50比索纸币印上了莫雷洛斯的头像，以纪念这位骁勇善战的独立英雄。

第四节　墨西哥独立

墨西哥独立运动以中下层民众激烈反抗殖民统治为开端，却以中上层保守派与自由派达成同盟实现国家独立而告终。历史上这样的例子很多。例如第一次世界大战末期，德国工人领导革命运动推翻了旧王朝统治，最终却是镇压工人运动的保守派建立了魏玛共和国。

1808—1814年拿破仑占领西班牙期间，西班牙国内的民众对法国势力进行抵抗，自由派势力不断发展和壮大。1812年，西班牙自由派推出了一部富有自由主义精神的宪法。然而拿破仑战败后，之前被废黜并软禁在法国的西班牙国王费迪南七世于1813年复位，再次统治西班牙。上台后，其在国内保王势力的支持下，推翻了1801年资产阶级革命的成果，废除了自由主义宪法，实行独裁统治，引起民众不满。同时，费迪南七世继续采取之前对美洲殖民地加强管控的歧视性政策，引发拉美当地的土生白人精英阶层的不满。

1820年1月起，西班牙国内爆发大规模资产阶级民主革命。出身没落贵族家庭的黎亚哥中校在西班牙南部的加迪斯率领士兵起义，宣布成立革命政权和恢复1812年宪法。同年3月，西班牙首都马德里也爆发革命。

费迪南七世迫于压力不得不宣布恢复1812年宪法，并任命了由资产阶级自由派组成的新政府。然而新议会中，代表资产阶级上层和自由派贵族利益的保守派占有优势，因此并没有主张建立共和国，对农民关心的土地问题也没有触及。1822年，代表小资产阶级、手工业者和农民利益的激进派在西班牙议会选举中获胜，随后软禁了费迪南七世。

同时，经过十年的独立起义运动，新西班牙总督区约有一百多万人死亡，占当时该地区总人口的六分之一。而且在战争影响下，矿山、庄园等重要经济部门的生产也极大减少，殖民地经济受到削弱。而且当时，新西班牙总督区各地仍有起义运动不断兴起，尤其在瓜纳华托、米却肯等地，仍有游击队展开反殖民活动。西班牙爆发资产阶级民主革命的消息传至美洲后，先前反对殖民地独立的保守派由于担心西班牙的革命会在殖民地引发类似独立运动，便率先改变立场，希望尽快脱离宗主国而独立。

墨西哥政府军中一位叫奥古斯丁·德·伊图尔维德（Agustín de Iturbide，1783—1824年）的上校成为保守派的代表。此人1783年出生于米却肯州的巴利亚多利德地区，其父母是当地的庄园主，父亲来自西班牙巴斯克地区的贵族家庭，因不是家中长子而无法继承父辈财产，后移民至墨西哥谋生，其母亲则是墨西哥较为富裕的土生白人，因此伊图尔维德自称为"克里奥尔人"（即土生白人）。他在圣尼古拉斯学院完成学业，十几岁时便加入保皇党军队，1806年晋升为中尉，曾参与镇压革命运动，杀害过许多革命者。1810年，伊达尔戈曾邀请其加入独立运动并承诺授予其中将军衔，但被其拒绝。1811年，伊图尔维德被新西班牙总督派往墨西哥南部镇压拉荣领导的游击队，并获得胜利。1815年，伊图尔维德又率领士兵击败了何塞·玛利亚·莫雷洛斯，后晋升为上校。他善于隐藏，表面上左右逢源，实际上野心勃勃，努力争取各方支持以出人头地。

伊图尔维德主张保持传统的大庄园制，并且维护教会的利益，因此得到了许多大地主和教会上层人士的支持。1820年，新西班牙总督阿波达卡任命伊图尔维德为墨西哥南部战区总司令，派其镇压比森特·拉蒙·格雷罗（Vicente Ramón Guerrero，1782—1831年）领导的起义军。但伊图尔维德看到当时的形势，内心已经产生了自己的想法。由于1820年1月起，西班牙爆发资产阶级革命，新西班牙总督区实际上已经脱离了王权统治。1820年5月31日，时任总督阿波达卡宣布在新西班牙重新建立宪法，并成为该地区的最高政治领袖。伊图尔维德在讨伐革命派不顺后，与革命派领袖比森特·拉蒙·格雷罗等人进行秘密的书信来往。1821年2月4日，伊图尔维德在信中向格雷罗提议在奇尔潘辛戈附近会面并签订和平协议。2月10日，双方举行了会面和谈判，就独立议题达成一致，格雷罗的军队被归于伊图尔维德指挥之下。

1821年2月24日，伊图尔维德公布了《伊瓜拉计划》，内容包括宣布新西班牙独立、提出建立君主立宪政体、将王位授予西班牙费尔南多七世或其兄弟。伊图尔维德主动打出要求独立、脱离殖民统治的旗号，得到了墨西哥底层民众的支持。同时，伊图尔维德掌握了保皇党军队的大部分兵力和革命队伍的力量，建立了统一的独立革命军"三保证军"，队伍势力不断壮大。

阿波达卡看到形势不妙，于1821年3月14日宣布伊图尔维德的行为属于违法并派军对其进行讨伐，同时还表示可以赦免那些重新选择对国王效忠的人士。但伊图尔维德领导的队伍已经势如破竹。1821年6月，起义军占领了巴利亚多利德和克雷塔罗。7月5日，阿波达卡被罢免最高政治领袖的职位，之后不得不与家人登船离开了新西班牙。7月21日，西班牙新派往墨西哥的总督胡安·奥多诺胡抵达维拉克鲁斯并宣誓就职。然而，奥多诺胡发现当时大部分民众都支持《伊瓜拉计划》和伊图尔维德，西班牙想要恢复殖民统治几无可能。8月24日，伊图尔维德与奥多诺胡签订了《科尔多瓦协议》，规定墨西哥可以自由选举他们的君主。然而，当时西班牙军队仍然占领墨西哥城以及维拉克鲁斯广场等重要地区，处在独立军的包围之下。奥多诺胡为了减少流血牺牲，说服西班牙军队投降并撤出墨西哥。

1821年9月22日，西班牙军队撤出墨西哥城。9月24日，独立军进入该城。9月27日，伊图尔维德宣布墨西哥脱离西班牙殖民统治而独立，奥多诺胡等三十多人作为临时政府成员。9月28日，奥多诺胡在《独立法案》上签了字，代表西班牙承认墨西哥独立地位。10月3日，危地马拉总督（管辖区包括恰帕斯、危地马拉、萨尔瓦多、尼加拉瓜、哥斯达黎加和洪都拉斯）宣布脱离西班牙殖民统治且并入墨西哥。此后，除了恰帕斯，其他地区又纷纷脱离了墨西哥。

第五节　建立共和政体

伊图尔维德上台后不久便露出了贪婪虚伪的真实面目。1822年5月，他恢复封建统治，解散议会，将国家命名为墨西哥帝国，自立为奥古斯丁一世，并规定其子女拥有世袭权。伊图尔维德这一倒行逆施的做法遭到了许多民众的反对。为了平息抗议，他大批逮捕反对派人士，从而激起更多的反对声音。

1822年10月，安东尼奥·洛佩斯·德·桑塔·安纳将军（Antonio de Padua María Severino López de Santa Anna y Pérez de Lebrón，1794—1876年，简称"圣安纳"）在维拉克鲁斯发表公告，反对伊图尔维德复辟君主制，主张恢复共和国。圣安纳1794年2月出生于新西班牙总督区维拉克鲁斯哈拉帕市一个中产阶级家庭，父母均是西班牙白人，在当地有一定的地位。圣安纳对西班牙王室歧视土生白人的做法十分不满，但和当时的大多数土生白人一样，仍然支持西班牙王室统治。后来，其依靠父母与维拉克鲁斯州长的友好关系进入了皇家军队，还曾镇压过伊达尔戈等人领导的独立运动。1821年，保皇派军官伊图尔维德与起义军达成"伊瓜拉计划"后，圣安纳也加入其中，争取墨西哥的独立。谁知1822年伊图尔维德解除了圣安纳的职务，从而引起了后者不满。

在圣安纳揭竿起义后，瓜达卢佩·维多利亚（Guadalupe Victoria）等曾参加过游击队的革命人士也纷纷加入其领导的起义军，共同讨伐伊图尔维德。不久后，革命人士格雷罗也再次起义反对伊图尔维德。在国内汹涌澎湃的起义浪潮下，1823年3月19日伊图尔维德被迫退位，先后流亡意大利和英国。1824年6月，他秘密潜回墨西哥并企图东山再起，然而不到一个月便被捕，之后被当局枪决。

同年10月，在圣安纳等人推动下，瓜达卢佩·维多利亚成为墨西哥联邦共和国总统。瓜达卢佩·维多利亚1786年9月29日出生于新西班牙总督区新比斯开省（现墨西哥杜兰戈州）。其原名何塞·米格尔·拉蒙·阿道克托·菲利克斯，父母在其幼年便去世，瓜达卢佩由其叔叔抚养成人。瓜达卢佩曾在杜兰戈神学院学习，后赴墨西哥城的伊德尔丰索学院学习法律并获得法学学士学位。1812年，瓜达卢佩参加了墨西哥独立运动，为表示忠于革命而改名（瓜达卢佩圣母是当时起义的象征），并与何塞·玛利亚·莫雷洛斯并肩战斗。此后，革命运动遭到残酷镇压，瓜达卢佩在丛林中躲藏多年。伊图尔维德与革命人士秘密会晤并提出《伊瓜拉计划》后，瓜达卢佩也加入其中。此后，伊图尔维德复辟帝制遭到革命者反对，瓜达卢佩成为讨伐其中坚力量。最终，伊图尔维德被赶下台，1824年墨西哥第一合众国正式建立，瓜达卢佩被宣布为第一任总统。

| 第四章 |

考迪罗制和华雷斯改革

第一节 独立初期的墨西哥

独立伊始的墨西哥很快进入了考迪罗制的时代。考迪罗（Caudillo）在西班牙语里是"骑在马背上的人"，引申为"首领、头目"的意思。圣安纳将军就是考迪罗的典型代表。考迪罗主义是一种强权制度或军人政府，是拉美地区特有的军阀、大地主和教会三位一体的本土化独裁制度。从根源上讲，拉美地区的大庄园是考迪罗主义产生的温床。独立战争拉开了墨西哥考迪罗制的序幕，一些独立运动的领导人出身于大庄园主家庭，在反殖民斗争中控制了军队，并在独立后依靠军队支持掌握了政权。因此，考迪罗一般在经济上依靠大地产大庄园主，在政治上依靠军人专政来夺取政权并维持统治。

独立后的墨西哥实际上仍然由许多教会势力和大庄园主控制，地方割据一方的情况十分严重，还没有完全形成国家的真正统一。国家内部各地区之间缺乏交流，对统治者维持国家稳定形成挑战。而天主教也对拉美地区政治和文化产生深远影响。其强调对权威绝对崇拜和服从的保守主义思想在拉美深入人心，导致民众面对权威通常保持沉默或服从。这种文化传统为强权政治的滋生提供了天然土壤。

刚获得独立的墨西哥国内主要分为两股势力。封建统治阶级的代表包括军阀、天主教会上层和大庄园主。他们反对共和制，要求复辟君主制，极力维护大庄园主和教会的特权。资产阶级、中小地主、知识分子及部分军官组成自由派，他们主张建立共和政体，实行政治经济改革，促进资本主义发展。墨西哥独立初期，国内保守派和自由派斗争激烈，军队频频发动政变，总统更迭成为家常便饭。独立初期建立的共和制度以及宪法徒具形式，专制独裁制度凌驾于宪法、选举和议会之上。据统计，1824年至1848年24年间，墨西哥共发生了250次左右政变或军事叛乱，更换了31位总统

一、瓜达卢佩和格雷罗的改革

1824年瓜达卢佩总统上台时，墨西哥已经遭受了三百年的殖民统治和三十多年的战争，满目疮痍、百废待兴。为了重建国家，瓜达卢佩首先废除了奴隶制，并继续驱逐西班牙人，同时与英国、美国、中美洲联邦共和国以及大哥伦比亚建立了外交关系，获得了许多大国的认可。他还批准了《亚当斯－奥尼斯条约》的内容，从而承认了与美国的边界范围。同时，瓜达卢佩还支持西蒙·玻利瓦尔关于建立美洲联盟的想法，同时他还向玻利瓦尔提供资金，以帮助秘鲁摆脱西班牙殖民统治获得完全独立。

为了应对西班牙实施的经济禁运，瓜达卢佩政府创建了本国的商船队，并与相关建交国进行贸易。他重视教育，建立了军事学院，建造国家博物馆。任内，瓜达卢佩遭遇了数次针对其政府的未遂政变。1827年，副总统尼古拉斯·布拉沃发起政变，称政府在公共财政方面管理不善，要求重组政府。瓜达卢佩领导部下格雷罗成功镇压了这次政变，并将尼古拉斯驱逐出境。

1828年墨西哥举行总统选举，这次选举充满了党派对决色彩。总统候选人包括独立运动领袖之一、自由派人士比森特·格雷罗和曼努埃尔·戈麦斯·佩德拉萨将军。时任总统瓜达卢佩本人支持佩德拉萨将军。但格雷罗属于共济会约克礼仪派[①]，得到了许多民众的支持。因此，尽管戈麦斯将军赢得了选举，但选举结果遭到了一些政治家和民众的反对。1828年9月1日，曾与格雷罗一起推翻伊图尔维德的圣安纳将军起义支持格雷罗。作为独立战争中战功显赫的前将军以及维拉克鲁斯州州长，圣安纳在国内属于权势人物，在其号召下，许多人加入了起义队伍。圣安纳辞去州长职

[①] 墨西哥共济会的历史最早可以追溯至1806年，当时该国第一个共济会正式成立。独立后的一段时间内，大约在1821—1982年间，许多领导人都来自共济会，极大地影响了共和国的政治议程。保守派大约集中在苏格兰礼仪派，该派别成立于墨西哥独立之前的1813年。自由派和改革派则集中于约克礼仪派，该派别成立于墨西哥独立之后。

务，率领军队攻占了哈拉帕附近的佩罗特要塞，并发布政治纲领，要求瓜达卢佩总统下台，并取消之前的选举结果、承认格雷罗为总统。同年11月，格雷罗的支持者控制了墨西哥城一个军械库，首都发生了数日的战斗。面对势如破竹的起义军，戈麦斯将军还没正式就职，便匆匆宣布卸任并流亡欧洲。

1829年年初，墨西哥国会宣布取消1828年的选举结果。4月1日，格雷罗就职墨西哥总统。其任内，进一步在全国范围内废除奴隶制，解放了境内所有奴隶。他还积极建设公立学校，计划开展土地所有权改革，并发展工业和贸易部门。当年，西班牙为了恢复在墨西哥的殖民统治，从古巴派出一支3000人的队伍，在7月底登陆墨西哥，并在8月中旬占领了墨西哥港口城市坦皮科。墨西哥南部的圣安纳将军领导部队进行顽强抵抗，最终在兵力较少的情况下打败了西班牙军队，从而名声大振，被民众称为英雄。9月中旬，西班牙军队被迫投降，墨西哥独立的成果得到了巩固。圣安纳则自称为"坦皮科的胜利者"和"祖国的救世主"，甚至标榜自己为"西方的拿破仑"。

1829年12月4日，副总统布斯塔曼特发动名为"哈拉帕计划"的叛乱，企图推翻格雷罗的统治。格雷罗总统离开首都墨西哥城前往南部作战。格雷罗离开首都后，墨西哥国会在其授意下任命时任最高法院院长的何塞·玛利亚·博卡内格拉为临时总统。然而，何塞·玛利亚刚于1829年12月18日就职，便在五天后被墨西哥城的驻军推翻统治。

二、布斯塔曼特的统治

自1829年12月23日起，墨西哥进入了由佩德罗·贝莱斯、卢卡斯·阿拉曼和路易斯·德·金塔纳尔组成的三巨头统治的时代。佩德罗·贝莱斯于1829年参加了时任副总统布斯塔曼特领导的叛乱。叛乱成功后，佩德罗·贝莱斯担任总统，卢卡斯和路易斯则辅佐其左右。行政三巨头主要集中于巩固叛乱成果。1830年1月1日，国会宣布由副总统布斯塔曼特正式担任总统。

由于格雷罗在南部拥有一些支持者，并依靠自身的混血人种身份动员了许多底层民众参与，但保守派在墨西哥城的势力较为强大，双方之间的战斗持续了一年多。1831年1月，一位意大利商人设下陷阱，邀请格雷罗及其助手上船就餐，随后便将其逮捕并移交给边邦军队。同年2月14日，格雷罗被处死。其死后被民众称为墨西哥民族英雄，如今墨西哥格雷罗州即是以其名字命名。

布斯塔曼特承诺上台后改善管理，但其政府持续抓捕不同政见者。没多久，布斯塔曼特政府又遭遇了叛乱。1832年1月2日，维拉克鲁斯驻军宣布发动起义，指责时任部长专制无度，要求开除他们。反对者们将圣安纳视为自由主义代表，希望他领导一场推翻布斯塔曼特的运动。圣安纳同意了这些抗议者的要求，同时又向布斯塔曼特致信，提议在抗议者和总统之间进行调解，防止流血事件的发生。然而，调解并未成功，政府向圣安纳发起进攻，但未能打败其队伍。革命蔓延至塔毛利帕斯州，之后越来越多的州加入革命行列，要求布斯塔曼特下台，呼吁此前在选举中获胜的曼努埃尔·戈麦斯·佩德拉萨接任总统[①]。8月6日，蒙特祖马将军攻占了圣路易斯波托西市。布斯塔曼特亲自率领军队前往讨伐，并卸任总统。8月14日，国会选举梅尔乔·穆兹奎兹为临时总统。

1832年9月18日，布斯塔曼特击败了蒙特祖马将军的部队，并占领了圣路易斯波托西市。然而，瓦伦西亚将军宣布支持墨西哥州的革命，从而对首都产生威胁。布斯塔曼特转身前往墨西哥城，并争取地方州长支持。穆兹奎兹政府也向各州州长发出通告，号召他们继续效忠政府。随后，政府与圣安纳在墨西哥城举行谈判，但未能达成协议。11月6日，圣安纳离

[①] 佩德拉萨1828年被迫流亡法国，两年后于1830年企图返回墨西哥，但被布斯塔曼特禁止入境，随后前往美国并定居在宾夕法尼亚州。

开墨西哥城，前往普埃布拉市迎战布斯塔曼特，并击败其部队。同年11月，佩德拉萨也从美国回到了墨西哥。事实上，政府当时已经失去对除了奇瓦瓦州和瓦哈卡州的其余地区的控制。穆兹奎兹和布斯塔曼特均同意停战，但国会拒绝投降。随后，布斯塔曼特坚持举行和平谈判，并于1832年12月23日批准了《萨瓦莱塔条约》。最终，穆兹奎兹总统下台，佩德拉萨正式成为总统。1833年1月3日，佩德拉萨和圣安纳在群众的欢呼声中进入了首都墨西哥城。

三、佩德拉萨的改革

佩德拉萨上台后，驱逐了布斯塔曼特执政期间返回墨西哥的西班牙人，并且对前政府部分官员采取了报复措施。同时，他加强立法，严厉打击对商业和农业进行干涉的不法武装分子。

1833年3月，墨西哥举行了总统选举。据史料记载，圣安纳赢得了选举，但其不愿担任总统，于是由佩德拉萨政府的财政部长瓦伦丁·戈麦斯·法里亚斯（Valentín Gómez Farías）担任总统，而圣安纳本人则担任副总统，实际上隐退居住在自己位于维拉克鲁斯的庄园内。

戈麦斯·法里亚斯1833年4月1日上台后，推行了激进的改革措施，如裁减军队人数，推行宗教改革，严密监控神职人员的行动，规定未经政府授权，教会不得在墨西哥发布教皇诏书和其他教皇公告。同时，媒体也极力攻击教会，指责神职人员为世俗的伪君子，称圣经充满了来自无知时代的荒谬和谎言。1833年10月，墨西哥通过一项法令，取消了全国范围内征收什一税的规定。同时，政府还禁止神职人员任教，使教育完全变为世俗社会的事业。一些大学内部设立的教堂被改造成了啤酒厂等其他设施。还有些地方的教堂和修道院被政府征收，有些教堂被改造成了剧院。

戈麦斯·法里亚斯对宗教的改革行为引起了一些地方武装和天主教会的不满。1833年5月26日，莫雷利亚州的伊格纳西奥·埃斯卡拉达上校宣布反对法里亚斯统治，并邀请圣安纳与其一同推翻法里亚斯。圣安纳没有同意，而是拿起武器反对各地武装起义。但是叛乱逐渐蔓延至全国多地，圣安纳本人被部下囚禁，被要求参加起义。6月7日首都墨西哥城也发生叛乱。法里亚斯总统组织了6000人的军队进行抵抗，并打败了叛军。圣安纳也逃出叛军的控制，重新回归了政府。但到了1834年，各地反政府的声浪越来越大，圣安纳决定加入起义者行列。最终，法里亚斯被迫下台，圣安纳接替法里亚斯成为墨西哥总统。

四、圣安纳独裁

1834年6月12日，圣安纳解散了国会，废除了自由主义改革，组建了一个新的天主教中央集权的保守政府。由此，墨西哥天主教会也恢复了一定的地位。1835年1月，圣安纳回到自己的庄园，让米格尔·巴拉甘担任代理总统，但实际上其仍然幕后操纵国家政治。同年，在圣安纳主导下，墨西哥政府出台"七大法"（Siete Leyes）的新宪法文件，以取代1824年的宪法，规定墨西哥由联邦共和国变为统一的共和国，将各州（estados）改名为省（departamentos）。科阿韦拉和特哈斯州一分为二，成为科阿韦拉省和得克萨斯省。

墨西哥政府加强中央集权的做法激起了上加利福尼亚州、新墨西哥州、塔巴斯科州、索诺拉州、科阿韦拉和特哈斯州、圣路易斯波托西市、克雷塔罗州、杜兰戈州、瓜纳华托州、米却肯州、尤卡坦州、哈利斯科州、新莱昂州、萨卡特卡斯州等一些州的反对。其中，有几个州甚至成立了自己的政府：格兰德河共和国、尤卡坦共和国和得克萨斯共和国。1835年5月，圣安纳领导军队残忍镇压了萨卡特卡斯地区的起义军。1835年年底，有许多来自美国的盎格鲁人定居的得克萨斯省爆发起义，并于1836年3月2日宣布独立。圣安纳带领军队向北出发，企图用武力重新收回得克萨斯省。

而1835年起担任代理总统的米格尔·巴拉甘突然因病于1836年3月

1日去世。当时，圣安纳正在得克萨斯地区作战，不在首都墨西哥城。在这一情况下，3月2日墨西哥众议院任命何塞·胡斯托·科罗·席尔瓦为墨西哥临时总统。科罗总统监督了"七大法"的出台以及墨西哥从第一共和国向中央集权共和国的过渡进程。

由于兵力、后勤补给和战略方面都准备不足，圣安纳的部队遭遇巨大挑战，伤亡惨重。1836年4月，圣安纳在战斗中被俘虏，之后被迫与得克萨斯省领导人签署了《贝拉斯科条约》，其中写道"承认得克萨斯共和国的独立"。作为交换，得克萨斯共和国保证圣安纳的安全，并护送其前往维拉克鲁斯。与此同时，墨西哥新政府宣布圣安纳不再是墨西哥总统，因此其与得克萨斯省签署的条约无效，墨西哥国会也拒绝了这一条约。圣安纳不得不流亡美国，直到1837年其与美国总统安德鲁·杰克逊会面后，才获准回到墨西哥。

科罗担任总统期间，墨西哥面临严重的外部威胁和国内危机。在对外关系上，美墨关系日益紧张，美国承认得克萨斯独立，墨西哥一度扣押了美国商船，而美国也扣押墨西哥"乌雷亚将军"号船只以及命其悬挂美国国旗作为报复，最终墨西哥政府为避免战争而下令放行美国船只。科罗政府以取消法里亚斯颁布的反教权法为条件，成功让天主教廷承认墨西哥独立。1836年12月28日，西班牙也正式承认墨西哥独立。对内，科罗政府于1836年12月30日正式出台了"七大法"，并成立了国家银行，以缓解金融混乱问题。1836年年底，流亡欧洲的前保守派总统阿纳斯塔西奥·布斯塔曼特回国。于是，墨西哥国内开始出现支持其担任总统的舆论。

1837年，墨西哥按照新宪法举行选举，布斯塔曼特赢得选举，于当年4月正式就职。布斯塔曼特上台后，对之前推翻其统治的将领进行报复，杀死了蒙特祖马将军。然而，其任内也不断遭遇内外危机。圣路易斯波托西等地爆发了反政府起义，但被政府镇压。1838年，墨西哥与法国之间爆发了所谓的"糕点战争"（Pastry War），也是历史上第一次法墨战争。战争起因是一位法国糕点师声称其店铺在1828年墨西哥选举期间因暴力事件被损坏，要求墨西哥政府给予赔偿。墨西哥政府拒绝这一要求，法国从而以此为借口向墨西哥宣战。1838年3月，法国海军派出船队，占领了墨西哥湾港口维拉克鲁斯等地。第二轮谈判破裂后，法国军队于11月27日开始轰炸维拉克鲁斯。轰炸持续了三个多月，最终在英国斡旋下，墨西哥政府同意赔偿法国60万比索。

1838年10月，墨西哥坦皮科地区爆发了反政府叛乱，之后乌雷亚将军领导了起义军。起义蔓延至圣路易斯波托西和新莱昂地区，蒙特雷和新莱昂地区的长官被推翻。眼看起义军取得节节胜利，布斯塔曼特辞去总统职务，亲自率领部队前往圣路易斯波托西作战。圣安纳接替其担任总统，这也是其第五次担任总统。此时，乌雷亚将军和梅西亚将军率领的起义军正在向首都进发。圣安纳指挥军队进行迎战。1839年5月3日，瓦伦西亚将军击败了起义军，俘虏了梅西亚将军并将其处决。6月11日，政府军攻占了坦皮科地区，并逮捕了乌雷亚将军，后将其流放。其余起义军也遭剿灭，最终于1839年11月1日向政府投降。

圣安纳第五次执政期间，变得愈发专制独裁。他大肆镇压反对派，大批抓捕和监禁不同政见者，并下令取缔所有反对自己的报纸。1842年，圣安纳指挥军队入侵得克萨斯，但遭遇失败且伤亡惨重。为了恢复国库收入，圣安纳提高了税收标准，引起了一些地方的反对。尤卡坦和拉雷多地区甚至宣布自己是独立的共和国。1842年国会进行选举，一些反对专制的人士成为国会议员，圣安纳从而失去了对国会的控制。1843年10月2日，圣安纳任命瓦伦丁·卡纳利佐（Valentín Canalizo）为墨西哥总统，企图将后者作为政治傀儡来实现自己对墨西哥的统治。

1844年1月，墨西哥国会召开会议，参议员提出罢免卡纳利佐总统的议案，但未获通过。1844年6月，圣安纳进入首都，卡纳利佐将总统权力移交给他。不久后，保守派将军马里亚诺·帕雷德斯（Mariano Paredes）宣布发动反对圣安纳统治的政变。当年12月，墨西哥国内反对圣安纳的声浪达到顶点，圣安纳害怕自己遭遇不测，于是主动辞职下台。

五、军阀混战末期

圣安纳下台后,温和派人士何塞·华金·安东尼奥·德·埃雷拉(José Joaquín Antonio de Herrera)被选为墨西哥总统。但同时,国内仍然处于分裂状态,分别处于埃雷拉政府、圣安纳和保守派将军马里亚诺·帕雷德斯将军三者的控制之下。

埃雷拉上台后,决定剿灭圣安纳的残余部队,他召集多位将军对圣安纳的反攻进行抵抗。1845年1月1日,墨西哥国会恢复会议。当月,圣安纳在维拉克鲁斯附近地区被一群印第安原住民抓住并移交当局。之后,圣安纳被判处流放古巴。

埃雷拉总统巩固执政地位后,重新任命各地方长官,并听取各地方议会意见,寻求法律依据以废除圣安纳独裁统治期间颁布的宪法。众议院则鼓励各地方进行经济改革,并开始关注法律改革。当时,得克萨斯地区仍然是令墨西哥政府感到头疼的问题。埃雷拉希望与得克萨斯当局达成协议,阻止其并入美国。但美国国会已经批准吞并得克萨斯,从而导致墨西哥与美国断绝外交关系,并对美国关闭所有港口。墨西哥国会还决定,只有美国表示不会吞并得克萨斯,墨西哥才会与其恢复外交关系。同时,总统还被国会授权可以筹集资金和征兵用于保卫国家。美墨两国之间的关系剑拔弩张。

尽管墨西哥民众义愤填膺,但埃雷拉总统意识到本国并不是美国的对手,更倾向于通过外交解决纷争。反对派乘机大肆攻击埃雷拉,称其为叛徒,并鼓动舆论反对埃雷拉总统。1845年12月14日,帕雷德斯将军领导圣路易斯波托西地区的军队发动叛变。帕雷德斯宣称自己不寻求任何职位,将设立国民议会,所有社会阶层在该机构中都拥有自己的代表。他的计划得到了圣路易斯波托西省议会的通过,另外,还得到了几个省议会的支持。叛乱随后蔓延至墨西哥城。12月30日,埃雷拉总统眼见控制不住局势,被迫辞职,由马里亚诺·帕雷德斯继任总统。三天后,马里亚诺·帕雷德斯率领部队进入了首都。

1846年1月26日，帕雷德斯正式召开政府会议，召集特别代表大会对宪法进行修改。其在起义时制定的计划中提出，制宪会议在重建国家方面不应受到任何限制。而且自1832年以来，帕雷德斯就表示只有君主制才能防止国家陷入无政府状态并且保护国家免受美国侵略。因此，该举措被认为是为废除共和制而复辟君主制开辟了道路。国内支持君主制和共和制的不同群体展开了激烈争论。帕雷德斯建立君主制的野心引起了许多民众强烈反对。直到1846年4月美国开始入侵墨西哥，帕雷德斯为稳住国内局势，宣布自己支持共和政体，直到国家决定改变政体为止。

第二节　美墨战争

1846年，墨西哥和美国之间因领土控制权而爆发战争。实际上，两国在领土问题上的纠纷由来已久，矛盾的激化和爆发有着深层的国际和国内因素。最终这场战争以墨西哥失败告终，墨方被迫割让大量土地给美国，美国由此获得了更多的土地资源，为本国经济发展进一步提供了有利条件。

一、战争起因

美国国内的扩张主义是美墨战争爆发的重要原因。历史上，美国早于墨西哥实现自身独立。1775年，美国爆发独立战争，并于1783年正式脱离英国殖民统治获得独立。1787年，美国颁布世界上第一部较为完整的资产阶级成文宪法，成为一个现代资本主义国家。刚刚独立的美国百废待兴，需要发展自主经济，还要偿还独立战争期间的债务，于是开启工业革命，同时大力发展制造业和农业。但独立最初的美国领土仅是东海岸靠近大西洋的长条形地区，广袤的中西部地区均不属于美国。为了获得更多的土地资源和国内市场，美国早期多位总统秉持扩张主义，开始了西进运动，鼓励东部居民以及海外移民到西部定居。由此，美国人开始向北美中西部地区进发，其间赶走并屠杀了许多印第安人，基本使得这片土地上的印第安人灭绝殆尽。

1803年，美国借拿破仑正在欧洲发动战争之际，从法国手中购买了路易斯安那。1810—1819年，美国又从西班牙手中购买了佛罗里达。1823年，美国总统詹姆斯·门罗在国务卿亚当斯的协助起草下，发表了《门罗宣言》，提出了"美洲是美洲人的美洲"，体现了美国企图独霸美洲地区的野心。1830年，美国总统安德鲁·杰克逊通过了《印第安人迁移法》，把印第安人赶到密西西比河以西。1835年，杰克逊总统曾试图以55万美元购买旧金山港口及其北部地区。1837年、1839年、1841年，美国连续遭受经济危机打击，国内急切需要寻求新的土地和市场，扩张主义思潮更加大肆泛滥。1845年，美国杂志《民主评论》的主编奥沙利文发表文章，提出"天定命运论"，为美国领土扩张寻找合法性的借口。在美国国内扩张主义泛滥的背景下，这种不惜通过武力占领更多土地的想法得到了诸多支持。

同时，墨西哥国内混乱局势为美国侵占提供了契机。墨西哥独立后，国内政治斗争不断，军事政变频发，政局长期不稳定。考迪罗独裁者圣安纳凭借自己掌握强大的军事力量，使用各种狡诈和阴谋手段，在1833年至1855年期间先后六次成为墨西哥总统或实际领导人。在政府频繁更迭、各派势力争权夺利的背景下，墨西哥当局在经济发展上无所作为，民不聊生，同时政府对一些偏远地区缺乏有效控制，促成了地区分离主义的出现和壮大。

得克萨斯独立并加入美国成为美墨战争的直接导火索。如今的得克萨斯州位于美国东南部，靠近路易斯安那州边界。在18世纪西班牙殖民时期，得克萨斯处于西班牙控制之下，然而也是西班牙在美洲控制较弱的地区之一。据统计，1800年除了印第安人之外，得克萨斯地区只有约7000名居民。该地区东北部与美国南部奴隶州相邻，拥有肥沃的农田，于是渐渐出现了许多来自其他国家的移民,形成了由英国、法国和西班牙三国定居者组成的局面。总体上该地区以沙漠为主,人口稀少。而且当地的印第安人不断抵抗西班牙殖民统治,使得墨西哥中心地带与北部的上加利福尼亚和新墨西哥州等地区的交流和贸易变得十分困难。1821年墨西哥脱离西班牙殖民统治并独立。次年,美国政府承认墨西哥为独立国家,并与其签署友好贸易条约和边界条约。19世纪二三十年代,美国政府鼓励美国民众前往北美中西部开拓并定居。由于该地区人口稀少,墨西哥政府和美国方面达成协议,允许美国民众前往得克萨斯并定居在当地。1825年,美国人斯蒂芬·奥斯汀带领300户美国家庭及其奴隶前往得克萨斯定居,并将奴隶制引入当地。1829年,由于大量美国移民持续涌入,得克萨斯的非西班牙裔人士超过了说西班牙语的人口,墨西哥总统格雷罗采取限制措施,加强对移民的控制,同时在得克萨斯地区废除奴隶制,还决定提高出口美国商品的关税。这些举措引起了该地区美国居民尤其是奴隶主的不满。墨西哥宣布关闭得克萨斯与美国的边境,但大量非法移民依然持续涌入。

1835年,时任墨西哥总统圣安纳废除1824年宪法,实行中央集权,从各州手中夺取了权力,引起了多个地区的强烈不满。加上墨西哥国内局势持续动荡,得克萨斯等地区的独立情绪上涨。奥斯汀尝试与墨西哥政府谈判,但未能如常所愿。同时,墨西哥政府怀疑斯蒂芬·奥斯汀推动独立而将其逮捕,后在1835年8月释放奥斯汀让其返回得克萨斯。两者矛盾不断激化。随后,奥斯汀致信美国参议员刘易斯·林恩,称圣安纳计划消灭所有"殖民者"并解放所有奴隶,恳求美国政府支持其独立运动。这一呼吁获得美国方面的积极响应。

1835年10月,美国和墨西哥因得克萨斯问题首次爆发了军事冲突。当月,奥斯汀组织得克萨斯军队发动独立运动,而美国则为其提供了一定的军事支援。10月28日,美国派遣了500名士兵参加得克萨斯康塞普西翁的战斗,消灭了250名墨西哥人。圣安纳出兵镇压,在阿拉莫歼灭美军187人。但之后,在美方的强大攻势下,墨西哥方面很快溃败。1835年12

月，奥斯汀等人被得克萨斯临时政府派往美国进行谈判。1836年3月2日，得克萨斯出台新宪法，宣布脱离墨西哥并作为得克萨斯共和国独立。1836年4月，圣安纳被得克萨斯军队俘虏并监禁。5月14日，得克萨斯政府与圣安纳签署了贝拉斯科条约，后者承认得克萨斯独立。但墨西哥政府并不承认得克萨斯的独立。

1836年8月，奥斯汀宣布参加得克萨斯共和国总统选举。但在选举中，其被山姆·休斯顿击败，随后被任命为得克萨斯共和国第一任国务卿。得克萨斯单方面宣布独立后，先后得到了美国、英国和法国的承认。其请求加入美国，并称格兰德河为其西部边界线。但当时美国因国内奴隶制问题没有得到解决，暂时拒绝了得克萨斯的加入申请。同时，英国在美墨之间进行斡旋，使得事态没有得到进一步激化。1843年，墨西哥政府针对美国计划合并得克萨斯的倾向做出了警告，称美国通过合并法案将意味着对墨西哥宣战。然而美国与得克萨斯于1844年4月12日签署了合并条约，美国国会于次年3月1日通过了该条约。

1845年3月，民主党候选人詹姆斯·诺克斯·波尔克正式就职美国总统。波尔克是杰克逊的忠实信徒，也主张美国对外扩张，在竞选中即提出了合并得克萨斯、解决俄勒冈边界问题以及取得加利福尼亚地区等目标。墨方向波尔克提出严重抗议，认为美国严重介入其内政，并宣布与美国断绝外交关系。同时英美之间也发生了一些小规模冲突，英国无心再在两国之间进行斡旋。1845年9月，美国总统波尔克派遣约翰·斯莱德尔作为使者前往墨西哥城谈判，以解决得克萨斯边界问题，同时商讨墨西哥对美国的债务问题，要求墨西哥偿还美国300万美元债务，并企图以3000万美元购买获得新墨西哥和加利福尼亚地区。这些提议遭到墨西哥时任总统埃雷拉的拒绝。

1845年12月，得克萨斯加入美国成为其第28个州。1846年1月，波尔克命令扎卡里·泰勒将军率领美国军队穿越得克萨斯与墨西哥交界的努埃塞斯河，占领尚有争议的格兰德河左岸地区，企图以该地区为美国西部边界。这一举动更加激起了墨方的强烈反对，美墨战争一触即发。

二、战争经过

1846年4月24日，美国与墨西哥正式爆发战争。一支2000人左右的墨西哥部队前往格兰德河附近作战，俘虏了美军一个约70人的巡逻队。5月11日，波尔克向美国国会提交战争咨文，要求对墨宣战，声称墨西哥"入侵了美国的边界，在美国领土上洒上了美国人的血"。美国国会展开了激烈辩论，当时美国国内扩张主义情绪高涨，南部和西部人士积极主张对墨西哥开战。但废奴主义者和辉格党[1]强烈反对波尔克的主张，质疑其关于最初的冲突发生在美国领土上的说法，认为战争是掠夺他国土地的行为。最终，美国国会内部以压倒性多数通过了战争决议。5月13日，美国正式对墨西哥宣战，总统波尔克批准拨款1000万美元，征兵5万人。战争一直持续了两年，直到1848年2月2日才宣告结束。

美墨战争共有四个主要战场：得克萨斯西部地区、加利福尼亚地区、新墨西哥地区和墨西哥维拉克鲁斯至墨西哥城地区。美国宣战后，开始从多个战线入侵墨西哥。在墨西哥北部地区，美国的扎卡里·泰勒将军率领部队与墨方激烈交火。1846年5月8日，约2300名美军与6000多名墨西哥士兵交战，美军以优势炮火击败了墨军。次日，在雷萨卡·德·拉帕尔马战役中，双方发生了激烈的肉搏战，美方以1700人打败了5700名墨军。5月18日，美国的泰勒将军率领部队越过格兰德河并占领了如今塔毛利帕斯州的边境城市马塔莫罗斯城。7月，其先头部队抵达距离墨西哥城北1000英里的查马尔戈。11月16日，泰勒的部队占领了科阿韦拉首府萨

---

[1] 辉格党是1833—1834年间，由美国前民主共和党与国家共和党两党党员亨利·克莱、约翰·昆西·亚当斯以及南方的州权拥护者如威利·颇森、缅甘等人共同组成。辉格党的命名来自反对英国王室君主专权的英国辉格党，反对总统专断。其拥护国会立法权高于总统内阁的执行权，赞同现代化与经济发展纲领。

尔蒂略。

在太平洋沿岸地区，为防止英国抢先占领，美国政府派出海军准将约翰·斯洛特率领舰队开赴加利福尼亚。当时，一批美国移民已经占领圣诺明，成立了"加利福尼亚共和国"，升起了一面带有黑熊标志的旗帜。7月2日，美国舰队抵达旧金山南部，占领了旧金山和圣诺明，宣布加利福尼亚为美国的一部分，以星条旗取代了熊旗。之后，斯洛特将指挥权交给了军事上更具有侵略性的准将罗伯特·斯朵克顿。在美军强大攻势下，上加利福尼亚州州长逃往墨西哥索诺拉地区。8月13日，美军又占领了洛杉矶。

在新墨西哥地区，美国陆军将军斯蒂芬·卡尼于1846年6月率领约1700人的部队从堪萨斯州向西南方向进军，以夺取新墨西哥和上加利福尼亚地区。新墨西哥州州长曼努埃尔·阿尔米霍不想与美军交战，有传言说一名叫詹姆斯·马戈芬的美国人贿赂了州长。结果是州长阿尔米霍自己逃到了奇瓦瓦，基本等于放弃战斗。1846年8月15日，斯蒂芬·卡尼将军带领部队抵达圣达菲，在没有浪费一枪一弹的情况下占领了新墨西哥州。8月18日，卡尼宣布自己为新墨西哥州的军事长官，并建立了名为"卡尼法典"的临时法律制度。随后，卡尼任命查尔斯·本特为新墨西哥州总督，自己则率领剩余部队前往上加利福尼亚。卡尼与罗伯特·斯朵克顿的海军增援部队联合占领了圣地亚哥和洛杉矶。之后，两者之间围绕加利福尼亚的管理权发生了冲突。斯朵克顿任命弗莱蒙为加利福尼亚总督，而卡尼也自称为总督。由于卡尼提前出手，弗莱蒙被捕并受处罚。

1847年年初，美军已经攻占了墨西哥北部大片领土。墨西哥民众则在美军占领区内开展游击战，对美军形成了一定干扰。在新墨西哥州，卡尼将军离开后，墨西哥民众发动起义并杀死了美国方面任命的总督本特，随后还袭击了当地一家美国工厂。然而在美军的强大兵力下，墨西哥的起义者最终失败。

1847年2月起，美军为迅速取得胜利，开始寻求最短路线以直接攻占墨西哥首都墨西哥城。美国总统波尔克授权高级将领温菲尔德·斯科特接管全部侵墨美军。后者开始领导部队对墨西哥东海岸最大的港口城市维拉克鲁斯进行两栖登陆。斯科特集中1.3万人部队，订购了特制的登陆舰，并且配备了50门大炮，在海军支援下进攻维拉克鲁斯港口。1847年3月9日，美军开始登陆维拉克鲁斯附近的海滩，未遇到墨军抵抗。美军未有一人伤亡，顺利登陆。随后，美军开始围攻维拉克鲁斯，利用大炮对该城进行野蛮炮击。在美军炮火的猛烈攻势下，墨方遭受大量人员伤亡，最终停止抵抗，美军顺利攻占该城。同时，美军还在另一条战线上向墨西哥进攻。1847年6月，美国军队袭击并攻占了塔巴斯科州首府圣胡安·包蒂斯塔。

在美军向首都墨西哥城进发之际，已经返回墨西哥的圣安纳集结了1.3万人与美军会战。4月18日，美军突袭墨军，以400多人伤亡的较小代价俘虏了3000多名墨西哥士兵。5月15日，美军抵达墨西哥第三大城市普埃布拉，兵不血刃地占领了该城，此时距离墨西哥城仅80英里。8月6日，美军约1万人抵达墨西哥城城外。起初，双方正在墨西哥城郊区作战。8月18日，由加布里埃尔·瓦伦西亚将军指挥的墨西哥主力军队北方军在首都西南部被美军击败。8月19日，双方还在首都郊区的佩德雷加尔·德·圣安赫尔、圣赫罗尼莫等地形复杂的入城口展开战斗。随后，圣安纳命令部队撤回墨西哥城内。8月20日，美军对墨城南部的丘鲁布斯克修道院展开了猛烈的攻击。佩德罗·玛利亚·安纳亚将军率领部队进行殊死抵抗。但最终墨方不敌美军的炮火，被迫投降。9月6日，美墨举行谈判。美国不满足于仅仅获得得克萨斯，而是提出更大的领土要求，遭到墨方拒绝，谈判破裂。9月8日，美军开始向墨西哥城发动总攻，墨军英勇抵抗，美军死伤惨重。在查普尔特佩克地区，双方激烈搏斗，墨西哥军事学院的学生奋勇还击，战斗到最后一刻。9月13日，圣安纳率领政府成员撤退。次日，美军大批入城。尽管之后双方还发生了激烈巷战，但墨方已经处于劣势，不得不停火，美军最终取得了胜利。

美军占领墨西哥城后，墨西哥全国各地的军队和民众仍没有放弃战斗。到1847年年底，仍有2万美军在与墨西哥游击队作战。如果墨西哥政府能够充分发挥民众的力量进行抵抗，仍然能够获得一丝胜利的把握。但1847年10月，墨西哥高层解除了圣安纳的职务，新政府决定与美方和谈。1848年2月，美墨签署《瓜达卢佩-伊达尔戈条约》。根据该条约，墨西哥割让了超过80万平方英里（约210万平方公里）的土地给美国，相当于当时墨西哥领土的一半。而美国则付给墨西哥1500万美元，并放弃索要墨西哥所欠的325万美元债务。墨西哥割让的具体地区包括现在美国的新墨西哥州、犹他州、内华达州、亚利桑那州、加利福尼亚州、得克萨斯州和科罗拉多州西部几乎所有领土。1848年5月30日，美墨双方交换了批准书。7月4日，波克尔总统宣告条约正式生效。

三、墨西哥战败的原因

美墨战争中墨西哥的失败是多重因素制约的结果。首先，长期以来墨西哥对偏远地区缺乏控制是导致国土分裂的重要原因。西班牙殖民时期，西班牙当局对得克萨斯等地区的控制较弱。该地区地广人稀，大部分被沙漠所覆盖，适合耕种的土地不多，而且当地印第安人顽强抵抗外来统治，使得该地区成为新西班牙总督区殖民统治的"真空地带"。加之1821年墨西哥获得独立后，国内频频发生军事政变，地方割据各自为政态势凸显，为地方分裂主义提供了滋生土壤，也为外国势力趁机干涉提供了契机。之后美国逐渐向得克萨斯地区移民，使得当地的美国民众越来越多，为其怂恿该地区独立并最终吞并提供了重要前提。

其次，美国相对于墨西哥拥有更强的综合国力和军事优势。美国率先于墨西哥取得独立并开启工业革命，因此，美国经济发展更为迅速，人口不断扩大，当时已经达到1700多万人口。而且当时美国的海军也得到一定的发展，在武器装备上也领先于墨西哥。而墨西哥当时仍然处于封建的考迪罗制之下，仍然以农业为主，人口仅有700多万，国防军力也较为薄弱，几乎没有海军。因此在战争期间，美国海军轻而易举地从墨西哥东部港口登陆，并占领了维拉克鲁斯，为其之后占领墨西哥城奠定了重要基础。而且当时美军在战斗中使用一种"飞行火炮"，是一种安装在马车上的移动轻型火炮，具有快速射击和机动火力功能，对墨西哥军队产生了巨大的压制。在多场战斗中，美军都是凭借较少的人数，利用武器优势战胜了墨西哥军队。

第三，战争期间墨西哥频繁更换领导人，影响对外统一作战。墨西哥时任总统帕雷德斯离开总统职位，率领军队与入侵的美国部队作战，并由副总统尼古拉斯·布拉沃接替其行使总统权力。然而，布拉沃仅当了几天总统，便在1846年8月4日被其反对者推翻。何塞·马里亚诺·萨拉斯接任总统并举行了选举。1846年12月，圣安纳在选举中获胜，但其按照老套路，自己没有当总统，而是让之前下台的自由派总统瓦伦丁·戈麦斯·法里亚斯担任该职位。此后，保守派起义反对法里亚斯，圣安纳不得不重返首都解决政治纷争，并于1847年4月由佩德罗·玛利亚·德·安纳亚接任总统。5月20日佩德罗·玛利亚·德·安纳亚总统离开职位，率领部队前往战场与美军作战。在此情况下，圣安纳于1847年5月再次担任总统，一直任职到9月15日。随后，圣安纳再次辞职前往战场，将总统职位留给了曼努埃尔·德·拉培尼亚。国家频繁更换领导人，对于统一军队思想、凝聚民心方面会产生不利影响。

第三节 1854年革命和改革战争

一、1854年革命的发生

墨西哥长期以来在考迪罗独裁下，政局动荡、经济社会发展停滞，危机四伏。在此背景下，墨西哥国内自由派开启抵抗斗争，掀开了资产阶级革命的序幕。自1821年正式独立以来，墨西哥国内保守派与自由派斗争激烈。军阀、天主教高级神职人员和大庄园主等人作为封建统治阶级享有特权。

甘蔗种植等农业活动是当时墨西哥的主要经济活动，因此最大的财富来源依然是土地所有权。但土地分配严重不均，大地产制在全国范围内依然盛行，土地集中在土生白人和神职人员等少数人手中。据统计，19世纪50年代，墨西哥神职人员的不动产占全国土地面积高达52%。天主教会在国家政治、经济和文化领域占有很高的地位，控制着国家的文化和教育事业，禁锢民众的思想自由。

同时，美墨战争给予了墨西哥沉重一击，丧权辱国的条约使墨西哥遭受了巨大损失。国民不满情绪日益增长，最终导致1855年圣安纳政府的倒台。随后，自由派主导的新政府开启被称为"革新运动"的资产阶级改革，打击以教会为首的阻碍社会进步的封建保守势力。然而革新运动遇到重重阻力，这段时期的墨西哥仍在探索和曲折中前行。

1854年2月，墨西哥国内爆发了反政府起义。时任格雷罗州州长、自由派将领胡安·阿尔瓦雷斯（Juan Álvarez，1790—1867年）带领该州士兵参加起义，准备推翻圣安纳的统治。当时墨西哥国内的自由派认为，军队和教会是墨西哥大多数问题产生的根源。而自由派内部又分为激进派（Puros）和温和派（Moderados）。两派的各自领袖贝尼托·华雷斯（Benito Juárez）和梅尔乔·奥坎波（Melchor Ocampo）在新奥尔良达成协议，支持阿尔瓦雷斯推翻圣安纳统治。

胡安·阿尔瓦雷斯是当时墨西哥较有名望的政治家。他1790年1月出生于墨西哥如今的格雷罗州，是印欧混血人。其早年家庭殷实，家中拥有庄园，阿尔瓦雷斯在墨西哥城完成小学和中学学业。17岁时，阿尔瓦雷斯因父母去世回到家乡，但其父母的遗产被其导师侵占，阿尔瓦雷斯被迫沦为一名打工的牛仔。1810年11月，阿尔瓦雷斯为争取墨西哥独立参加莫雷洛斯领导的游击队，因英勇作战而升任上尉。

莫雷洛斯牺牲后，阿尔瓦雷斯又加入了革命者格雷罗的游击战争，并且在南部一些地区的胜利中发挥了重要作用，曾经在"伊瓜拉计划"达成之前攻占保皇党手中的阿卡普尔科。阿尔瓦雷斯反对君主制，因此之后加入了格雷罗和布斯塔曼特领导的反对伊图尔维德的斗争。阿尔瓦雷斯还参与过墨西哥与法国的"糕点战争"和美墨战争。

1854年，墨西哥成立格雷罗州，阿尔瓦雷斯当选为第一任州长。他对圣安纳的独裁统治极为不满，因此参与了上校弗洛伦西奥·比利亚雷亚尔发起的反政府的"阿尤特拉计划"。该计划主要目标包括终止圣安纳的总统职位、与州立法机构的代表组成委员会并选举临时总统、授予临时总统广泛权力以维护国家统一和进步、召开国会会议建立代议制共和国。

圣安纳对起义采取严厉镇压措施，包括没收起义者财产、处决武装起义的革命指挥官等。他派遣指挥官托马斯·莫雷诺前往镇压起义，但后者却加入了阿尔瓦雷斯的起义阵营。1854年3月，圣安纳带领五千人的部队前往阿卡普尔科，在袭击广场时遭遇失败，于是带领部队纵火烧毁了当地的庄园和周边城镇，并被迫返回了墨西哥城。随后，圣安纳召集公民投票，希望通过投票来巩固自身执政地位，结果全国范围内大部分选民都支持阿尔瓦雷斯担任总统。圣安纳拒绝承认投票结果，并宣布其将继续担任政府首脑。1855年，革命蔓延至新莱昂、塔毛利帕斯和米却肯等地区。圣安纳组织部队平息起义，但革命火焰势不可挡，迫使圣安纳最终决定退位。

二、革新运动和《华雷斯法》

1855年10月，胡安·阿尔瓦雷斯抵达莫雷洛斯州。他向全国发表宣言，阐释了革命的原因，并组建代表委员会来选举临时总统。同年10月4日，他当选共和国临时总统，并任命内阁成员。作为一名激进自由派，阿尔瓦雷斯在其内阁中安排了许多自由派官员，如战争部部长伊格纳西奥·科福蒙特（Ignacio Gregorio Comonfort de los Ríos）、外交部部长梅尔乔·奥坎波、财政部部长吉列尔莫·普列托（Guillermo Prieto）和司法部部长贝尼托·华雷斯。他们大多为自由激进派人士，反对保守派独占政权，主张进行改革。墨西哥从而进入了历史上著名的革新运动时期。

上台后，阿尔瓦雷斯总统开启改革进程，加强联邦政府权力，并缓解墨西哥长期以来的经济困局。为了弥合政治分歧，他还特赦了所有逃兵。1855年11月22日，他颁布了《国家、地区和领土司法及组织法》，由于该法律是时任司法部长贝尼托·华雷斯主要参与制定的，因此又被称为《华雷斯法》。通过这部法律，墨西哥政府废除了自西班牙殖民时期延续下来的天主教会神职人员和军队的特权，撤销一切特别法庭，规定教士和军人在触犯民法和刑法后，与普通公民一样必须受一般法庭的审判，不再交给宗教法庭和军事法庭审理。

《华雷斯法》颁布后，受到了墨西哥大主教拉萨罗·德·加尔萨的反对，后者称这是对教会本身的攻击，建议将教会问题提交给教皇，但政府拒绝了这一建议。其他一些改革措施也触动了军人的利益。因为自伊图尔维德担任总统后，军队就被认为是政府统治的支柱。不久后，阿尔瓦雷斯因个人健康原因将总统权力移交给了伊格纳西奥·科福蒙特，自己则返回了格雷罗州。

三、《莱尔多法》的推行

1855年12月11日，伊格纳西奥·科福蒙特开始担任墨西哥临时总统。其1812年3月出生于墨西哥瓜纳华托，具有爱尔兰血统。早年，科福蒙特因为家庭经济困难，没有完成大学的法律专业学习。1832年，其应征入伍，与阿纳斯塔西奥·布斯塔曼特独裁政府斗争。1842—1846年，科福蒙特担任国会议员，并在1847年美国入侵墨西哥中部时参与抵抗美军的战斗。1848年战争结束后，科福蒙特再次担任国会议员。1854年3月，其与胡安·阿尔瓦雷斯一起领导了反对圣安纳独裁的起义运动。在阿卡布尔科，科蒙福特抵挡住了圣安纳的军队。随后，他带领部队占领了瓜达拉哈拉等重要城市。最终，科蒙福特和阿尔瓦雷斯获得了战斗的胜利。

接任总统后，科福蒙特继续推进改革。1856年1月，墨西哥通过法令，没收圣安纳及其任内的部长和地方长官的财产，交由最高法院处理，用来赔偿其对国家造成的损失。科蒙福特还采取开放商业港口、发展商业、制造业和采矿业等措施，大力发展经济。同时，他还重视教育，推进教育事业发展。

1856年6月25日，墨西哥批准了《莱尔多法》。该法是以时任财政部长、自由派人士米格尔·莱尔多·德·特加达的名字命名的。鉴于当时天主教会拥有大量房地产，墨西哥政府决定将天主教会的地产出售给个人，以促进市场发展。按照这份法令，政府反对天主教拥有财产和特权，并开始没收教会土地。到1856年12月，墨西哥全国根据该法令共出售了2300万比索的教会不动产，这些不动产的购买者主要是本国和外国资本家。墨西哥圣路易斯波托西和普埃布拉等地先后发生叛乱，最终都得到了平息。1857年，墨西哥政府又出台了一部法令，规定牧师向穷人收取费用的限额，并且禁止牧师在洗礼、结婚和葬礼等仪式中收取费用。出生、结婚和死亡登记由政府部门管辖。

1857年2月，墨西哥国会召开制宪会议，将之前颁布的法律纳入新宪法。制宪会议工作结束后，所有国会议员都签署了基本法典并宣誓支持，科蒙福特总统也宣誓遵守宪法。同年3月，墨西哥颁布法令，要求所有公务员和军人都宣誓、签署和宣誓遵守宪法。这一条款引起了墨西哥国内诸多天主教徒的不满。一些公务员拒绝宣誓，自由派官员对反对宪法的人进行打压，哈瓦卡州州长驱逐了拒绝给宪法支持者举行基督教葬礼的神父，阿瓜斯卡连德斯州州长还剥夺了那些拒绝宣誓者的政治权利。政府最终被迫取消该条款。1857年4月，政府颁布了《教会权利和赠款法》，禁止教会向贫困阶层收取教区赠款和什一税。5月，普埃布拉主教因抵制政府没收教堂财产而被驱逐出境。同年6月，国会以多数票通过了将耶稣会士驱逐出境的决议。9月15日，一些方济各会教徒被逮捕，他们的修道院也被军队占领。

1857年10月，墨西哥新莱昂州州长圣地亚哥·维达里在北部边境地区起义。政府几乎将所有军队都派往北方应对起义。当月13日，克雷塔罗驻军被保守派军官托马斯·梅希亚控制，后者利用当地保守派对改革的不满和向印第安人承诺保护其土地财产而获得支持。10月20日，普埃布拉发生叛乱，弗朗西斯科·哈维尔·米兰多神父领导华金·奥利维拉上校和米格尔·米拉蒙中校获取了大量火炮和弹药，逮捕了州长，并要求结束《华雷斯法》。政府派遣军队前往普埃布拉，围困住了叛军，后者最终于11月底被迫投降。

同时，政府也面临危机。科蒙福特总统面对国内起义开始对改革产生动摇心理，在温和派和激进派之间摇摆不定。1857年9月，整个政府内阁全部辞职，首都企业停业，军队上街巡逻维持治安。同年10月，科蒙福特总统要求获得紧急权力来处理叛乱，但遭到国会拒绝，因为大多数议员认为当前形势不需要动用紧急权力。

1857年12月，墨西哥根据新宪法举行了选举，科蒙福特在大选中获胜而正式就职总统，贝尼托·华雷斯当选为最高法院院长。在就职演说中，科蒙福特提出让国会议员修改宪法，并表示自己向来尊重自由主义改革，以同时争取自由派和保守派的认同。但政府内部一些自由派已经对科蒙福特失去信心。1857年12月17日，菲利克斯·苏洛加将军在保守派支持下宣布"塔库巴亚计划"，以废除国家宪法。当日，苏洛加将军的部队占领了首都并解散国会。贝尼托·华雷斯和国会主席伊西多罗·奥尔维拉被捕。1858年1月，科蒙福特辞去总统职位，被迫流亡美国，华雷斯和其他被捕的自由派人士被释放。科蒙福特下台后，华雷斯根据宪法就任总统，但苏洛加将军仍然拥有首都的军事指挥权。因此1858年1月19日，华雷斯在墨西哥维拉克鲁斯州建立了政府，控制了墨西哥东部、中西部和北部几个州。从此，墨西哥保守派和自由派开始了数年内战。

四、改革战争

贝尼托·华雷斯在维拉克鲁斯州建立政府后，墨西哥国内的自由派和保守派继续展开斗争。这场战争自1858年一直延续至1860年，也被称为"三年战争"和"改革战争"。1858年1月21日，在反对宪法的人士、保守派将军和天主教神职人员支持下，苏洛加将军成为墨西哥临时总统。保守派政府得到了教会和教权派地主的支持，控制了墨西哥城和中部地区。墨西哥其余各州政治倾向不一，有的追随保守派政府，有的支持自由派政府。主要控制边区的自由派得到了中小资产阶级、农民和城市贫民的支持。

1858年12月24日，苏洛加将军被罗尔布斯·佩苏埃拉将军推翻。后者担任了一个多月的保守派总统。1859年1月24日，苏洛加将军恢复了总统职位。然而仅仅数日后，苏洛加于2月2日再度下台，米格尔·米拉蒙将军成为墨西哥总统。1860年8月3日，苏洛加从瓜纳华托抵达墨西哥城。在几名保守派军官的帮助下，苏洛加于8月13日再次就职总统。

起初，保守派得到了教会的资金支持，在斗争中处于优势，自由派接连失败。1858年3月，保守派夺取了采矿工业中心瓜纳华托城。1859年2月，保守派向维拉克鲁斯州进发，自由派的地位岌岌可危。在此背景下，赫苏斯·冈萨雷斯·奥尔特加将军领导的自由派军队与保守派展开激烈战斗。同时，1859年7月华雷斯政府在控制区内颁布《改革法》，宣布教会财产收归国有，推行政教分离和信教自由，并将教会土地分成小块出售给农民。这一法案的推行极大地摧毁了华雷斯政府控制区内的封建大地产制，有利于华雷斯政府争取更多民众支持。

1860年，保守派的米格尔·米拉蒙将军两次带领军队进攻维拉克鲁斯均遭失败。同时，保守派军队在瓦哈卡州和瓜拉达哈拉也均被击溃。1860年12月22日，自由党在墨西哥州彻底击败保守党，米拉蒙将军的部队在墨西哥城向自由派投降。

1861年1月1日，贝尼托·华雷斯带领部下凯旋进入首都，重新在全国范围内颁布《改革法》，重建了墨西哥的宪政秩序。尽管保守派在国家层面遭遇失败，但其继续承认苏洛加将军为总统，并且在农村地区仍然有保守派的武装力量在活跃。梅希亚将军率领的部队仍在不断策划反自由派活动。1862 年 12 月 28 日，苏洛加正式结束了任期。

第四节　华雷斯改革和反外来干涉

一、华雷斯的崛起

贝尼托·华雷斯（Benito Juárez，1806—1872 年）是墨西哥历史上第一个印第安人总统，曾五次出任墨西哥总统。其任内推进改革，并积极反击法国侵略，维护主权和领土完整，为墨西哥的改革与稳定做出了卓越贡献。

贝尼托·华雷斯总统

贝尼托·华雷斯出生于墨西哥南部瓦哈卡州一个山村，父母是在当地从事农业生产的萨波特克人，家中十分贫寒。华雷斯还有一个姐姐。在华雷斯三岁时，父母均死于糖尿病并发症，不久后祖父母也去世了。华雷斯由其叔叔抚养成人，一直到12岁都在玉米地劳动和放羊。之后，他的姐姐到瓦哈卡市工作，他也随之到那里读书。为了谋生，他在当地一户人家当佣人，他的姐姐则做厨师。这段时期，华雷斯得到了方济各会的帮助，进入了当地神学院学习。华雷斯凭借个人的聪明才智很快学会了拉丁语，并完成了中学学业。1829年，他进入了当地新成立的科学与艺术学院学习法律，并于1834年获得了法学学位。

在大学毕业前，华雷斯就表现出对政治的兴趣。由于瓦哈卡当地土生白人势力不强，没有形成根深蒂固的利益阶层，因此印第安人和混血种人相对更容易进入政界。而华雷斯在瓦哈卡的政治经历对其之后在政坛脱颖而出并最终取得成功至关重要。1834年，华雷斯毕业后在瓦哈卡州成立了一家律师事务所，负责处理土著村民的案件，在工作中坚持人人平等的原则，坚决与黑恶势力进行斗争。1841年，他被任命为当地的民事法官。

1847—1852年，华雷斯担任瓦哈卡州州长，其间曾在美墨战争中为政府抵抗美军提供支持。但由于反对圣安纳独裁统治，1853年华雷斯流亡新奥尔良，为谋生而在当地一家工厂担任雪茄制造商，而其妻子和孩子则留在墨西哥。华雷斯在美国期间结识了很多流亡的墨西哥自由主义者，并认识了古巴流亡人士佩德罗·桑塔西西里亚。后者与华雷斯建立了深厚的友谊，此后还在墨西哥定居，并和华雷斯的大女儿结婚，在法国入侵墨西哥期间还积极为华雷斯寻求美国方面的支援。1854年，华雷斯参加了推翻圣安纳独裁统治的起义。

从美国返回墨西哥后，华雷斯成为自由党激进派的一员。在阿尔瓦雷斯政府中担任司法部长和教会事务部长。1855年，华雷斯制定了废除教会和军队特权的《华雷斯法》，该法于1857年被纳入墨西哥宪法。1857年11月，科蒙福特总统任命华雷斯为最高法院院长。1858年1月，科蒙福特下台。按照宪法，华雷斯成为墨西哥临时总统并得到自由派的承认。由于苏洛加将军得到保守派支持并拥有强大的军事权力，华雷斯及其政府撤离到维拉克鲁斯。

1859年7月,华雷斯颁布了《教会财富国有化法》,禁止天主教会在墨西哥拥有财产,进一步激起了天主教会的反对。当月,华雷斯政府还颁布了《民事婚姻法》,规定宗教婚姻没有官方效力,将婚姻确立为与国家的民事契约。随后,华雷斯政府又颁布了《民事登记组织法》,规定公民身份的登记由政府负责,而不是由教会负责,出生和死亡是与国家签订的民事契约。政府还颁布了《墓地世俗化法令》,禁止神职人员对墓地事务进行干预。1860年9月6日,华雷斯宣布制定《墨西哥社会改革宣言》(又称《改革法》),将上述法律内容全部纳入,并进一步推行自由主义改革,努力将墨西哥建设成为一个世俗国家。《改革法》中认为,保守派教权集团是墨西哥内战的罪魁祸首。该法采取的主要政策包括推进政教分离、神职人员资产国有化、取缔教会企业、国民节日世俗化和宗教信仰自由,同时允许政府接管国民教育和其他民事管理,并对宗教事务进行干预。1860年12月,华雷斯政府颁布了《宗教自由法》,规定天主教不再是国民唯一允许信仰的宗教,每个人都可以自由地实践和选择他们想要的宗教。其间,华雷斯得到了美国方面的支持,使得自由派在军事上获得了一定的优势。1861年1月,华雷斯领导的自由派击败了保守派并进入墨西哥城。同年3月,墨西哥举行选举,华雷斯当选总统。

就任总统后,华雷斯开启一系列改革进程。新政府重申《改革法》,在光复区进一步推行新法令,将教会地产收归国有,并以极其便宜的价格出售。在恢复国家秩序方面,华雷斯建立了农村警卫队,打击土匪活动。当时,墨西哥刚刚经历了美墨战争和三年改革战争,国力衰弱。为了解决政府财政困难,华雷斯考虑暂停支付保守派当政时期欠英国等欧洲国家的外债。英国政府派出外交官查尔斯·伦诺克斯·威克与墨西哥财政部长就外债问题谈判。双方于1861年11月21日达成协议《威克-扎马科纳公约》,规定墨西哥恢复对英国的债务支付,但这份协议随后被墨西哥国会否决。

二、第二次法墨战争

与此同时，英国、法国和西班牙正在对墨西哥虎视眈眈，对墨方拒绝偿还外债而心生不满，准备对墨西哥发动战争。1861年12月，上述三个欧洲国家派出一支联合远征军占领了维拉克鲁斯港口。其中，西班牙和英国只是想让墨西哥政府偿还债款，然而法国希望再次占领并统治墨西哥。

同时，墨西哥保守派在遭遇失败后，在欧洲积极活动，要求欧洲国家帮助墨西哥重建君主制。当时在法国执政的是拿破仑一世的侄子——拿破仑三世。曾担任墨西哥外交官的保守派流亡者何塞·玛利亚·古铁雷斯·德·埃斯特拉达和何塞·曼努埃尔·伊达尔戈通过拿破仑三世的妻子、西班牙女贵族欧仁妮·德·蒙提荷接触到拿破仑三世，并劝说拿破仑三世干预墨西哥内政。

拿破仑三世起初因忌惮美国而表示拒绝，之后随着1861年美国内战爆发，美国当局自顾不暇，法国因此看到了侵略墨西哥的契机。而且墨西哥的市场和白银资源让拿破仑三世垂涎不已，于是后者改变了主意，希望通过占领墨西哥来促进自身的发展，同时遏制美国在美洲的势力。

1861年12月，西班牙军队从古巴借道前往墨西哥，并占领韦拉克鲁斯城。1862年1月，英国和法国军队登陆墨西哥。1862年2月，三国与墨西哥政府举行谈判，墨方迫于压力同意偿还债款。同年4月，西班牙和英国撤回了军队，而法国继续对墨西哥进行武装干涉，企图推翻华雷斯政府。这次战争是历史上法国第二次侵略墨西哥，也被称为"第二次法墨战争"。

1862年4月法墨战争爆发后，法国发表公告，邀请墨西哥人与其一起在墨西哥建立新政府。而墨西哥总统华雷斯发表告全国人民书，号召全国民众团结起来抵抗外国侵略，同时下令对保守派军队实行大赦，还授权各州州长组织游击队，下令严惩一切卖国贼。随后，曾流亡法国的墨西哥前外长、保守派将军胡安·阿尔蒙特发表宣言，劝说墨西哥人与法国合作。

同时，法国入侵的行动得到了墨西哥国内保守派和天主教会的支持。起初，政府军在战斗中占有优势，并在1862年的普埃布拉战役中击败了法军。但随着一些保守派将军的加入，墨西哥政府逐渐处于劣势。1862年7月，法国侵略军兵力增至34000多人。1863年3月，法国军队以比墨西哥军队多一倍的兵力攻打普埃布拉并最终获胜。普埃布拉沦陷后，华雷斯总统撤离首都并将政府迁移至圣路易斯波托西，之后又迁至北埃尔帕索（后于1888年改名为"华雷斯城"）。

1863年6月，法国军队占领了墨西哥城。6月16日，法国提名了35名墨西哥人组成政府高级委员会，选举了胡安·阿尔蒙特将军、墨西哥大主教拉巴斯蒂达和何塞·马里亚诺·萨拉斯作为新政府行政长官。墨西哥新政府还选出215名墨西哥人与新政府高级官员一起组成议会。7月11日，议会发表决议，宣布墨西哥成为君主立宪制国家，并邀请奥地利哈布斯堡王朝的王子费迪南·马西米连诺接受墨西哥王位。[①] 马西米连诺称，只有墨西哥人民请求他去当皇帝，他才会答应登上王位。最终，帝制派人士收集了几千份签名并寄给马西米连诺，后者才答应前往墨西哥担任皇帝。

1864年5月，马西米连诺在拿破仑三世的邀请下来到墨西哥。6月10日，其正式加冕，成为墨西哥第二帝国皇帝马西米连诺一世。马西米连诺与拿破仑三世签署了条约，墨西哥答应支付法国远征墨西哥的费用，法国派出28000名士兵，并向墨西哥提供了1.73亿法郎贷款。但马西米连诺只收到其中的800万法郎，其余款项被直接用来支付墨西哥欠法国的债务、战争费用和利息等。条约还规定，法国在墨西哥驻扎的士兵人数最高可以达到38000人。

马西米连诺在墨西哥当上皇帝后，其统治范围实际上仅限于一些大城

[①] 费迪南·马西米连诺是神圣罗马帝国末代皇帝弗兰茨二世的孙子、奥地利军事统帅卡尔大公德二儿子、奥地利皇帝弗兰茨·约瑟夫一世之弟。在赴墨西哥担任皇帝之前，曾在意大利担任奥地利在当地的摄政王，之后因实行自由主义政策而被奥地利皇帝弗兰茨·约瑟夫一世解除职务。

市及其附近地区。全国三分之二左右的领土仍然在华雷斯政府控制之下。而且马西米连诺也变相保留了华雷斯政府提出的土地改革、扩大选举权、宗教宽容等自由主义政策。马西米连诺延续这些举措是因为其本身是一位自由主义者，虽然出身于欧洲国家的统治阶层，但认为统治者不应该对民众采取压迫性政策。在意大利担任奥地利在当地的摄政王期间，马西米连诺实行的很多政策就带有自由主义色彩，令奥地利皇帝弗兰茨·约瑟夫一世十分不满，随后被解除了摄政职务。

马西米连诺的宽容政策使得一些温和自由派人士开始与新政府合作，同时马西米连诺也失去了大量保守派的支持。1865年4月，马西米连诺颁布了帝国法例，陆续制定出台了《民法典》《土地法》《劳动法》，规定将土地归还给印第安原住民，并为无土地农民分配土地。法律还规定劳动者每天工作时长不得超过10个小时，禁止企业主和农场主体罚劳工等。同时，马西米连诺还十分重视经济建设，签署了从墨西哥城到维拉克鲁斯的铁路修建计划，并成立银行，促进对外贸易往来。此外，马西米连诺还加大重视文化教育事业，皇后卡洛塔·阿玛利亚也积极推动教育惠及女性。

同时，马西米连诺曾试图赦免华雷斯，前提是华雷斯承认其皇帝身份，但遭到了华雷斯的拒绝。当时，支持墨西哥第二帝国的势力控制了墨西哥中部地区，包括该地区的主要城市、主要的制造业和贸易中心，控制范围内人口占全国总人口的三分之二。而墨西哥自由派控制了墨西哥北部人口稀少的边境地区，尽管控制地区面积较大，但人口较少。华雷斯在蒙特雷市领导流亡政府继续与保守派军队进行战斗。同时，墨西哥民众自发组织游击队配合华雷斯的政府军作战。

1865年，墨西哥内战形势开始有利于自由派，保守派军队接连在战斗中遭遇失败。同时，美国持续关注墨西哥形势，认为法国在墨西哥的军事行动是对美国权威的挑衅。早在1860年12月，美国总统詹姆斯·布坎南就表达了对欧洲国家干涉墨西哥领土野心的担忧。但1861年美国内战爆发后，美国政府不得不将大部分资源用于应对内战。但同时，美国时任总统亚伯拉罕·林肯表示支持拉美各国建立共和制，同时公开反对欧洲国家在拉美重建君主制的企图。华雷斯的妻子玛格丽塔·马扎和他们的孩子还在纽约得到了林肯总统的接见。当时林肯以对待墨西哥第一夫人的礼遇接待了马扎。

  1864年4月，墨西哥第二帝国成立后不久，美国政府表达了墨西哥重新建立君主制的不安，其国会还通过了联合决议，表示美国国会不愿再保持沉默。1865年4月美国内战结束和林肯遇刺后，安德鲁·约翰逊担任美国总统。自由派从美国获得了300万比索的贷款，同时默许美国可以干涉墨西哥内政。于是美国开始对法国施加压力，立即派遣5万人的军队抵达美墨边境，并向墨西哥自由派部队提供支援，不仅提供武器，还派遣军舰抵达墨西哥海域设立封锁线，阻止在墨西哥的法国军队获取外界支援。华雷斯则筹集了大量资金用于购买美国武器装备。有了美国政府的支持，华雷斯认为自己胜利在望，便向墨西哥皇帝马西米连诺致信，表示美国会帮助自由派重返政坛，现在马西米连诺离开墨西哥还来得及。

  1865年9月，美国向法国下了最后通牒，表示"美国和法国在墨西哥问题上是敌人，法国军队必须马上从墨西哥撤退"。面对美国的干涉以及欧洲大陆德意志联邦成立后对法国造成的威胁，1866年1月，拿破仑三世宣布将从墨西哥撤出法国军队。同时，美国政府敦促法国军队尽快撤离墨西哥，并要求奥地利停止向墨西哥提供援兵。法国和奥地利被迫同意了美国的要求。马西米连诺的皇后卡洛塔返回欧洲，先后赴巴黎、维也纳、罗马等地请求支援，但均遭拒绝。拿破仑三世劝说马西米连诺放弃墨西哥，但后者迟迟没有行动。1867年2月5日，法国军队撤离首都墨西哥城。1867年3月，法国所有部队全部从墨西哥撤离。2月13日，随着法军撤离，墨西哥皇帝马西米连诺撤退到克雷塔罗，并以之为首都。自由派军队随后包围了该城，并开始围攻墨西哥城。5月11日，马西米连诺在试图突破封锁时被捕，之后被华雷斯的部队判处死刑。6月16日，墨西哥城叛军投降。华雷斯总统在首都重掌政权，并恢复了墨西哥共和体制。

三、重建国家和续推改革

1867年,华雷斯重返总统职位。上台后,其加强中央政府权力,裁减军队,在减轻军费开支的同时,削弱军人干政的可能性。同时,华雷斯总统为安抚保守派人士,于1870年颁布法令实行大赦,允许主教拉巴斯蒂返回墨西哥。华雷斯还大力开展战后重建工作,开始吸引美国投资,加强铁路修建,尤其是承认了马西米连诺执政时期批准的从墨西哥到维拉克鲁斯铁路项目。华雷斯还促进教育事业,将其作为推动国家发展的有效手段。他在农村地区为印第安人设立学校,为其更好地融入国家创造条件。1867年,华雷斯政府颁布法令,宣布实行强制性的免费基础义务教育,并创立国家预科学校。在外交上,反外来干涉战争造成了墨西哥与法国、英国和西班牙等欧洲国家的矛盾。同时,墨西哥还与危地马拉之间存在边界争议问题。因此,华雷斯政府努力保持与美国的良好关系。而美国也从领土扩张转为金融扩张,企图利用投资和贷款加大对墨西哥经济的控制。但该时期,美墨之间也因为边境土匪抓捕问题和索赔问题产生一些分歧。

尽管反抗外来干涉的斗争取得了胜利,墨西哥中央和地方的矛盾依然存在。华雷斯任期内,墨西哥国内仍然动荡,一些地方时不时发生叛乱。一些军事将领对自己财政权力被削减而十分不满。1867年,被流放的前总统圣安纳返回墨西哥,但再次遭到墨西哥政府的逮捕,并被指控为墨西哥的叛徒,被军事法庭判处八年流放。1868—1971年,墨西哥先后有11个州发生了反政府叛乱,后均被政府平息。

1871年,华雷斯参加大选并成功连任墨西哥总统。然而其部下波菲里奥·迪亚斯由于竞选失败,秘密笼络对华雷斯不满的人士,随后利用其兄弟在瓦哈卡州担任行政长官的便利,在该州发动了叛乱。华雷斯组织部队前往镇压叛乱,迫使波菲里奥·迪亚斯逃亡山中避难。然而在平息叛乱后不久,华雷斯相濡以沫、患难与共的妻子玛格丽塔·马扎去世,给华雷斯造成了巨大打击。加之常年的忧国忧民、奔波劳碌,华雷斯的身体每况愈下。

1872年3月，华雷斯突发心脏病。7月中旬，其病情再次发作。7月18日，华雷斯病情急剧恶化并在墨西哥城国家宫去世，享年66岁。华雷斯去世后，墨西哥政府为其举行了隆重的国葬，并将7月18日作为墨西哥重要的纪念节日，以纪念这位毕生致力于国家复兴和统一的总统。

第五节　莱尔多执政下的墨西哥

一、莱尔多的改革

按照墨西哥宪法，总统去世或因其他不可抗力而无法担任职位后，由时任最高法院院长继任总统，直到再次举行总统选举。1872年7月华雷斯去世后，时任最高法院院长塞巴斯蒂安·莱尔多·德·特加达（Sebastián Lerdo de Tejada y Corral）继任总统。莱尔多就任后，继续推进改革进程，取得了一定成绩。

塞巴斯蒂安·莱尔多·德·特加达1823年出生于维拉克鲁斯州哈拉帕市一个土生白人中产阶级家庭，是制定《莱尔多法》的米格尔·莱尔多·德·特加达的弟弟。其早年在普埃布拉的神学院学习五年神学，但最终决定不担任神职人员。1851年，塞巴斯蒂安·莱尔多从墨西哥城的圣伊尔德丰索学院获得法学学位。1855年，塞巴斯蒂安·莱尔多在墨西哥最高法院担任检察官，并成为自由党内部的重要人物之一。1857年，塞巴斯蒂安在伊格纳西奥·科蒙福特政府内担任了三个月的外交部部长。1861—1863年，其连续三年成为众议院院长。在墨西哥与英国达成关于恢复对英国债务支付的《威克－扎马科纳公约》后，塞巴斯蒂安反对该公约，而且随后墨西哥国会也否决了该公约的效力。

在法国干涉墨西哥和马西米连诺皇帝执政期间，塞巴斯蒂安继续效忠自由派，是华雷斯总统最亲密的盟友，积极参与华雷斯领导的抵抗斗争。

1863年9月，华雷斯在路易斯圣波托西任命塞巴斯蒂安为内阁外交部部长、内政部部长兼司法部部长。1865年11月，塞巴斯蒂安签署了将华雷斯总统任期延长至战争结束的法令。

1867年华雷斯取得胜利后，自由派重新掌权。莱尔多集外交部长、内政部部长、国会议员和最高法院院长等职位于一身。他帮助华雷斯巩固政府权力，同时反对对地方上的反对派使用暴力，为华雷斯赢得了更多的政治盟友。1871年，莱尔多作为总统候选人，与华雷斯、波菲里奥·迪亚斯共同角逐总统职位，最终失败。随后，他回到最高法院继续担任院长。1872年，华雷斯因心脏病去世后，莱尔多成为临时总统，随后举行大选并正式当选为总统。

在其执政期间，莱尔多基本保持了华雷斯时期的内阁组成不变，并延续了华雷斯的改革措施。在政治领域，他加大打击地方考迪罗势力，动用联邦军队摧毁了与法国人结盟的考迪罗曼努埃尔·洛萨达的势力。在打击天主教势力方面，他的态度更为强硬，下令将作为天主教下属修会的仁爱修女会驱逐出境。塞巴斯蒂安·莱尔多的"反教会主义"遭到了一些民众的攻击。在基础设施建设方面，他推动铁路建设，于1873年1月正式开通了国内第一条从维拉克鲁斯港口开往首都墨西哥城的铁路线。但任期期间，莱尔多没有能够建立起牢固的政治联盟，政坛一盘散沙的局面依然没有改变，同时反对派指责其实行集权统治，不断向其发难。而且在修建铁路的问题上，莱尔多还因推迟美墨边境的铁路修建计划而得罪了美国。

二、波菲里奥·迪亚斯篡权

1876年，莱尔多即将完成总统任期，想要连任总统。但这一想法遭到了许多反对。波菲里奥·迪亚斯认为自己上台的时机已到，于是提出了"反对连选连任"的图斯特佩克计划（Plan de Tuxtepec），号召民众反对政府。这次，波菲里奥·迪亚斯吸取了上次失败的教训，更加精心策划。他利用莱尔多干预瓦哈卡州选举一事拉拢了一些反政府人士。1875年，波菲里奥·迪亚斯前往美国的得克萨斯州募集资金，并招募了一些反政府人士加入其队伍，为支持起义的人士提供头衔和军事荣誉，于是迪亚斯的追随者越来越多。随后，迪亚斯开始攻打墨西哥边境城市马太莫罗斯，但被当地驻军打败。迪亚斯失败后从美国坐船到古巴，随后秘密潜伏回到家乡瓦哈卡，伺机东山再起。

1875年9月，墨西哥举行选举，塞巴斯蒂安·莱尔多连任总统。反对派指责其选举舞弊，新闻界也发表抗议言论并呼吁民众发动叛乱。时任最高法院院长何塞·玛利亚·伊格莱西亚斯也公开反对莱尔多，在国内发动起义，并自封为总统。墨西哥政府内部分裂，给了迪亚斯可乘之机。后者重整旗鼓，开始率领部下向墨西哥城进发。1876年11月1日，波菲里奥·迪亚斯在特考克地区击败政府军。莱尔多逃往美国，几个州长则宣布承认伊格莱西亚斯为新总统。但此时波菲里奥·迪亚斯趁机进入墨西哥城，并表示自己如果可以出任战争部部长，则可以承认伊格莱西亚斯为临时过渡总统。这一提议遭到了伊格莱西亚斯的拒绝。于是迪亚斯进一步采取武力行动，于11月23日占领了墨西哥城。1877年，迪亚斯正式就职总统，并开始了对墨西哥长达三十年的独裁统治。

总体看，19世纪五六十年代墨西哥推行的革新运动，为该国的政治、经济和社会发展发挥了一定的积极作用。阿尔瓦雷斯、华雷斯等人领导的自由派政府颁布了一系列改革法案，基本上摧毁了天主教会在墨西哥的特权。土地作为生产要素的积极性得以调动，资本主义在墨西哥得到更大的发展空间。同时，革新运动推动了墨西哥民主思想和文化教育的发展。由于教育事业不再由教会掌控，墨西哥政府大力推动教育普及化工作，使许多偏远地区和土著社区的底层民众受益，为缩小贫富差距、弥合社会矛盾发挥了一定作用。

| 第五章 |

迪亚斯独裁和 1910—1917 年革命

第五章　迪亚斯独裁和 1910—1917 年革命

第一节　迪亚斯的独裁统治

1877—1911 年间，墨西哥有一位总统实现了长达 30 年的执政。此人就是墨西哥政治家和军人波菲里奥·迪亚斯，其统治时期也被称为"波菲里奥时期"。

一、迪亚斯的崛起

波菲里奥·迪亚斯全名为何塞·德·拉克鲁斯·波菲里奥·迪亚斯·莫里（José de la Cruz Porfilio Díaz Mori），曾是反抗保守派和君主制的战斗英雄，之后担任了七届墨西哥总统。迪亚斯 1830 年出生于瓦哈卡州，其家族是虔诚的天主教徒。迪亚斯的父亲是墨西哥土生白人，此前加入过格雷罗的起义军，并被任命为上校，母亲是西班牙人和印第安人的混血后代，两人育有七个孩子，迪亚斯排名第六。1820 年，迪亚斯一家定居瓦哈卡市中心，并开设了一家客栈经营旅店生意。迪亚斯三岁时，瓦哈卡市爆发霍乱，他的父亲不幸染疫身亡，家庭由此陷入困境。尽管如此，迪亚斯的母亲和姐姐还是尽力挣钱养家糊口供他读书。迪亚斯 6 岁时开始上学，并于 15 岁时开始接受神职培训。1846 年，迪亚斯获得了牧师职位，但时值美墨战争，迪亚斯自愿加入抗击美国侵略的部队，并决定不再担任神职人员。战争结束后，迪亚斯经人引荐，认识了自由派人士贝尼托·华雷斯，并深受其先进思想影响。1849 年迪亚斯不顾家人的反对，正式放弃神职工作，并进入瓦哈卡科学与艺术学院学习法律。毕业后，迪亚斯曾在科学与艺术学院担任教职工作。圣安纳当政期间，迪亚斯与贝尼托·华雷斯等自由派人士交往密切，并加入了反对圣安纳独裁统治的阿育特拉计划。为了躲避圣安纳当局的追捕，迪亚斯逃往瓦哈卡北部的山区，并加入了阿尔瓦雷斯领导的起义。1855年，迪亚斯参与了自由派组建的游击队，与圣安纳当局作战。圣安纳被流放后，迪亚斯被授予瓦哈卡州伊斯特兰的官职。

在贝尼托·华雷斯当政期间，迪亚斯效忠自由派政府，在军事上为保卫国家发挥一定的作用。他指挥部队参与抵抗法国人的入侵。在1862年5月的普埃布拉战役之前，波菲里奥·迪亚斯因取得多场战斗胜利而晋升至将军，并被任命为一个步兵旅的指挥官。在普埃布拉战役期间，其步兵旅被安排在洛雷托和瓜达卢佩之间的堡垒。迪亚斯成功指挥部队击退了法国步兵的攻击。1863年，迪亚斯被法国军队俘虏，随后他得以逃脱。华雷斯为奖赏其在战役中的表现而任命其为中央军司令。

1864年，支持马西米连诺皇帝的保守派邀请迪亚斯加入墨西哥第二帝国的政治事业，被迪亚斯拒绝。1865年，其在瓦哈卡地区被保守派军队抓获，之后又得以逃脱。随后，迪亚斯指挥多场战役均取得胜利。1866年，保守派提出如果迪亚斯支持皇帝，则将墨西哥城的军队指挥权交给他，再度遭到拒绝。1867年4月，迪亚斯指挥军队在普埃布拉击败了法军。战争结束后，迪亚斯被当作民族英雄受到民众的尊敬。

然而迪亚斯也拥有相当大的政治野心。在华雷斯重返总统职位后，迪亚斯辞去了军事指挥权，回到了瓦哈卡老家，在当地建立了诺里亚庄园。在华雷斯准备再次参加总统选举时，迪亚斯公开反对华雷斯。1870年，迪亚斯与总统华雷斯、副总统塞巴斯蒂安·莱尔多作为总统候选人共同参加选举。三人均未获得多数票，最后国会宣布票数最多者华雷斯胜利连任。1871年，迪亚斯称华雷斯存在选举舞弊行为，并启动了反对华雷斯的"诺里亚计划"（Plan de Noria），要求选举自由，反对总统连任。迪亚斯从军队和反对派那里获得一些支持，但其起义随后被华雷斯派出的军队镇压，迪亚斯被迫逃亡。

1872年7月，华雷斯总统因病去世后，时任最高法院院长塞巴斯蒂安·莱尔多继任总统，并在随后的选举中当选总统。1876年，塞巴斯蒂安·莱尔多完成任期并企图连任，但遭到了国内诸多反对。迪亚斯趁机东山再起，集结了一些反对派人士打败了政府军。1876年11月,迪亚斯占领墨西哥城。

二、迪亚斯第一任期的统治

1876年11月迪亚斯进入墨西哥城后,并没有第一时间上台。而是在1877年举行新的总统选举后,才正式担任总统。

波菲里奥·迪亚斯总统

波菲里奥·迪亚斯受到法国著名的哲学家奥古斯特·孔德(1798—1857年)实证主义思想的影响。实证主义主张对可以观察和实验的现象进行归纳以得到科学定律,以实证的知识来代替神学和形而上学的思辨概念。孔德还倡导以"秩序与进步"来重组社会,强调个人与整体的联系,认为各个阶级的人们要相互友爱、遵守政府的规定,人们要服从领袖,谋求公众利益是确保个人利益最适合的方法。当时包括墨西哥在内的许多拉美国家正经历着长期的社会动乱，需要一种理论来维持社会的安定和发展。波菲里奥·迪亚斯在执政期间，全面贯彻了这一理念，在自己的执政团队中引入了大批实证主义者，并且通过建立个人权威来实现国家的"秩序与进步"。

在首个任期内，迪亚斯采取谨慎并务实的态度来解决政治冲突，于19世纪下半叶在墨西哥建立了被称为"波菲里奥和平"的平稳社会秩序。

在内政方面，他认识到巩固自身统治地位的重要性，于是积极团结不同的政治力量和各地区的政治力量。一方面，他慷慨支持政治盟友来维持自己对政权的控制，使得其追随者对自己保持较高的忠诚度；另一方面，他采取调解和谈判的手段吸引旧的对手来投诚，对待转而拥护自己的华雷斯派、莱尔多派和迪亚斯派，他都给予好处。为了防止军事叛乱发生，他任命了几名自己最信任的军人担任州长和军事首领。然而对待坚决反对自己的人士，迪亚斯则不惜动用警察和军队对其采取残酷镇压手段。1879年，维拉克鲁斯州州长下令处决了9名莱尔多派的反叛人士。

在外交上，他积极争取其他国家政府的认同。迪亚斯上台伊始，美国政府并不承认其政权合法。一方面，被其驱逐下台的塞巴斯蒂安·莱尔多还拥有一些支持者，并持续发动起义挑战迪亚斯的政权；另一方面，美墨战争之后，墨西哥边境地区的阿帕奇人持续反对美国公民进入其传统地区而与其爆发冲突。美方派遣代表与墨方谈判，并表示如果迪亚斯政府想要得到美国政府的承认，需要满足几个条件，包括偿还墨西哥欠美国的债务、限制阿帕奇人袭击美国公民等。随后，迪亚斯支付了美国30万美元债务，并继承了此前塞巴斯蒂安·莱尔多政府与美国达成的解决边境冲突的方案。1878年4月，美国政府正式承认了迪亚斯政权。

在社会领域，迪亚斯还积极引入外来移民，包括从欧洲、中国乃至日本吸引移民赴墨定居。迪亚斯政府鼓励欧洲移民前往人烟稀少的地方从事农业耕作，有外界评价认为其是在避免重蹈因美国移民过多而导致得克萨斯的分裂悲剧。同时，迪亚斯政府在铁路建设和农业收获等工作上大量引入华人等外来移民，以推进国内项目建设和经济发展。此后，华人、日本人逐渐在墨西哥建立了自己的社区。

1879年初，墨西哥国内围绕次年即将举行的大选展开了激烈的讨论。传言墨西哥时任战争和海军部长曼努埃尔·冈萨雷斯、总统私人顾问胡斯托·贝尼特斯、内政部长普罗塔西奥·塔格勒等人均为总统候选人。国内一些民众对此表示不满，有些地区还发生了叛乱。1879年6月，维拉克鲁斯地区发生较大规模的叛乱，莱尔多派人士带领数百名士兵从海外登陆维拉克鲁斯港口，并对城市展开袭击。随后，迪亚斯派遣部队镇压了这次叛乱。1879年底，曼努埃尔·冈萨雷斯成为总统候选人。1880年12月，冈萨雷斯在选举中获胜并担任总统。

三、冈萨雷斯执政

1880年年底，曼努埃尔·冈萨雷斯上台执政。由于其1884年任期结束后，迪亚斯便再度上台并执政长达二十多年，因此冈萨雷斯政府被视为迪亚斯统治的过渡阶段，冈萨雷斯甚至被认为是迪亚斯的政治傀儡。

曼努埃尔·冈萨雷斯，1833年6月出生于墨西哥塔毛利帕斯一个农民家庭。1847年美墨战争期间，美军杀死了他的父亲。冈萨雷斯遂加入本国军队，与美军作战。1853—1855年，他参与反对圣安纳独裁统治的斗争，并加入阿育特拉计划。1859年，他曾跟随米拉蒙将军攻击维拉克鲁斯的华雷斯军队。但在墨西哥第二帝国时期，冈萨雷斯又加入华雷斯的部队。1867年，在华雷斯重返首都后，冈萨雷斯被任命为联邦区军事指挥官。但此后，他又追随波菲里奥·迪亚斯发动反对华雷斯的诺里亚计划。迪亚斯总统第一任期内，冈萨雷斯被任命为米却肯州州长以及战争和海军部部长。

冈萨雷斯执政期间，基本延续了迪亚斯大部分政策，以维护国内稳定、寻求外部支持、促进经济发展为主要目标。他上台后修改宪法，规定国家最高法院院长不再有权力代理总统职务，总统职位的第一继承人变为参议院议长；他推动国内铁路建设，向美国投资者提供了利润丰厚的铁路特许经营权，墨西哥城至美墨边境城市埃尔帕索的铁路开始动工修建；他积极改善墨西哥与英国的关系，并且和平解决了与危地马拉的边界纠纷；他宣布初等教育是强制性的，继续普及教育工作；冈萨雷斯任内建立了墨西哥第一个电报网络和墨西哥国家银行。尽管如此，墨西哥仍然面临财政困难。1882年，冈萨雷斯政府发行镍币以代替银币，导致国家通货膨胀、货币贬值。而且其任内，政府腐败问题严重，民怨迭起。冈萨雷斯还对新闻界采取高压政策，1882年颁布了《禁言令》，规定任何记者都可以因为其他公民的投诉而被捕、入狱和受审。

在冈萨雷斯四年执政期间，波菲里奥·迪亚斯曾短时间担任过自己家乡瓦哈卡州的州长。1881年，他与政治盟友曼努埃尔·罗梅罗·卢比奥的女儿卡门·罗梅罗·卢比奥结婚，并且赴美国进行蜜月旅行。在美国期间，他与美国前总统尤利西斯·S.格兰特建立了个人联系，并向美国投资者宣传两国的友好关系以及墨西哥的投资机遇。同时，他向国内民众诋毁冈萨雷斯的执政能力，使后者威信扫地。1884年，冈萨雷斯在民众的反对声中下台，迪亚斯再次上台担任总统。

四、迪亚斯长期执政

在1884—1911年间，迪亚斯实现了长期执政，成为墨西哥独立以来连续执政时间最长的国家元首。作为一位政治野心家，他为了维护自己的统治地位，采取各种手段，可谓无所不用其极。该时期，墨西哥的中央集权主义愈发明显。由于迪亚斯的政治地位逐渐巩固，其有更多的精力用于推进经济建设，一定程度上为墨西哥现代化发展奠定了基础。

在政治上，他上台后迅速修改了宪法，取消了禁止总统连任的规定，为自己的长期统治铺平道路。1887年年底，墨西哥国会批准了宪法改革，允许总统无限期连任，并在 1888 年 5 月将这一条款纳入宪法。同时，迪亚斯继续积极拉拢各方力量，包括将之前忠于华雷斯和莱尔多的人任命为部长或其他高级官员，以改善与自由派其他人士之间的关系。例如将曾在华雷斯政府担任财政部长的马蒂亚斯·罗梅罗，也任命为自己内阁的财政部长，并且拉拢莱尔多阵营的曼努埃尔·罗梅罗·卢比奥，将其任命为内阁部长，并与其女儿结婚。尤其是迪亚斯通过曼努埃尔·罗梅罗·卢比奥的调解，实现了政界诸多人士的良好关系。他表面上维持各州自治，实际上自己制定了州长的官方候选人名单，让这些人获得财富和权力，以换取后者对中央政府的完全服从。迪亚斯还在政府部门中任命了一些知识分子，以换取他们不再发表反对政府的言论。为了拉拢混血人种和土著领袖，迪亚斯给予他们一定的政治职位或者经济利益。他还对农村大地主采取包容的态度，不干涉他们的财富和庄园。

然而，迪亚斯也采取一些阴险毒辣的手段，不仅幕后操纵选举，而且对威胁自己统治的人士采取高压政策乃至暗杀手段。为了防止属下形成统一反对自己的力量，他经常在各派各州之间挑拨离间，制造不和，导致这些人为了获得政治利益而不得不仅仅附庸于自己。为了防止农村地区发生叛乱，他建立了乡村骑巡队，招募了一些破产农民、无业游民、散兵镖客入伍来维护地方治安。乡村骑训队的真实职能是查找反政府的人并将其处决，甚至可以假装让其逃脱然后以阻止其逃跑为由将其处决。

1898 年年底，迪亚斯已经执政 18 年，墨西哥国内的政治阶层开始考虑更换总统。然而其表面上同意财政部长何塞·伊夫·黎曼图尔参选，实际上却不愿意离开总统宝座。最后，迪亚斯称墨西哥宪法规定只有在墨西哥出生的公民才能担任总统，而黎曼图尔的父母是法国人，于是以此为由取消了黎曼图尔的竞选资格。1904 年，迪亚斯再次使用类似的战略当选，并将四年任期改为六年。

在此后执政期间，迪亚斯利用外资推动经济发展。从 19 世纪中叶到第一次世界大战爆发前，经济全球化逐渐展开，全球大部分地区的经济模式都发展了转变，拉美国家经济也出现快速增长。当时，墨西哥国内出现一批以何塞·伊夫·黎曼图尔、胡斯托·谢拉、马赛多兄弟米格尔·马赛多和巴勃罗·马赛多等为代表的人士，这些人被称为"科学家派"。他们出生于富庶家庭，受过高等教育，深受实证主义影响，认为秩序与稳定是国家发展的最重要前提。因此，他们认为墨西哥需要一个强有力的政府来提振经济和管理社会，积极支持迪亚斯推进国家现代化建设。

1893年起，"科学家派"人士黎曼图尔担任迪亚斯政府的财政部长。他致力于行政管理的科学建设，主张稳定公共财政，重视效率和能力，打击腐败，支持自由贸易，并进行了大规模的资本主义建设。为解决国家财政困难、促进经济发展，迪亚斯政府减少公共开支，重组内外债务，还通过墨西哥国家银行进行经济管理，改善了国家收支状况。迪亚斯重视国内基础设施建设，加强对沿海港口的建设，推进国内运输、水利以及通信基础设施建设，同时促进城市现代化。迪亚斯还通过种种举措大举吸引外资，加入经济全球化进程。截至1911年迪亚斯下台时，美国已成为投资墨西哥的第一大国，投资额累计达到12.9亿比索，英国和法国紧随其后，投资额分别为9.9亿比索和9亿比索，德国投资额为6568万比索。外资流入领域遍布墨西哥各行各业，包括石油、矿产、电信、铁路、银行、公共服务、贸易等诸多部门。在外资支持下，墨西哥铁路建设取得突飞猛进的成绩。1878年迪亚斯上台之前，墨西哥仅有737公里铁路，远远低于同期的阿根廷（2200公里）、巴西（2000公里）和智利（1500公里）。而迪亚斯上台后，墨西哥借助外国投资修建了19280公里铁路。1898年，墨西哥政府在黎曼图尔的提议下颁布了第一部铁路总法。铁路的发展促进了国内各地区之间的联通，还加强了国家出口的能力。

同时，墨西哥政府在矿产、农业和石油等领域吸引外资，一定程度上促进了本国经济的发展。迪亚斯第二任期内，为推动石油业和矿业发展，修改了《1857年宪法》，规定墨西哥土地下的所有金属及能源矿产均属于土地所有人。该时期，墨西哥的石油工业得到飞速发展，1911年原油出口达到90万桶，成为全世界第四大石油生产国。墨西哥多地银矿开采和出口也大量增加。农业发展也较为迅速，一些外国公司在墨西哥中部和南部使用新的农业技术和机械设备对当地农田进行耕种，提高了生产力。咖啡、可可、橡胶等产品出口大幅增长。纺织业迅速发展。墨西哥自19世纪30年代就开始发展纺织业。迪亚斯执政后，通过引入外资发展该产业。1900年，墨西哥最大的纺织公司已拥有4200多名员工，成为拉美最大的纺织公司之一。

在对外关系上，迪亚斯采取多元化的外交政策，努力争取国际社会的认可，为国家发展营造有利的内外环境。1884—1905年间，墨西哥与世界上大部分国家都建立了外交关系。1884年，英国承认了墨西哥迪亚斯政府，双边关系实现正常化。同时，由于墨西哥的近邻美国正逐步崛起，成为美洲地区最强大的国家，故迪亚斯政府需要加大与美国的合作。当时墨西哥驻美国大使曼努埃尔·玛利亚·萨马科纳向迪亚斯传信，称如果墨西哥政府拒绝引入美国投资的话，可能就会面临美国的武力威胁。迪亚斯最终决定给予美国投资特别优惠，随后得到了美方的积极回应和支持。他还与许多来自美国、英国、德国和法国的投资者建立了个人联系，甚至不惜通过牺牲国家主权利益，让这些人支持其政权。而迪亚斯及其政府官员均通过担任外国投资在墨西哥的中间人，从项目中得到许多政治支持和经济好处。迪亚斯与美国人詹姆斯·苏利文通过私人友谊开展交易，合作建设从墨西哥城到美墨边境的铁路。

为避免依赖美国，迪亚斯还在美国与欧洲之间采取一种平衡策略。尤其是迪亚斯与英国政治家兼工程师魏特曼·皮尔森建立了个人友谊，邀请其到墨西哥建设连接大西洋与太平洋的特万特佩克铁路。在墨西哥开展铁路建设的同时，皮尔森发现了当地丰富的石油矿藏，并趁机获取了大量土地来开采石油。到1911年，皮尔森已在墨西哥创立了墨西哥鹰石油公司。同时，美国商人爱德华·多尼成立了泛美石油和运输公司，自1901年起在墨西哥坦皮科地区不断开辟大型油田。当时，皮尔森和多尼的两家公司共同控制了该国90%的石油生产。

该时期墨西哥的文化教育事业得到一定发展。1891年，墨西哥公共教育部颁布了《教育管理法》，规定教育是世俗的、免费且义务进行的事业。墨西哥还成立了教育监督委员会，要求父母和监护人必须履行宪法义务送子女或者被监护人入学。迪亚斯执政时期，约四分之一的墨西哥人接受了义务教育。墨西哥高等院校的建设取得进展。马西米连诺一世在位期间，关闭了墨西哥大学。迪亚斯上台后，公共教育部部长胡斯托·谢拉积极推动创建综合性的国立大学，得到了许多议员的支持，最终促成墨西哥国立大学于1910年9月正式举行奠基典礼。迪亚斯政府通过促进历史研究来加强民族团结和爱国精神，并且举行各种历史文化展览来强化对公众的爱国主义教育。科学派作家、迪亚斯政府的公共教育部部长胡斯托·谢拉撰写了墨西哥历史方面的书籍，在墨西哥公立学校广泛使用。该时期墨西哥还出现了一批较有名气和影响力的作家，如开创了墨西哥文学现代主义运动的诗人曼努埃尔·古铁雷斯·纳赫拉、戏剧作家曼努埃尔·何塞·奥通、诗人路易斯·冈萨加·乌尔比纳等。其中，墨西哥诗人曼努埃尔·古铁雷斯·纳赫拉创办的《蓝色杂志》成为墨西哥现代主义兴起的标志。1898年，墨西哥文学家阿马多·内尔沃创办了《现代杂志》。这两本杂志均对墨西哥现代主义文学的形成和发展发挥了重要作用。

但同时，迪亚斯继续对新闻媒体进行严密控制。任何在报纸上发表反政府言论的人都会面临坐牢或杀头的判罚。在政府的高压政策下，墨西哥新闻界日益沉寂。1888年，墨西哥国内有130份报纸，但到1911年年底只剩54份。

该时期天主教在墨西哥的势力有所恢复。在19世纪五六十年代，墨西哥自由派政府发起的革新运动极大地打击了国内天主教势力。然而迪亚斯看到了宗教问题在墨西哥引发政治冲突，因此上台后没有明确反对天主教，这为其赢得保守派和天主教会的支持创造了有利条件。而且迪亚斯受到热衷于宗教事务的妻子卡门·罗梅罗的影响，与墨西哥大主教展开接触并达成秘密协定，约定墨西哥天主教教职人员的委任必须得到迪亚斯同意，政府则取消对宗教的改革法令，允许教会积累财产、设立寺院和修道院等。因此迪亚斯执政时期，表面上保留了前政府推出的反教权法案，但没有将其作为国家政策来执行，而是让各个州来执行具体政策，因此给了教会活动较大的自由度。随着法令执行方面有所放松，一些耶稣会士重新回归，教会重新举行露天弥撒，在一些地区什一税也有所恢复。但迪亚斯执政时期，宪法仍然限制教会权力，梵蒂冈也没有恢复与墨西哥的关系。

总体看，迪亚斯执政时期墨西哥摆脱了政局动荡和经济停滞的状态，走上了秩序井然和快速发展的道路，现代化建设取得一定进展。但迪亚斯的统治也逐渐出现危机，一些内外矛盾日益显现。尤其是迪亚斯在数十年的执政过程中，对异见者采取政治高压手段，残酷镇压了多次农民起义，引起了部分民众不满。迪亚斯第二任期内，美墨边境地区的土著亚基人因长期被奴役和剥削而发动起义，遭到了政府残酷镇压。到20世纪初，亚基人大部分都被灭绝。

而且墨西哥贫富差距等社会矛盾依旧突出。在经济和社会事务上享有政策制定权的"科学家派"代表着经济实力雄厚的资本家阶层，脱离了墨西哥广大内陆地区和中下层阶级。在这些人的政策庇护下，墨西哥精英阶层大量获得财富和影响力。农业体制僵化，大庄园制依然盛行，尤其政府官员、农场主和投机商大肆强占农民和印第安人的土地，使得土地越来越集中在极少数人手中。据统计，1910年全国约950万农民没有土地，五分之一的土地集中在17个人手中。一些土著人沦为大农场主的佃农。许多混血人种也成为农场和矿山的苦力。外资控制了国民经济命脉，而且外国人往往享有比墨西哥工人更高的权力，墨西哥工人每天工作12—14个小时，而且每周工资只有4—6个比索。民众对迪亚斯政府出卖国家利益的做法日益愤慨。1906—1907年，墨西哥国内爆发了多次工人罢工，遭到了迪亚斯政府的武力镇压，数百人被杀害。

同时，19世纪末外部经济环境恶化对墨西哥造成冲击。19世纪末全球发生经济衰退，包括白银在内的大宗商品价格下跌。墨西哥作为白银主要生产和出口国之一，白银价格下跌导致出口收入减少。墨西哥国际收支不稳定，比索贬值严重，失业率上升。1908年2月，墨西哥发生经济危机。同年夏天，墨西哥全国范围内遭遇旱灾，农业收获减少，粮食短缺严重，加上全球经济衰退影响，墨西哥国内经济形势愈发严峻，民众生活日益困苦。尽管墨西哥人口不断增加，但1910年该国小麦、大麦、豆类和辣椒的产量与1877年基本持平，而且食品价格更高，玉米等产品甚至需要进口。

墨西哥国内中产阶级对迪亚斯的执政逐渐产生不满。一些政府官员和教师因在其他国家接受过高等教育，产生了强烈的民族主义意识。一些农场主对迪亚斯政府内部的"科学家派"将国家利益出卖给外国资本的行为十分不满。同时，一些青年知识分子开始组建社会团体，反对迪亚斯独裁。1909年，何塞·瓦斯孔塞洛斯和马丁·路易斯·古斯曼创建了青年协会，旨在反对迪亚斯继续连任，以建立新的墨西哥社会和文化。此外，以弗洛雷斯·马贡兄弟为主的中产阶级在圣路易斯波托西成立了自由俱乐部，支持墨西哥反对派自由党。弗朗西斯科·马德罗是科阿韦拉地区一个地主家庭的儿子，曾留学法国和美国，受到资产阶级思想影响。其屡次试图参政而失败，后结识了弗洛雷斯·马贡兄弟，受到革命思想的影响，决定参加反对迪亚斯独裁统治的斗争，后来成为推翻迪亚斯独裁统治的重要力量。

到迪亚斯执政末期，美墨关系也不断走低。由于迪亚斯执政后大量美资流入，美国对墨西哥经济命脉的掌握越来越牢固，引起迪亚斯政府的不安。到1900年，墨西哥境内已有800家美国公司，业务遍及铁路、电信、矿产等各领域。而且外国矿业公司拥有免缴进口原材料和工具税款的特权，并可以通过购买获得土地和土地下面的矿产。到20世纪头十年，美国企业已经控制了墨西哥90%的石油生产、近四分之三的采矿业和70%以上的冶金工业。迪亚斯开始对美国的强大控制感到担忧。迪亚斯甚至在一次演讲中公开表示："可怜的墨西哥，离上帝如此遥远，离美国如此之近。"1906年，墨西哥政府成立了墨西哥全国铁路公司，控制全国铁路里程的三分之二，政府对公司资本的控制达到50%。1908年，迪亚斯政府对矿业法进行修改，规定外国商人只有在墨西哥国内成立公司才能收购该国矿山。迪亚斯的这一做法引起了美方的不满和担忧。同时，美国在扩张主义的驱使下，加大介入中美洲和加勒比地区事务，令迪亚斯政府感到不安。美国先是发动美西战争并占领古巴，后又策划将巴拿马从哥伦比亚独立出来，随后又插手尼加拉瓜、多米尼加等国事务。迪亚斯政府为阻止美国势力过度渗透拉美地区，在其中要么坚持中立原则，要么支持拉美国家的反美派，曾接受中美洲国家反美人士的庇护请求，因此令美国政府十分不满。

总之，到1910年迪亚斯执政末期，墨西哥国内外的矛盾已经积累到一定程度，正酝酿着一场巨大的变革。

第二节 1910—1917年革命

20世纪初，波菲里奥·迪亚斯继续使用非法手段谋求统治地位。其倒行逆施激起民众反抗，最终在风起云涌的民众起义下倒台。然而，1910年以后墨西哥并没有再次迎来和平时期，反而进入了长达七年的动荡时期。

一、迪亚斯的倒台

1908年3月，在墨西哥举行大选之际，英国《皮尔逊杂志》刊登了记者詹姆斯·克里尔曼与墨西哥总统波菲里奥·迪亚斯之间的访谈。迪亚斯虚情假意地表示："墨西哥共和国的人民在没有武装革命的危险下，准备在选举中更换他们的统治者，我耐心等待着这一天的到来。"这一表态使墨西哥国内的反对派认为政权更迭的时机已到。以弗朗西斯科·马德罗为首的民主势力开始展开斗争。1908年，马德罗撰写了《1910年总统继任》一书，呼吁国民阻止波菲里奥·迪亚斯第六次连任。

1909年4月,迪亚斯在国家宫会见了马德罗,表示不赞同马德罗倡导的政治自由。然而马德罗认为迪亚斯无法继续长期执政。随后,他开始召集朋友和亲戚支持他的政治运动,并变卖自己的资产用于巡回游说。1910年,马德罗召集3万多人在总统府外游行示威。迪亚斯逮捕了马德罗,随后又操纵选举并继续连任总统。马德罗设法逃狱成功后,逃亡美国并在得克萨斯地区继续组织反政府活动,启动了"圣路易斯波托西计划",宣布1910年墨西哥举行的选举无效,号召墨西哥人拿起武器反对迪亚斯,宣布自己为墨西哥临时总统,并承诺上台后将实施选举改革并重新分配土地。由于美国对迪亚斯在美英之间搞平衡以及庇护中美洲反美分子十分不满,因此同意马德罗等人在美活动。1910年11月20日,马德罗从得克萨斯回到墨西哥,召集更多人马加入革命队伍,然而暂时没有得到太多响应,于是又隐姓埋名前往美国路易斯安那州的新奥尔良。1911年2月,马德罗从美墨边境进入奇瓦瓦州,并随后夺取了该州的卡萨斯格兰德斯镇。之后,通过其宣传,墨西哥中下层民众看到其建立更公平更高效的政治和经济体制的承诺,受到革命口号的鼓舞,纷纷加入革命行伍。

1910年11月,墨西哥国内爆发大规模农民起义。埃米利亚诺·萨帕塔在南部的莫雷洛斯州组织农民发动起义。当地的农民受到地主阶级的压迫,土地和水资源都被后者垄断用于甘蔗生产,因此对当时的土地政策十分不满。埃米利亚诺·萨帕塔是莫雷洛斯州一个农民家庭的儿子,是印欧混血人,家中人多地少,不得不租种地主的土地而沦为佃农。1906年,萨帕塔就加入了当地反抗地主剥削的斗争。之后,萨帕塔被选为当地村庄的领袖,具有一定的声望和号召力。1910年马德罗发动起义,发表"圣路易斯波托西计划",提出了"土地归还原主"的主张。萨帕塔认为其与自己的革命初衷不谋而合,遂加入了马德罗阵营,希望与之合作以推进土地改革。

埃米利亚诺·萨帕塔

与此同时，潘乔·比利亚在北部的奇瓦瓦州发动革命运动。他1878年6月5日出生于杜兰戈州一个贫农家庭，原名为何塞·多罗特奥·阿兰戈，是家中五个孩子中的长子。其父亲是一名佃农，潘乔从小在杜兰戈州最大的庄园长大，童年时期在当地一所教会学校接受了一些教育。父亲去世后，潘乔辍学帮助母亲维持家庭生计，曾经做过佃农、屠夫、瓦工等各种职业的工作。16岁时，潘乔·比利亚搬到了奇瓦瓦州，但很快又回到了杜兰戈州，在那里杀死了一名强奸其妹妹的庄园主。1902年，潘乔·比利亚被迪亚斯的警察部队抓捕，并被强行编入了联邦军队。几个月后，潘乔·比利亚逃出军队，并前往奇瓦瓦州。在那里，他借用其祖父赫苏斯·比利亚的姓名，正式化名为潘乔·比利亚。1910年马德罗发起革命后，利比亚在奇瓦瓦州结识了马德罗派革命者，被其革命精神感召而加入马德罗阵营，并且组织当地农民起义，决定共同推翻迪亚斯独裁统治，为争取农民权益而战斗。潘乔·比利亚没有受过正规教育，但学会了阅读和写作，同时在军队中展现出组织才能。加上其对墨西哥北部形势十分了解，这帮助其在马德罗的队伍中迅速成为一名出色的指挥官。

潘乔·比利亚

墨西哥南北两地互相呼应，革命之火迅速席卷全国。萨帕塔的部队先后占领了库阿乌特拉城和库尔纳瓦卡，直逼首都墨西哥城。为了阻止革命力量继续前进，1911年3月，迪亚斯派黎曼图尔与起义军展开谈判。起义军提出让迪亚斯辞职，科学家派离开国会，由革命派委任各级官员。这些条件遭到迪亚斯政府的拒绝。于是起义军一鼓作气继续开展斗争。

到1911年4月，革命已经蔓延至全国十八个州。迪亚斯想与革命队伍进行谈判，于是更换内阁，并且同意归还农民土地。而马德罗继续要求迪亚斯总统及科拉尔副总统辞职、释放政治犯，同时给予革命者加入内阁的权利。马德罗认为应该尽量减少流血牺牲，尽可能与迪亚斯达成协议。1911年5月初，马德罗曾想延长停火，但遭到其革命伙伴帕斯夸尔·奥罗斯科和潘乔·比利亚的反对。5月10日，潘乔·比利亚领导的北方起义军占领了华雷斯城。随后，起义军在全国各地均占据上风，政府军被迫撤退到首都及周边地区。

当时，迪亚斯已年逾八旬，身体健康每况愈下，对于从政已经有心无力。在华雷斯战役失败之前，他已经在考虑辞职。见到自己大势已去，为了保全性命，迪亚斯迅速派遣政府代表与革命派在华雷斯城签署了和平条约，之后拟好了自己的辞呈并递交国会。1911年5月25日，迪亚斯的辞职申请正式在国会通过，从而结束了其对墨西哥长达30年的统治。之后，迪亚斯携带家人离开墨西哥，流亡法国巴黎并在那里去世。

二、韦尔塔篡权

1911年10月，墨西哥举行大选。11月6日，弗朗西斯科·马德罗以90%的得票率宣布获胜，于当月11日正式上台担任总统。然而，其上台后并没有履行革命承诺，尤其是没有实施土地改革，令萨帕塔等人大失所望。1911年，萨帕塔在莫雷洛斯州的阿亚拉镇发表了"阿亚拉计划"，谴责马德罗对革命理想的背叛，宣布反对马德罗统治。阿亚拉计划得到了许多墨西哥农民的支持，萨帕塔领导的南方解放军力量不断壮大。同时，马德罗曾经的支持者、奥罗斯科将军认为自己没有得到应有的回报，也在墨西哥北部发动了反对马德罗的起义。

潘乔·比利亚应马德罗政治盟友、奇瓦瓦州州长冈萨雷斯的请求，前往对抗奥罗斯科的叛乱。马德罗也派遣高级军官维多利亚诺·韦尔塔前去镇压奥罗斯科的起义军。比利亚带领400名骑兵从奥罗斯科手中夺取了帕拉尔，并在托雷翁市与韦尔塔将军领导的联邦军成功会合。韦尔塔对比利亚表示欢迎，并试图通过任命其为联邦军来拉拢和控制他，但没有成功。随后，韦尔塔以盗窃罪逮捕比利亚并准备处决他。比利亚提出上诉后，被马德罗免去死刑，后成功越狱并逃往美国。

实际上，随着反对马德罗的声浪越来越大，韦尔塔秘密加入了推翻马德罗的计划。其暗中为奥罗斯科提供了特赦，表面上又靠击败起义军成为全国闻名的英雄。波菲里奥·迪亚斯的侄子菲利克斯·迪亚斯将军和雷耶斯将军也加入反对马德罗的计划。韦尔塔的叛乱行动也得到了外国帝国主义和本国大地主、大资产阶级的支持。一些大地主和教会为韦尔塔提供了大量筹款。美国驻墨西哥大使亨利·莱恩·威尔逊也向韦尔塔保证，如果后者发动政变，美国将承认墨西哥的新政权。1913年墨西哥城的部队指挥官劳罗·维拉尔将军受伤，马德罗任命韦尔塔将军接替其首都军事指挥官的职务，这为其提供了政变的有利契机。2月9日，马德罗率领部队在首都发动叛变。2月18日，马德罗及副总统苏亚雷斯被捕并被监禁在国家宫。这被称为墨西哥历史上的"悲惨十日"。2月23日深夜，马德罗和副总统在被押往监狱的路上被枪杀，押送者称两人"试图逃跑"而不得不采取措施。

维多利亚诺·韦尔塔政变成功后，推举时任墨西哥外交部部长佩德罗·拉斯库兰为总统。拉斯库兰上台后，任命韦尔塔为内政部部长。上任后不到一小时，拉斯库兰便辞职，将总统职位移交给了韦尔塔。国会则在韦尔塔部队的施压下批准了这一任命。同时，韦尔塔采取各种手段巩固自身权力。1913年3月，韦尔塔杀害了马德罗的政治盟友、奇瓦瓦州州长亚伯拉罕·冈萨雷斯。

韦尔塔上台后很快得到了所有欧洲国家的承认。英国、法国、西班牙先后对其给予外交承认。但美国时任总统塔夫脱因美墨边界争端，迟迟没有承认韦尔塔政府，借此向墨方施压。之后上任的美国总统伍德罗·威尔逊提倡自由民主，厌恶通过政变手段上台的韦尔塔，但表示如果韦尔塔通过大选取得合法性的话，美方愿意承认新政府。墨西哥国内一些保守派领导人也敦促韦尔塔举行选举。然而韦尔塔只想稳住当前位置，不愿冒险举行选举。为了进一步巩固势力，他想要回归波菲里奥·迪亚斯时期的"统治秩序"，开始争取各州州长支持。接下来，他获得了墨西哥北部革命领袖帕斯夸尔·奥罗斯科的支持，后者曾参加反对马德罗的运动，并在奇瓦瓦州和杜兰戈州拥有一批铁杆支持者。但在其他一些地区，韦尔塔遭到拒绝，于是采用残酷的军事镇压手段打压异己者。他先后抓捕和杀害了多位反对自己的议员和州长，并且残酷镇压工人阶级的罢工运动。美国总统威尔逊为表达对韦尔塔的不满，召回了美国驻墨西哥大使，要求韦尔塔下台并举行民主选举。同时，威尔逊还要求欧洲国家撤销对韦尔塔政权的承认并停止资金和武器支持。在美国的施压下，英国、法国、德国等一些欧洲国家先后宣布与美国政府保持一致。到1914年年初，美墨关系已经愈发紧张。美国总统威尔逊解除了武器禁运命令，允许墨西哥立宪主义者购买武器，从而进一步加大对墨西哥内政的干预。

三、推翻韦尔塔

面对韦尔塔的篡权行为，当时墨西哥国内担任科阿韦拉州州长的贝努斯提阿诺·卡兰萨举起了反对韦尔塔的大旗。卡兰萨是地主的儿子，属于大地主阶级，也是当时墨西哥政坛的一名温和派。在得知总统马德罗和副总统苏亚雷斯遇刺后，卡兰萨致信地方立法机构，谴责韦尔塔篡夺国家最高权力的卑劣行为，要求地方立法机构"根据法律原则和国家利益做出正确选择"。1913年2月，卡兰萨向美国总统塔夫脱传信，表示其准备与韦尔塔开战。1913年3月1日，卡兰萨公开宣布不承认韦尔塔政权。数日后，卡兰萨获得了国内第一个盟友，3月5日索诺拉州同样宣布韦尔塔政权不具合法性。

起初，卡兰萨的兵力根本无法与经验丰富的联邦军队匹敌。1913年3月7日，联邦军队袭击了科阿韦拉州的安赫洛庄园，迫使卡兰萨撤出其政治总部。随后，联邦军队又向科阿韦拉州首府萨尔蒂略进军，摧毁了卡兰萨的部队。面对严峻形势，1913年3月26日卡兰萨制定了"瓜达卢佩计划"，号召墨西哥各州政府共同抵制韦尔塔的独裁统治，并决定成立"宪法军"，自己成为"宪法军"的指挥官。这一计划是全国最早的反对韦尔塔统治的革命宣言，起到了号召全国民众起义的重要作用。卡兰萨在国内除了得到了索诺拉州、奇瓦瓦州等地人士支持之外，又与萨帕塔、潘乔·比利亚共同组成了反对韦尔塔的统一阵线。1912年12月潘乔·比利亚曾越狱逃往美国，后在1913年马德罗遇刺后回到墨西哥，组建了一支数千人的队伍，被称为"北方分部"。比利亚在战场的出色表现也转化为民众对他的政治支持。在奇瓦瓦州一名军事指挥官力挺下，1913年比利亚成为奇瓦瓦州临时州长，并招募了许多经验丰富的将军，如托里比奥·奥尔特加、波菲里奥·塔拉曼特斯和卡利斯托·孔特雷拉斯。作为奇瓦瓦州州长，比利亚利用自身特权，通过强迫富人资助革命、没收银行资产、挪用庄园土地等各种方式募集到大量资金，用于对抗韦尔塔的联邦军。不久后，卡兰萨、阿尔瓦罗·奥布雷贡和潘乔·比利亚各自派遣代表在科阿韦拉州的蒙克洛瓦会晤，就支持《瓜达卢佩计划》达成一致，并向美国威尔逊总统通报了他们的宣战计划。卡兰萨在吸纳了大量人马和资金后力量不断壮大，逐渐取得了军事上的优势。

这段时期，美墨关系紧张升级。1914年4月初，美国一艘军舰未经许可，在墨西哥坦皮科港靠岸，船上几名军官登陆采购补给品，遭到了韦尔塔政府官兵的逮捕。随后，墨方了解情况后释放了美国军官和士兵，但引发了美国的不满。当月中旬，美国派遣军舰开往墨西哥港口维拉克鲁斯，并占领了该城市，切断了韦尔塔部队的武器来源。

1914年年初，比利亚的部队在托雷翁战役中战胜了政府军。之后，卡兰萨命令比利亚停止在托雷翁以南的行动，转而攻击萨尔蒂略。外界认为这是卡兰萨企图转移比利亚对墨西哥城的直接攻击，以便让奥布雷贡领导的部队从西部经瓜达拉哈拉占领首都。比利亚被迫接受这一决定，并占领了萨尔蒂略。随后，卡兰萨又调动比利亚的部队前往萨卡特卡斯协助联邦军。1914年6月，比利亚在萨卡特卡斯取得了战斗的胜利。韦尔塔于1914年7月14日被迫离开墨西哥。1914年8月，曾支持马德罗政权的阿尔瓦罗·奥夫雷贡领导叛军占领了墨西哥城。

然而，起义联盟内部分歧逐渐显现。卡兰萨是一位富有的庄园主和科阿韦拉州州长，是资产阶级的代表，他认为比利亚只不过是一个土匪，从本质上不接受萨帕塔和比利亚的土地纲领，并且反对农民领袖领导革命。

而萨帕塔和潘乔·比利亚是底层农民出身，代表了墨西哥底层的农民和工人阶级利益。他们要求立宪派接受阿亚拉计划，进行激进的土地改革。比利亚拥有当时规模最大的革命军"北方分部"，因此认为卡兰萨只不过是一个软弱的平民。

1914年下半年，卡兰萨派与比利亚派进行谈判，并签署了《托雷翁协议》，承诺双方共同确定墨西哥未来进行的所有政治和社会改革，并约定当年10月1日在墨西哥城举行公约会议。但当天，比利亚派和萨帕塔派都没有参加，会议宣布暂停。当月，革命队伍在墨西哥北部和首都之间的阿瓜斯卡连特斯举行集会，萨帕塔派和比利亚派参加了会议，接受了萨帕塔的土地纲领，免去了卡兰萨的革命元首称号。卡兰萨被迫离开首都，撤退到普埃布拉城，并在那里组建了自己的政府。1914年12月，比利亚的军队与萨帕塔的军队在首都墨西哥城会师，成立了"公约政府"。

也是在1914年12月，卡兰萨在普埃布拉城宣布开启一系列改革，以建立"一个保障墨西哥人民一律平等的政府"。1915年1月，卡兰萨颁布土地法，指出迪亚斯对土地的政策是造成农民贫困的根本原因，承认劳动者有权获得生产资料，宣布强占农民的土地必须归还原主，向无地和少地农民分配土地，以建立一个以小地产为主的农村经济结构。该土地法尽管没有彻底根除大地产制，但承认了农民对土地的要求，一定程度上满足了农民的诉求。1915年2月，卡兰萨和当时墨西哥最大的工人组织"工人之家"达成协议，卡兰萨保证将采取措施改善工人的生活条件，而工人则协助卡兰萨与农民军作战。

公约政府期间的总统分别是欧拉里奥·古铁雷斯、洛克·冈萨雷斯·加尔萨、弗朗西斯科·拉戈斯·查萨罗。但政府的实际领导人是比利亚和萨帕塔。因此，公约政府内部容易产生分裂，缺乏凝聚力。而且公约派的军事实力不足，萨帕塔派和比利亚派之间缺乏合作。相比之下，立宪派也就是卡兰萨派只有一位领导人，就是卡兰萨，其军队此前在控制首都期间获得了不少军火，实力强大。1915年4月6日—15日，卡兰萨派遣军事指挥官奥布雷贡对比利亚领导的农民军发动战役,比利亚的部队4000人伤亡、6000人被俘。1915年4月29日至6月5日,奥布雷贡再次与比利亚的军队交战,比利亚再次遭受巨大损失。10月,比利亚带领部队攻打奥布雷贡的主要据点索诺拉州,但再次惨败。至此,比利亚的北方分部损失了大部分人马,仅剩的1500名幸存士兵接受了卡兰萨的特赦提议。比利亚带领约200名忠诚于他的士兵撤退到奇瓦瓦山区,伺机继续与卡兰萨展开战斗。

1915年8月,巴勃罗·冈萨雷斯指挥的卡兰萨派部队打败了萨帕塔,并占领了首都墨西哥城。萨帕塔只能在墨西哥谷地南部、瓦哈卡和伊达尔戈地区进行一些游击活动。卡兰萨的军队逐渐占领了莫雷洛斯州。萨帕塔不敌卡兰萨的军队,始终没能夺回对墨西哥的控制权。看到卡兰萨逐渐占据上风,1915年10月美国时任总统伍德罗·威尔逊承认卡兰萨为墨西哥国家元首。

1916年3月,由于墨西哥国内的革命日益触动美国资本的利益,美国再次派遣军队入侵墨西哥。卡兰萨坚决抵制美国干涉,宣布墨西哥人民誓死捍卫自己的权利和国家的尊严,同时命令军队与越过边界的美军进行坚决战斗。在其指示下,墨西哥军队在奇瓦瓦州大胜美军,后者不得不撤退至自己国境内。到1916年年底,卡兰萨几乎在墨西哥所有州的地位都得到巩固。

第三节 1917年宪法及资产阶级新政府成立

1916年年底,卡兰萨邀请了墨西哥政治阶层重要人物在克雷塔罗召开制宪会议,进行宪法文本的拟定。出席此次会议的大多数人士来自中产阶级的改革派,一半以上的与会者上过大学,拥有专业学位,大约30%的人直接参加过革命。卡兰萨出席会议并提交了其制定的宪法草案。该草案除了加强行政机构的权力和有限的劳工改革之外,其他方面与1857年的宪法没有本质区别。参会的激进派代表提议对宪法进行更多修改，积极解决农民和工人的问题。

1917年1月31日，制宪会议通过了新宪法，并在2月5日在官方公报上正式公布。这部宪法具有强烈的民族主义和社会进步色彩。新宪法共有8章137条，规定了墨西哥公民身份的含义、政府组织、土地改革，并列出了墨西哥人的系列权利，还确立了政府、公共服务和社会福利的形式。具体包括以下内容：政治上，确立了共和国体制，实行普选制，规定总统直接通过民选产生，任期为四年，并且有权选择和组建内阁。墨西哥国会由参议院和众议院组成。各州推选两名参议员组成参议院，参议员通过民选产生，任期四年。众议员则根据各州人口比例确定人数，也由民选选出，任期两年。宪法还规定年满21岁且有合法职业证明的墨西哥男性公民均有选举权。

土地改革方面，宪法规定墨西哥"土地及水域的所有权均属于国家"，只有墨西哥人有权占有国家的土地、河流、油田、森林和矿山，私人只有开发和使用的权利。规定墨西哥的资源均属于本国公民，严格限制外国人占有墨西哥自然资源。宪法第27条规定所有在迪亚斯统治时期从农民手中掠夺的土地都必须归还原主。同时，宪法还规定外国人不得在距离墨西哥国界100公里或者距离领海50公里以内的地方拥有土地。

宪法对工人群体的权益提出了保护规定。宪法第123条规定每周工作6天、每天工作8小时的最低工资标准，并规定同工同酬。宪法允许工人进行集体谈判，并承认其罢工的权利。宪法还要求雇主为女工生育提供保障（包括分娩前后的带薪休假），必须雇佣专门人员对工作场所的儿童进行看护，禁止女工和童工承担危险劳动。

宪法第三条确立了国家对墨西哥公民提供免费、世俗和义务教育，使得墨西哥教育世俗化。同时，宪法还对教会进行了严格的限制，包括规定教会和宗教团体应该根据法律成立，教会牧师无资格担任公职、无资格代表政党或参选人游说、无资格批评国家的根本法律、无资格为政治目的进行结社和集会、无资格继承近亲以外人员的遗产。宪法还规定教会无资格获得和拥有或经营不动产，教会的各种建筑物为国家所有。此外，宪法规定任何人在不违法的前提下都有信仰宗教和参加宗教仪式的自由，国会无权颁布法律建立或废除特定的宗教。在通常情况下，宗教活动应该在教堂内进行，禁止公开表明宗教信仰（包括穿着教士服装）。

这部宪法打击了外国帝国主义、本国封建和宗教势力的权力，保障了工人和农民阶级的基本权利，得到了广大民众的拥护，被称为《新墨西哥宪章》，成为当时世界上最先进的资产阶级宪法之一。

总体看，1910年至1917年的墨西哥革命是该国发展进程中的重要转折，1917年宪法被视为"墨西哥民主的基石"，大部分内容一直延续至今。经过这场革命，墨西哥开始从长期动荡不安转向和平稳定，为此后国家经济发展创造了重要条件。

| 第六章 |

共和制的确立和卡德纳斯改革

1910年至1917年革命结束后,墨西哥面临着复杂的内外形势。对内,墨西哥在长期动荡之后经济根基孱弱、发展动力不足,亟待取得政治和经济制度上的突破;对外,全球经济大萧条波及拉美地区,美欧列强持续干涉困扰着墨西哥的独立自主发展。在此背景下,卡兰萨、奥布雷贡、卡列斯、卡德纳斯等墨西哥领导人不断推行改革,取得了一定的成就,为墨西哥资本主义的发展打开了机遇之窗。

第一节 墨西哥共和国政府的成立

早在1915年,墨西哥一些人士就开始讨论建立全国性政党的必要性。1916年10月,巴勃罗·冈萨雷斯联合阿尔瓦罗·奥布雷贡、坎迪多·阿吉拉尔等其他军人以及多位文职人员,正式组建了宪政自由党。10月,宪政自由党开始了首次正式活动。1917年,该党提出由贝努斯蒂亚诺·卡兰萨(Venustiano Carranza)作为共和国宪政总统候选人。同年3月举行的大选中,卡兰萨获胜,于两个月后正式就职墨西哥总统。但由于卡兰萨对宪政自由党信任不足,其内阁成员中未任命该党成员。而在国会中,宪政自由党占据了多数席位,对卡兰萨派构成了执政掣肘。

卡兰萨上台时,墨西哥仍处于不稳定的形势下。革命斗争摧毁了墨西哥经济,卡兰萨还不得不继续面对各种政敌。当时,埃米利亚诺·萨帕塔继续在莫雷洛斯州与政府军作战;迪亚斯的侄子菲利克斯·迪亚斯返回墨西哥并在维拉克鲁斯地区组建了一支新军队;吉列尔莫·梅雪罗及何塞·玛利亚·达维拉等迪亚斯的旧部则在瓦哈卡地区起义;潘乔·比利亚则继续活跃在奇瓦瓦地区。

面对上述形势,卡兰萨集结军队平息叛乱,重点围剿萨帕塔势力。

1919年4月10日，立宪派赫苏斯·瓜哈尔多上校策划谋杀萨帕塔，在莫雷洛斯设计陷阱并成功抓获萨帕塔，随后将其枪杀。萨帕塔遇害引起了墨西哥国内震动，其被民众尊为烈士，拉萨罗·卡德纳斯等将军纷纷表达对萨帕塔被害一事的震惊，卡兰萨的威信和声誉大大受挫，其国防部部长阿尔瓦罗·奥夫雷贡不得不辞职以表明自身与萨帕塔被杀无关。

卡兰萨政府实行土地改革，割裂大地产，并开始收回迪亚斯政府出卖给外国公司的土地，将土地分配给无地农民，发展小土地所有制。卡兰萨成立了全国土地委员会进行土地改革，共计为4.8万户农民家庭分配了45万英亩土地。在外交上，卡兰萨奉行独立自主的外交政策，在第一次世界大战中保持墨西哥的中立立场。1917年新宪法公布后，卡兰萨政府得到了德国的承认。而且当时的德国外交部部长亚瑟·齐默尔曼向墨西哥发送电报，邀请墨西哥加入德国阵营，而德方则承诺帮助墨西哥恢复在1846年美国入侵时失去的得克萨斯州、新墨西哥、亚利桑那州等领土。经过反复研究，卡兰萨认为不可与美国开战，因为德军在面对英国海军封锁时无法为墨西哥提供任何帮助。同时，卡兰萨采取保护民族工业的手段，严厉打击美国势力对本国的干涉。1918年2月，卡兰萨政府宣布向包括外国公司在内的所有石油企业征收税款。同年7月，卡兰萨又颁布了外国人必须重新登记地产的法令。为了推进相关措施的执行，1919年3月墨西哥工业部宣布将根据国家法律对不服从的公司和企业采取措施，甚至不排除使用武力。同时，卡兰萨利用英美对墨西哥石油的依赖，威胁称，如果美国人入侵墨西哥，则放火烧毁墨西哥坦皮科等地区的油田。如此一来，墨西哥得以在一战中保全了自己的中立地位，并免受英美等外敌入侵。

但卡兰萨在改革方面仍然有着明显的局限性。1916年年初，卡兰萨下令解散工人武装，逮捕工人领袖，还关闭了首都"工人之家"的总部。在宗教问题上，卡兰萨对天主教会持较为宽容的态度，因此对墨西哥宪法中的反教权条款较为冷淡。他认为一个民族的风俗不可能一下子改变，仅仅依靠革命来让人们不再信奉天主教是不够的。其任内未在宗教议题上采取大规模的改革措施。

由于波菲里奥·迪亚斯常年独裁统治导致了其最后倒台,卡兰萨对此引以为戒,担心遭遇和迪亚斯同样的下场,因而在1920年决定不再连任。但在继承人问题上,卡兰萨与奥布雷贡将军产生了矛盾。当时呼声较高的继任者是奥布雷贡,其早年参加革命,因此在军队、中产阶级以及平民群体中都有较高的知名度。但卡兰萨希望墨西哥有一位文职出身的总统,因此支持曾在美国任外交官的伊格纳西奥·波尼亚斯担任总统。但当时波尼亚斯在革命派士兵和普通群众当中仍然是无名之辈。卡兰萨决定采取强制手段推举波尼亚斯,并且通过参议院剥夺了奥布雷贡的军衔,同时称奥布雷贡正在策划一场反对卡兰萨政权的武装起义。卡兰萨的一系列举动激起了奥布雷贡的反抗。后者随后发布了"阿瓜普列塔计划",发动起义。1920年4月8日,奥布雷贡的竞选助手暗杀卡兰萨但遭遇失败。之后,奥布雷贡在墨西哥城率领军队将卡兰萨赶出首都。卡兰萨前往维拉克鲁斯避难,并计划在那里重新集结队伍。5月21日,卡兰萨在途中遭遇伏击并被杀害。

总体看,卡兰萨的一生充满了复杂性。其既是迪亚斯政权的参议员,也是资产阶级革命的领袖,当政后又镇压过工人农民运动。尽管如此,其在墨西哥反帝反封建的资产阶级革命中曾发挥重要领导作用。其死后,骨灰被埋葬在墨西哥城革命纪念碑的四根柱子之一当中,以纪念其为墨西哥现代化进程做出的贡献。

第二节 奥布雷贡改革

卡兰萨下台后,阿尔瓦罗·奥布雷贡(Álvaro Obregón)继任墨西哥总统。其1880年2月19日出生于索诺拉州,是当地土生白人。其父亲弗朗西斯科·奥布雷贡曾拥有大量财产,但因曾支持马西米连诺皇帝而在1867年被自由党政府没收,后沦为贫穷的佃农。奥布雷贡是家中18个孩子中最小的。在奥布雷贡出生那年，父亲就不幸去世，奥布雷贡自幼由其母亲和姐姐抚养长大，并接受了小学正规教育。其童年时期，奥布雷贡利用课余时间在家庭农场工作，并结识了当地的印第安土著梅奥人，学会了他们的语言。青年时期，奥布雷贡便开始打工挣钱，曾在其舅舅开设的糖厂担任车床操作员，之后卖过鞋，还当过佃农。

1906年，奥布雷贡从亲属那里筹钱贷款购买土地，建立了一个小农场。同年，他的妻子和两个孩子不幸去世，留下两个孩子。奥布雷贡将孩子托付给自己的姐姐，自己则辛苦经营农场，依靠现代化设备成功壮大自己的农场规模。据说，其最初只有1.5公顷土地，从经营出口业务和大宗贸易出发，逐渐涉足制造业、服务业甚至银行业，逐渐发展成为拥有3500公顷土地的企业家。早年艰苦的底层生活让奥布雷贡深知穷人的愿望和诉求。

1912年，奥布雷贡组织印第安人武装支持马德罗政权。1913年韦尔塔篡权后，奥布雷贡联合卡兰萨反对韦尔塔。在作战过程中，他的军事才能得以显现，1914年8月15日攻占了墨西哥城。之后在与比利亚派作战过程中，奥布雷贡使用了铁丝网障碍、机枪掩体和战壕等设施，成为墨西哥第一个使用此类设施的人。同时，他还在占领区推动颁布了反教权法和劳工法，吸引了大量工人阶级，从政治上瓦解了比利亚部队。在与比利亚军队作战过程中，奥布雷贡身负重伤并失去了自己的右臂。1917年卡兰萨就职后，奥布雷贡曾担任过其政府的国防部长，但不久后便辞职并回到自己索诺拉的农庄，完全脱离政坛。在看到卡兰萨企图扶植自己的继承人后，奥布雷贡发动起义并推翻了卡兰萨政府。

1920年12月1日，奥布雷贡当选墨西哥总统。上台后，他进一步推进改革。奥布雷贡任内创建了劳工部，任命对劳工友好的工商业部长，颁布新的劳工法，宣布工人和农民组织合法。在农业方面，奥布雷贡根据自身曾经作为农场主的经验，设想通过征收效益低下的大庄园土地来提高生产效率。任内，奥布雷贡推进土地改革，执行宪法中的土地重新分配规定。1920年，奥布雷贡颁布了《集体村社法》，旨在规范《宪法》第27条中关于土地的规定，决定采用集体村社制（西班牙语为 ejidos）作为临时的保有权形式授予农民耕种[①]。1922年，奥布雷贡政府又推出《土地条例》，开始征收大地产和贫瘠的土地，并将其完整移交给村社，以公共的形式耕种。据统计，奥布雷贡执政期间，总共分配了近92.2万公顷土地。但奥布雷贡一定程度上认同卡兰萨的观点，认为激进的土地改革可能会破坏墨西哥经济，因此并没有实施大规模的土地改革。

奥布雷贡积极推行教育改革，任命何塞·瓦斯孔塞洛斯为公共教育部长，后者在全国范围内兴建学校，建成1000多所农村学校和2000多个公共图书馆。奥布雷贡任内，墨西哥文化艺术得到极大发展。尤其是墨西哥的壁画艺术名扬海内外，迭戈·里维拉、大卫·阿尔瓦罗·西凯罗斯等一批有名的画家在墨西哥各地的公共建筑墙壁上创作壁画，许多作品保留至今并成为墨西哥传统文化的象征。其中最突出的当属艺术家迭戈·里维拉（Diego Rivera），其早年曾赴法国和意大利学习艺术，1921年返回墨西哥后参加了公共教育部长何塞·瓦斯孔塞洛斯领导的墨西哥壁画计划，还加入了墨西哥共产党。其创作的壁画作品主题大多涉及墨西哥1910年革命和墨西哥社会风貌。其在墨西哥城公共教育部创作的壁画以大型、简化的图形和大胆的色彩为基础，形成了自己独特的风格。

墨西哥城国家宫的壁画

---

① 集体村社制，西班牙语为 ejidos，又指用于农业的公共土地区域，其中社区成员拥有使用权而不是土地所有权。

同时，奥布雷贡还在 1921 年为纪念墨西哥脱离西班牙殖民统治一百周年举行了盛大的庆祝活动，来促进公众对国家历史和革命的认识，从而使民众加大对政府及其改革议程的支持。在宗教问题上，奥布雷贡尽管对天主教会持有怀疑态度，但仍然保持了温和政策。尽管如此，当时墨西哥国内仍发生了一些天主教徒与革命支持者之间的冲突。而且 1923 年墨西哥主教费里皮违法举行露天宗教仪式后，被政府驱逐出了墨西哥。

在对外关系上，奥布雷贡的首要任务是保证美国承认其政权，并恢复墨美关系，减少外部威胁。根据 1917 年墨西哥宪法第 27 条规定，墨西哥政府认定墨西哥土地及水域下的所有资源均归墨西哥国家所有，这一条款威胁到美国和欧洲石油公司的利益。尽管奥布雷贡没有否决宪法效力，但 1923 年 8 月其与美国政府签署《布卡雷利条约》，称墨西哥不会征收任何外国石油公司，作为交换，美方则承认了奥布雷贡政府的合法性。

由于奥布雷贡没有资格参加 1924 年的大选，开始支持内政部长普鲁塔科·埃利亚斯·卡列斯（Plutarco Elías Calles）参选总统。卡列斯 1915—1919 年担任索诺拉州州长，其间促进当地基础设施建设，为工人提供社会保障，完善教育和立法工作，得到了当地民众的支持。1919 年，卡列斯在卡兰萨政府中担任工业、商业和劳工部部长。因此，其在政坛和民众当中享有一定的威望。然而时任财政部部长阿道夫·德拉·韦尔塔反对奥布雷贡这一做法，此人在卡兰萨被赶下台之际曾短暂担任临时总统。德拉·韦尔塔认为奥布雷贡在重犯卡兰萨的错误，从而加入了反对奥布雷贡的叛乱。同时，德拉·韦尔塔也被其支持者推举为总统候选人。当时，约一半的军队加入了反对奥布雷贡的叛乱。但奥布雷贡因与美国签署了《布卡雷利条约》而获得美国的支持，后者派出十多架飞机赴哈利斯科州参与战斗，击败了当地的叛军。随后，奥布雷贡还抓捕了许多以前的战友并一一处决，最终平息了叛乱。

1924 年墨西哥举行大选。卡列斯在此前的政坛生涯中已经与墨西哥工人地区联合会结盟，同时获得一些农民阶级的支持，从而赢得了大选。奥布雷贡下台后,则开始从事农业活动,前往墨西哥北方大量购买土地,垄断了当地鹰嘴豆的生产。尽管奥布雷贡表面上远离政治舞台,但在墨西哥军队、各州州长和国会中仍然有许多盟友,实际上卡列斯的执政仍然受其影响。

第三节 卡列斯集团的统治

一、卡列斯执政

上台后,卡列斯采取了较为激进的改革运动。他任命墨西哥工人地区联合会的领袖路易斯·N.莫罗内斯为工业商业和劳工部部长,同时允许其继续在工人地区联合会中担任领导职务。同时,卡列斯政府积极改善工人工作条件,并为其加薪。通过这些举措,卡列斯任内国内工人罢工的次数明显减少。为了减少军人干政和政变的可能,卡列斯减少了军队开支,要求军官必须接受专业培训才能升职,规定了军人退休年龄,还严厉打击军队腐败现象。

在金融方面,卡列斯依靠财政部长阿尔贝托·J.帕尼的平衡预算和稳定货币政策,恢复了外国投资者对墨西哥的信心。在帕尼的建议下,卡列斯政府还成立了几家银行以支持农民的生产活动。在基础设施领域,由于之前的革命运动期间墨西哥国内许多铁路遭到破坏,故卡列斯上台后积极重建国内铁路,在墨西哥城及其家乡索诺拉州之间建设了一条铁路。同时,卡列斯还成立了国家公路委员会,试图在国内建立一个将主要城市和农村连接起来的道路网络,以促进农产品的运输和销售,同时加强政府对偏远地区的管控。这些基础设施建设主要依赖于墨西哥政府的支持,对外国资本和技术依赖有限。

在文化教育领域,卡列斯加大对农村教育的投入,加强西班牙语教学,使墨西哥印第安土著居民进一步融入国家。同时，卡列斯重视对民众的爱国主义教育，其教育部长何塞·曼努埃尔·普伊格编写了教育材料，其中宣扬了墨西哥革命取得的成就。

在公共卫生领域，当时墨西哥公共卫生状况不佳，卡列斯政府积极寻求改善卫生条件，以促进国家整体发展。其设立了公共卫生部，促进传染病疫苗接种，改善饮用水供应、污水和排水系统，并且严格检查餐馆、市场和食品供应商的卫生状况。

在宗教问题上，卡列斯执行1917年宪法中的反教权条款，并在1926年颁布了反教权立法《刑法改革法》（又称《卡列斯法》），具体内容包括禁止神职人员在公开场合穿着神职服装，禁止神职人员批评政府，没收教会财产，驱逐外国牧师，关闭修道院和宗教学校，打击教会腐败等。这一系列条款引发了天主教会的不满，后者呼吁神职人员罢工，停止为儿童施洗、婚礼、葬礼等仪式举办宗教活动。1927年年初，墨西哥中部地区尤其是哈利斯科州、萨卡特卡斯州、瓜纳华托州、科利马州和米却肯州信奉天主教的人士发动起义，反对政府法令，史称"克里斯特罗战争"。这次战争持续多年，造成近十万人丧生。1934年，在美国驻墨西哥大使德怀特·莫罗的协助下，政府和天主教人士举行谈判并达成休战协议。在这次战争的影响下，墨西哥神职人员大量减少。在战争之前，墨西哥约有4500名神父。而到1934年，只有334名神父获得政府许可，其余神父因移民、驱逐等各种原因离开，还有许多神职人员被杀。1935年，墨西哥有15个州已经没有牧师。

在对外关系上，美墨关系产生一些波折。卡列斯否认奥布雷贡政府期间美墨签订的《布卡雷利条约》，并且起草新的石油法，宣布将严格执行1917年墨西哥宪法第27条。美国政府对卡列斯的这一举动反应迅速。1925年6月，美国驻墨西哥大使将卡列斯称为"共产主义者"，美国国务卿弗兰克·B.凯洛格也向墨西哥发出警告。当时美国一些政府官员甚至将墨西哥称为"苏维埃墨西哥"。

1927年1月，墨西哥政府取消了不遵守法律的石油公司的许可证。美国国内开始散布战争言论，而墨西哥通过外交演习对外彰显自己的军事实力，两国之间的紧张态势进一步升级。不久后，卡列斯与美国时任总统柯立芝通电话，美国还更换了驻墨西哥大使，任命德怀特·莫罗为新的驻墨西哥大使，后者在促进美墨石油谈判中发挥了重要作用。当时，美墨两国还在尼加拉瓜内战中发生冲突。美国政府支持尼加拉瓜保守派，而墨西哥则支持该国自由派。

1926年，卡列斯修改宪法，允许前总统在野一个任期后再度参加总统选举，从而为奥布雷贡再度执政创造了合法性。当年10月，奥布雷贡重返战场，参与了平息墨西哥北部地区亚基人叛乱的行动，保障了自己在当地的商业利益，同时继续维护自己在军队的影响力。1927年，墨西哥再度通过一项宪法修正案，将总统任期从四年延长至八年。同年5月，奥布雷贡开始其竞选活动，但遭到其曾经的两位盟友阿努尔福·R.戈麦斯将军和弗朗西斯科·赛拉诺将军的反对。赛拉诺将军发动了反对奥布雷贡的叛乱，但之后被暗杀。戈麦斯呼吁民众起义反对奥布雷贡，也很快被杀害。

二、波特斯执政

1928年，奥布雷贡赢得总统选举，成为卡列斯的继任者。虽然奥布雷贡任职期间没有采取反教权政策，但当时克里斯特罗战争仍在持续，其作为卡列斯的盟友，也遭到天主教徒的憎恨。1928年7月，奥布雷贡尚未就任，便在一次与友人聚餐的时候被一名天主教徒开枪暗杀。奥布雷贡尚未就任便遭杀害，卡列斯又无法继续担任总统。在此情况下，时任墨西哥内政部部长的埃米利奥·波特斯·希尔（Emilio Cándido Portes Gil）接任总统职位。

波特斯·希尔，1890年10月出生于墨西哥东北部塔毛利帕斯州首府维多利亚城。他具有多米尼加血统，是多米尼加诗人、多米尼加共和国前第一夫人特里娜·德·莫亚的亲戚。波特斯的祖父是塔毛利帕斯州一位有名的政治家，但波特斯的父亲英年早逝，其与母亲早年生活拮据，后来在政府的资助下就读并获得了教师资格证。墨西哥革命期间，他在法学院学习。1914年年底，他与卡兰萨结盟。1915年5月卡兰萨上台后，将刚从法学院毕业的波特斯安排到政府公共行政部门任职。他先后三次当选国会议员。1920—1925年，他连续两次担任家乡塔毛利帕斯州州长。

1928年，奥布雷贡被暗杀后，时任卡列斯政府内政部长的波特斯成为总统继任者。同年12月，波特斯在卡列斯的支持下成为临时总统，为期十四个月。上台后，波特斯的首要任务是平息当时国内仍在持续的克里斯特罗战争。他向天主教会保证，官员有权利向国会申请修改具有攻击性的法律，并对参与这次战争的天主教徒进行大赦。他召开国会特别会议，安抚大学罢工人员，最终通过了授予墨西哥国立大学以自主权的立法。波特斯政府还积极开展公共工程项目，为普通民众建造学校、医院和住房。其中，在墨西哥城，政府建设一个对所有民众开放的大型体育中心。他还斡旋尼加拉瓜与美国的冲突，希望劝说尼加拉瓜将军奥古斯托·桑蒂诺投降来换取美国撤出该国。谈判失败后，他还为桑蒂诺在墨西哥提供政治庇护。

1929年，墨西哥如期举行大选。在1928年奥布雷贡被暗杀后，由于卡列斯无法继任总统，他便创建了政党——国民革命党（Partido Nacional Revolucionario），并伺机推出自己的总统候选人。1929年11月17日，曾担任米却肯州州长和通讯部部长的帕斯夸尔·奥尔蒂斯·卢比奥成为国民革命党的总统候选人，与奥布雷贡政府的公共教育部部长何塞·瓦斯孔塞洛斯竞争总统职位。后者以反对腐败和卡列斯的专制统治而闻名，并且在中产阶级、大学生和东北部工人群体中有着较高的支持率。而奥尔蒂斯·卢比奥在1924以后先后被卡列斯政府任命为驻德国和巴西大使，在国内没有什么政治基础。然而选举结束后，根据官方统计，奥尔蒂斯·卢比奥赢得了选举。1930年2月5日，奥尔蒂斯·卢比奥正式就职。然而，其政府实际上受到卡列斯的操纵。后者阻挠土地改革，修改劳动法，剥夺工人的合法权利，还严禁工人罢工。1932年，奥尔蒂斯·卢比奥不满卡列斯的干政，宣布于9月3日辞职。

三、罗德里格斯的改革

1932年9月4日，时任战争和海军部长的阿贝拉多·罗德里格斯被墨西哥国会任命为总统。相比奥尔蒂斯·卢比奥，其内阁发生了较多人事变动。同时，卡列斯日益年迈，健康状况也不断恶化，掌控政治的能力也不如从前。1932年，卡列斯被诊断患有关节炎、动脉硬化和慢性肠道疾病。同年，其妻子也被诊断出患有脑瘤，并且不久后去世，这给卡列斯带来了较大打击。因此，尽管许多历史学家将罗德里格斯视为卡列斯的政治傀儡，实际上其已经把握住机遇，并且通过个人精明的政策策略拥有了一定的政治权力。

上台后，罗德里格斯政府颁布了《土地法》，改变了卡列斯政府时期土地改革放缓的情况，重新将地主土地分配给农民。罗德里格斯还促进国家农业信贷银行的活动。罗德里格斯政府积极保障工人权利，创建劳工部，推动工会运动。政府还通过了墨西哥最低工资法，以加强国家工业发展，减少国家对国际贸易的依赖。政府还成功调解了墨西哥鹰石油公司和工会之间的劳资纠纷。工会希望从新的波萨里卡油田获得更大比例的回报。最终纠纷得以解决。

经济领域，罗德里格斯政府成立了国家经济委员会，并创建了国家金融银行。此外，新政府还创建了太平洋银行、墨西哥西部银行和墨西哥中部信贷银行，以推动国内各地区的经济发展。同时，罗德里格斯还推动建立了私营公司墨西哥石油公司（Petromex），并对其提供一定支持，以使其能够与该行业的外国投资者竞争。罗德里格斯还继续推动卡列斯执政时期的道路建设计划，建设了连接墨西哥境内重要城市与美国以及危地马拉的公路，促进了泛美高速公路的联通。

针对教育问题，罗德里格斯组织了初等教育委员会，并在农村地区建立文化中心、农业学校和地区农场学校。为了促进农村技术的发展，政府还成立了农村教育技术委员会。时任教育部长纳西索巴索尔将教育控制权从各州手中收归中央所有,削弱天主教会对学生的影响,并提高教师工资。罗德里格斯是一位亲美人士。其早年曾在美国洛杉矶工作过,后来在蒂华纳与美国公司开展生意而赚得盆满钵满,其第二任妻子来自美国芝加哥。罗德里格斯希望与美国保持友好关系。其间,美国也对其予以政治支持。

第四节 卡德纳斯改革

自从19世纪初墨西哥摆脱西班牙殖民统治以来,国家对内长期处于政治动乱、考迪罗横行的状态,对外面临美国及欧洲帝国主义的军事侵略和经济掠夺。在此背景下,墨西哥总统拉萨罗·卡德纳斯推行国有化改革,将石油等资源收归国有,为国民经济复苏发挥了重要作用。

一、卡德纳斯上台前夕的墨西哥

1854—1867年,华雷斯领导的革新运动推翻了封建军事独裁政权,实行了自由主义的改革,促进了民族资本主义的发展。但1879年迪亚斯上台后,在近四十年的时间里又源源不断地将国家的资源主权交给了美欧等其他国家控制,墨西哥广大农民和工人阶级仍处于水深火热的境地。

土地所有权方面,封建大庄园制不仅没有被消除,反而继续扩张。1810年,墨西哥大地产数目约为4944个,到1930年已经增至15500个。到20世纪30年代初期,土地私有制尤其是大庄园制仍在墨西哥占据主导地位。1935年约350万人从事农业劳动,但约有250万人没有土地。据统计,1930年农业人口占墨西哥总人口的66.5%,其生存状况将对国家发展和稳定起到至关重要的作用。

工业领域,外国资本对墨西哥石油、铁路、电力、矿业等部门控制程度极高。统计显示,在卡德纳斯推行国有化之前,外国资本已经控制了墨西哥99%的石油部门活动、79%的铁路和有轨电车系统、100%的电力生产和98%的矿业生产活动。

而1929年开始的美国经济萧条席卷全球,带来了全球经济危机。当时美墨经贸关系紧密,在迪亚斯加大吸引美国投资的政策主导下,墨西哥诸多经济命脉被美国资本所掌控,因此这一危机也严重冲击了墨西哥经济。当时,墨西哥矿业对美出口占其总出口的60%。美国对原材料和制成品的需求量减少极大打击了墨西哥的矿业部门。1932年,墨西哥对美国石油和金属出口量仅为1929年出口量的三分之二。1929年至1933年,墨西哥国民生产总值年均下降了2.7%。大萧条期间商品货物贸易减少对铁路部门产生直接影响。墨西哥铁路公司陷入金融危机,不得不大规模裁员和减薪,据统计约裁减了30%的职员。工人生存状况恶化导致工人组织兴起和大规模的罢工事件不断发生。据统计,1934年12月至1935年5月期间,墨西哥国内发生了500多起罢工活动。同时,美国国内严重经济危机导致失业率大幅上升,墨西哥裔和其他少数族裔被大量辞退,据统计,大萧条期间美国境内多达30万墨西哥移民被遣返回国。突如其来的大量人口流入给墨西哥社会稳定带来了一定挑战。经济大萧条开始后,墨西哥政府通过提高税收等方式努力增加政府财政,但其收入流量仍然呈缓慢下降趋势。墨西哥逾期债务不断增加,政府财政赤字问题突出。

当时,墨西哥的外部环境出现了一些新变化。美国在1929年经济大萧条冲击下,对外部事务的掌控能力减弱。由于之前美国对拉美采取赤裸裸的"大棒政策",导致美拉关系紧张,拉美民众反美情绪异常激烈,美国不得不调整政策,对拉美国家的政策逐渐从直接干涉转向对话合作。1933年美国总统富兰克林·罗斯福提出睦邻政策,表示不干涉拉美国家内政,想要以此拉拢拉美国家与美国合作。美国对外政策的调整为墨西哥推进相关领域的改革提供了有利的外部环境。

在上述内外形势下,墨西哥政府和执政党内部出现了一些新的力量,他们成为农民和其他群体不满的代言人，包括当时的米却肯州州长拉萨罗·卡德纳斯、维拉克鲁斯州州长阿达尔维托·特赫达、塔毛利帕斯州州长埃米利奥·波塔斯·希尔等。他们试图通过动员农民和分配土地以建立自己的权力基础。其中，维拉克鲁斯州州长特赫达在执政期间（1920年至1924年和1928年至1932年）大力支持土地改革，采用行政措施来促进土地分配，并鼓励地方成立更多的农业委员会，以加快地方分配土地的速度。其首次担任州长期间，一共将12.3万公顷土地分配给近2万名农民。在第二任期内，其推行土地改革的力度更大，共计将3.3万公顷土地较给4.6万名农民。卡德纳斯在担任米却肯州州长期间也推行类似的土地改革，并获得当地农民的大力支持。这些地方州的改革试点获得成功，均为卡德纳斯的上台和改革提供了前提条件和民众基础。

二、卡德纳斯的上台

1934年墨西哥举行大选。在1933年，墨西哥国民革命党便在卡列斯的指示下，推出其党主席拉萨罗·卡德纳斯（Lázaro Cárdenas del Río，1895年至1970年）作为总统选举的正式候选人。随后，卡德纳斯提出"六年计划"，逐渐在竞选中脱颖而出，并成功当选总统。

卡德纳斯总统

拉萨罗·卡德纳斯，1895年5月21日出生于米却肯州一个中下层阶级家庭，在家中八个孩子里排名第三。其父亲在当地开设了一个台球厅，收入勉强能够维持家庭。其父亲去世后，卡德纳斯从16岁开始挣钱养家糊口。卡德纳斯18岁时，已经做过许多工作，包括收银员、印刷工人、监狱看守等。尽管其11岁就辍学，但他一直没有放弃学习，利用业余时间阅读了很多书籍，包括大量历史著作。

卡德纳斯从小的理想是成为一名教师，但墨西哥国内混乱的政局改变了他的人生轨迹。1913年2月，维多利亚诺·韦尔塔推翻总统弗朗西斯科·马德罗之后，卡德纳斯加入了萨帕塔的队伍，共同反对韦尔塔。在起义队伍中，卡德纳斯曾担任队长和出纳员。后来，卡德纳斯所在的队伍被韦尔塔打败，他又加入阿尔瓦罗·奥布雷贡的队伍，之后又跟随潘乔·比利亚一起参与斗争。1915年，卡德纳斯转入普鲁塔科·埃利亚斯·卡列斯将军旗下，两人随后建立了深厚的情谊，并开始了长达二十多年的政治合作。1920年，卡德纳斯跟随奥布雷贡将军推翻了卡兰萨政府。奥布雷贡当选总统后，卡德纳斯也晋升为准将，在家乡米却肯州担任驻军司令。在战争中，卡德纳斯总是能够趋利避害，设法站在更有优势的一方，为自己生存和晋升赢得机会。

卡德纳斯是卡列斯的政治门徒。同时，他另一位思想导师是强烈反对教权的革命派将军兼社会主义者弗朗西斯科·J.穆吉卡（Francisco J. Múgica）。卡列斯上台后，任命卡德纳斯为墨西哥湾沿岸产油区华斯特卡的军事负责人，当时穆吉卡也被派往该地任职。卡德纳斯地区的美国石油公司开采大量石油，但想方设法偷税漏税，将该地区视为"自己征服的领土"。穆吉卡告诉卡德纳斯，"社会主义是解决墨西哥问题的有效学说"。

1928年，卡德纳斯被任命为米却肯州州长。当时，教会与革命派因政府的反教权法案而频频发生冲突。卡德纳斯的导师穆吉卡此前也曾担任该州州长，并试图通过法律对抗当地的天主教会。卡德纳斯积极动员当地团体支持自己的反教权立场，创建了由公立学校教师和农民组成的米却肯劳工革命联盟。该联盟成为代表当地工人和农民的最大组织。同时，卡德纳斯还积极进行土地分配，颁布了"空闲土地分配法"，创建了国家控制、集体所有的土地所有权，将大庄园闲置的土地分配给无地农民。尽管这一举措遭到了当地庄园主、神职人员甚至部分佃农的反对，卡德纳斯依然推进土地改革。同时，卡德纳斯对州政府和工人规定了最低工资。1932年，卡德纳斯颁布法令，规定工厂主如果破坏劳动法，其工厂和企业将被没收，转归工人集体所有。

卡德纳斯还积极改善教育状况，推行"合作社制教育"，在米却肯州首府莫雷利亚建立了男女同校的"国立学校"。他亲自视察当地学校，确保教师能够按时获得薪酬，并且在农村地区开设了一百所新学校。

在担任米却肯州州长期间，卡德纳斯严厉打击腐败，实行廉政建设。卡德纳斯还积极促进州内民众团结，弥合因克里斯特罗战争而造成的分裂。他积极将米却肯州的帕茨夸罗镇打造为文化旅游胜地，并且在自己的庄园里邀请画家创作了很多土著题材的壁画，用以宣传墨西哥的历史和民族文化。他频繁考察基层，经常从视察当中获取信息来做出政策决定。通过一系列的举措，卡德纳斯赢得了当地民众的拥护，也逐步得到全国范围内的认可。其担任州长期间采取的系列政策也被视为日后其治国政策的雏形。

1930年，卡德纳斯成为墨西哥国民革命党执行委员会主席。1930—1932年，他担任奥尔蒂斯·卢比奥政府的内政部部长。罗德里格斯上台后，他又成为其内阁的国防部长。随着在政坛经营多年，卡德纳斯树立起自身忠诚能干和反对教权的形象。1933年12月，墨西哥国民革命党在克雷塔罗举行大会，讨论即将于次年举行的总统选举。尽管当时的卡德纳斯还很年轻，只有38岁，但已经展现出非凡的政治和军事履历，在国民革命党和护宪派中享有较高的威望，因此被提名为本党的总统候选人。

卡德纳斯被提名为本党总统候选人之后积极备选。他认为当时全球经济大萧条对墨西哥造成严重影响，国家经济形势严峻，必须继续实施1917年宪法，建立独立自主的民族经济，减少对外国的依赖。对这些措施，农民和工人阶级都给予高度支持。1933 年,卡德纳斯与墨西哥一个自治农民组织"全国农民联盟"进行接触,承诺将其纳入自己的阵营。1934 年,卡德纳斯到访了墨西哥全国 28 个州,在 7 个月内行程达到 2.76 万公里,足迹遍布大中小城市、印第安村庄和小镇。其间,卡德纳斯只安排了一名司机兼副官陪同自己,亲自倾听民众的心声,接受工人和农民要求土地改革和资源国有化的委托书。根据这些意见,卡德纳斯起草了竞选纲领"1934—1940 年六年计划",承诺上台后将积极做出改变,宣称"无产阶级有权推翻不能满足人民需要的政府""总统府的大门将永远对工人和农民开着"。

在农业方面,"六年计划"提出农业部门的预算提到至每年 400 万比索,比 1933 年的金额增加了 81%;将卫生预算占政府总支出的比重从 1934 年的 3.4% 提高至 1939 年的 5.5%;教育领域,6 年内在农村地区新建 12000 所学校等。这些主张契合了当时普通民众的诉求,为其胜选发挥了重要作用。同时,卡德纳斯与卡列斯有着二十多年的深厚关系。在卡列斯的支持下,1934 年卡德纳斯顺利赢得大选,得票率高达 98%。

三、卡德纳斯改革

1934 年年底,卡德纳斯正式就职总统。为了回馈卡列斯对他的支持,卡德纳斯任命了卡列斯的多位家族成员和亲信为其内阁成员,包括卡列斯长子鲁道夫·卡列斯担任通信和公共工程部部长,卡列斯次子的姐夫阿隆·加尔萨担任墨西哥城行政长官,此外,农业与发展部部长托马斯·嘉里多·卡纳巴尔也是卡列斯的亲信。此外,卡德纳斯还任命自己的思想导师弗朗西斯科·穆吉卡为国民经济部部长。

上台后,卡德纳斯迅速开启改革进程,其任内推进的改革被视为 1910—1917 年护宪运动的继续。卡德纳斯大力推行民族主义,包括保护墨西哥国家主权、加强国家对自然资源的控制、保护墨西哥文化和价值观等,同时十分重视维护农民、工人、印第安人等底层群体的利益。

在政治领域，卡德纳斯加大巩固自身地位，实行多项改革措施。他加强政府廉政建设，率先垂范，将自己的总统薪水减半，将历届总统居住的查普尔特佩克城堡变为国家历史博物馆，自己则在墨西哥城北部的洛斯皮诺斯居住。平时出行时，卡德纳斯也没有安排装甲车或保镖来保护自己的人身安全。

同时，卡德纳斯不断巩固自身权力，试图减少卡列斯对自己的政策控制。上台不久后，卡德纳斯与卡列斯之间发生意见冲突，卡列斯反对卡德纳斯的改革思想，尤其是反对其对工会的支持。卡列斯的这一举措遭到了墨西哥工人组织的强烈抨击。工人活动分子隆巴尔多公开批评卡列斯，并组成全国无产阶级保卫委员会来支持卡德纳斯。

同时，为扩大自身权力，卡德纳斯开始在政治上孤立卡列斯。1935年6月18日，卡列斯乘坐飞机前往墨西哥锡那罗亚，并随后前往美国。卡德纳斯趁机进行本党和政府重组，用自己的手下取代了内阁中卡列斯的家属和亲信。同年9月，卡列斯从美国返回墨西哥，但此时卡德纳斯已经完全掌控政权。1936年4月，卡列斯在没有得到事先通知的情况下，被从其庄园中转移至机场，并被驱逐至美国，其儿子阿尔弗雷多也被流放。

1938年4月，卡德纳斯解散了卡列斯创建的墨西哥国民革命党（PNR），并组建墨西哥革命党（PRM）。墨西哥革命党内部成立了工业劳工、农民、中产阶级和军队四个部门。劳工部门由墨西哥工人联合会组成，农民部门由全国农民联合会组成，中产阶级部门由1938年成立的服务国家工人工会联合会组成。卡德纳斯通过使军队成为官方政党的一个部门来遏制军队干政的风险，同时动员工人和农民来抗衡军队的权力。1946年，墨西哥革命党改组为墨西哥革命制度党之际，上述架构仍然得到了保留。卡德纳斯还实施了历时六年的"军队道德与职业进步"教育，规定军队不得介入政治活动。通过将军队置于总统和执政党的控制之下，卡德纳斯保证了墨西哥的和平稳定。[1]同时，卡德纳斯还恢复了墨西哥共产党的合法地位。

---

[1] 谭融、田小红. 论墨西哥的两次政治转型[J], 行政论坛，2016（6）：108.

在农业领域，卡德纳斯总统大力推行土地改革，按照墨西哥宪法第27条规定，将部分外国公司占有的土地没收，继续推行集体村社制，为数百万户印第安人和混血种人农民分配用于耕种的土地。1936年，卡德纳斯亲自在拉古纳地区领导农民建立合作农场，实行集体生产和按劳分配制度。据统计，卡德纳斯在六年任期内（1934—1940年）共计将2000万公顷的土地分配给了100多万名农民，组建了11000个新的集体村社。其中，墨西哥北部的下加利福尼亚州和索诺拉州、中部的米却肯州以及南部的恰帕斯州是当时土地改革规模最大的地区。在美墨边境地区，卡德纳斯政府将40万公顷土地分配给亚基人。尤卡坦州地区的大庄园数量从1930年的750个减少至1949年的550个，而集体村社则从1935年的210多个增加至1940年的276个。

除了分配土地之外，卡德纳斯还采取了为农民提供信贷等多项农业政策，以促进墨西哥小农户和村社的发展。据统计，卡德纳斯执政期间，一度将政府财政开支的40%用于发展农业灌溉、信贷等业务。卡德纳斯政府扩大对农户的技术援助和培训，创建了一些为青少年儿童传授农业和畜牧业知识的学校。通过系列举措，卡德纳斯积极改善农村人口就业和收入水平，同时促进国内农产品供给和扩大出口。对于农民群体，卡德纳斯坚持建立独立的农民组织，将之与工人组织分开。1935年7月，卡德纳斯签署法令，允许各州建立农民联盟，作为全国性农民组织的基础。随后，墨西哥成立了全国农民联盟，作为唯一代表农民的全国性组织。1938年，卡德纳斯将全国农民联盟扩大为全国农民联合会，执政党墨西哥革命党对该组织拥有控制权，并承认农民的权利。通过上述措施，卡德纳斯进一步掌握了对农民阶层的控制力，尤其得到尤卡坦和米却肯地区农民的极大支持。墨西哥以大庄园为中心的旧农村格局被瓦解，地主的政治和经济权力被极大削弱。同时，农民对土地的需求得以满足，社会矛盾和农村暴力得以减少。

在工业领域，卡德纳斯政府支持民族工业发展，优先捍卫国家资源和资产主权，决定剥夺外国公司对墨西哥矿产和铁路的控制权，将其收归国有。经过前期社会动员，工业国有化的决定得到了多数墨西哥公民的支持。1937年，卡德纳斯将铁路系统国有化，成立了墨西哥国家铁路公司。1938年3月18日，卡德纳斯公开宣布将墨西哥石油工业国有化，随后将17家属于外国资本的石油公司收归国有，并成立了墨西哥国家石油公司。卡德纳斯规定国家应根据1917年宪法第123条的规定保证工人权利，包括每天工作8小时和罢工的权利。同时，政府支持成立了墨西哥劳工联合会，修订了全国劳工法，同意工人享有参与企业管理的权利。1936年，墨西哥成立了石油工人工会。卡德纳斯上述决定得到了国内广大工人、农民和学生的大力支持。

在社会领域，卡德纳斯政府除了加大对工人和农民权益的保护之外，还推动性别平等、赋予妇女选举权等权利。当时，拉美国家的妇女运动不断推进。1932年巴西、乌拉圭和厄瓜多尔都已经赋予妇女选举权。1934年卡德纳斯竞选期间，国内成立了"墨西哥妇女阵线"，得到了卡德纳斯所在的墨西哥国民革命党的支持。其上台后，任命帕尔玛·纪廉为墨西哥驻哥伦比亚大使，被认为是对墨西哥妇女公民权的承认。1937年，卡德纳斯向国会提议推进对宪法第34条进行改革，赋予妇女充分的公民权利和政治权利。尽管这一提案未能在国会通过，但得到了工人组织、教育组织和左翼政党的支持。社会各界继续积极维护妇女权益。同时，卡德纳斯受到土著主义倡导者莫伊塞斯·萨恩斯（Moisés Sáenz）的影响，十分重视原住民问题。1936年卡德纳斯在内阁中成立了土著事务部，最初由农业领袖格拉西亚诺·桑切斯（Graciano Sánchez）领导，后来改由学者路易斯·查维斯·奥罗斯科（Luis Chávez Orozco）担任负责人。该部门主要任务是保护土著村庄和社区以及集体村社土地的持有者免受任何迫害，并且为土著居民提供更多的经济、教育和文化服务。1936年，墨西哥举行了第一届全国土著代表大会，将不同的土著群体聚集在一起讨论问题。1940年4月，卡德纳斯出席在米却肯州召开的第一届泛美印第安人大会并发表讲话，称真正追求民主的政权都应该考虑印第安人的利益。通过上述举措，卡德纳斯缓和了阶级矛盾，使阶级矛盾降到次要地位来服从国家改革，减少了改革阻力。

在文化教育领域，卡德纳斯积极普及教育，在全国范围内开展扫盲和教育行动。卡德纳斯政府规定国家为15岁以下的青少年儿童提供免费义务教育，同时支持农村师范教育和职业技术教育，并且为工人开设夜校。其执政期间，墨西哥先后建立了国家理工学院（IPN）、墨西哥学院（COLMEX）、国家人类学和历史研究所（INAH），旨在培养更多科学家、工程师和人文学者。卡德纳斯支持在教育中引入左翼意识形态来削弱天主教的影响，以创造一种国家公民文化。通过系列措施，卡德纳斯使得墨西哥文盲率大大降低。但卡德纳斯在推行教育改革时也遇到一些阻力，例如在推行男女同校和性教育等创新的尝试时遭遇了相当大的争议。

卡德纳斯执政时期，墨西哥文化艺术得以继续发展。20世纪初兴起的墨西哥壁画主义在此时期得到继续发展。何塞·克莱蒙特·奥罗斯科（José Clemente Orozco）、迭戈·里维拉、大卫·阿尔法罗·西克罗（David Alfaro Siqueiro）等壁画家创作了一批展现革命元素的作品。卡德纳斯还直接委托何塞·克莱蒙特·奥罗斯科创作最高法院的壁画。此外，迭戈·里维拉的妻子弗里达·卡罗（Frida Kalho）也是该时期有名的画家，她的画作往往带有强烈的自传色彩和超现实主义元素。

墨西哥女画家弗里达·卡罗

该时期，墨西哥电影也进入了黄金世代，如佩德罗·因凡特（Pedro Infante）、玛丽亚·菲利克斯（María Felix）、马里奥·莫雷诺（Mario Moreno）、萨拉·加西亚（Sara García）等一批艺术家横空出世。其中，玛丽亚·菲利克斯是墨西哥电影黄金时代最美丽的女演员之一，出演了《堂娜芭芭拉》《女人的母亲》《晚安之夜》等四十多部电影，被认为是20世纪四五十年代拉美电影中最成功的演员。

在宗教问题上，卡德纳斯部分延续前政府的政策，反对宗教狂热，取消宗教学校。但同时，卡德纳斯调整了卡列斯对待宗教的激进政策，不仅废除了《卡列斯法》，赢得了天主教皇的尊重，还与墨西哥大主教路易斯·玛利亚·马丁内斯建立了深厚的友谊。后者成功地说服了一些民众遵守政府关于宗教方面的新法律。通过上述措施，卡德纳斯弥合了教会和政府之间的分歧，并平息了自墨西哥革命以来天主教徒与革命派之间长期存在的仇恨。

在外交上，卡德纳斯坚持国家独立和主权完整的对外政策。1938年墨西哥政府推行的石油国有化政策一定程度上影响了墨西哥与美欧国家的关系。当时，英国政府致函墨西哥，表示这种没收行为不符合宪法，遭到墨西哥当局的拒绝。随后，英国宣布与墨西哥断交。不久后，英国和美国政府对墨西哥发出国际谴责，并呼吁国际社会抵制购买墨西哥产品。同时，卡德纳斯执政正值第二次世界大战爆发前夕，世界局势正走向动荡和冲突，卡德纳斯政府为一些群体提供了政治庇护。1929年，无产阶级革命家、第四国际的主要缔造者列夫·托洛茨基因政治分歧被斯大林从苏联驱逐出境，在土耳其和法国逗留数年后抵达挪威，但挪威当局拒绝接纳其庇护请求。1936年，托洛茨基及其妻子乘坐货船前往墨西哥，因为只有卡德纳斯政府愿意接纳托洛茨基作为政治难民。1936年，西班牙第二共和国爆发内战，左右翼分子互相攻击，西班牙右翼集团在德国和意大利支持下击败了左翼联盟。在此背景下，卡德纳斯接纳了西班牙内战中逃离弗朗哥政权的西班牙共和派难民。此外，卡德纳斯还强烈谴责意大利法西斯分子对埃塞俄比亚的侵略、德国纳粹对犹太人的驱逐和屠杀等行为。

1940年卡德纳斯卸任总统职位，之后罹患癌症，于1970年10月19日在墨西哥城去世。可以说，卡德纳斯的改革政策为墨西哥现代化建设发挥了不可磨灭的作用。总体看，其并没有模仿苏联的社会主义模式，而是选择了民族主义和改革主义相结合的第三条道路。[①] 在卡德纳斯的改革推动下，该时期的墨西哥实现了经济复苏和社会稳定。据统计，墨西哥公共财政收入从1934年的2.95亿比索增长至1940年的5.77亿比索，1932—1940年年均经济增速达到5.6%。在卡德纳斯执政第一年，墨西哥外汇便得到极大恢复，出口额高达2亿多美元。同时，农业、工业、通信业等经济部门减少对美国资本的依赖，在本国扶持下得到相当程度的发展。农民、工人、妇女儿童、印第安人等群体的利益得到维护和保障，社会呈现总体稳定态势，为墨西哥之后的经济腾飞奠定了重要基础。

然而，卡德纳斯改革也遭遇了国内外重重阻力。对内，卡德纳斯除了在就任初期受到来自卡列斯集团的压力之外，也遭到了地主阶级及其他有产阶级的强烈反对。保守派先后组建了辛纳基主义者全国联盟（1937年）和国家行动党（1939年），以反对卡德纳斯的改革。其中，辛纳基主义者全国联盟是墨西哥的极右翼政治组织，其成立初衷是为了反对卡德纳斯的宗教改革议程、反对墨西哥政府引入的世俗政策。对外，卡德纳斯政府遭遇了来自美国和英国等国对其石油工业国有化的阻力。同时，由于全国各地差异性较大、改革缺乏精密的规划和设计等原因，卡德纳斯的改革未能完全实现其初衷，尤其土地改革只在拉古纳地区和亚基河谷等地区取得了明显成效，未能完全改变墨西哥广大农村的落后状况。在其执政最后两年，卡德纳斯政府的土地改革速度放缓。而在卡德纳斯卸任后，其土地改革政

---

① Aránzazu Tirado Sánchez: La Política Exterior del México Cardenista hacia la Segunda República Española. El Caso del Exilio Republicano en México: ¿Cooperación Ideología o Interés Pragmático?, Programa de Doctorado en Relaciones Internacionales e Integración Europea, Universidad Autónoma de Barcelona, Septiembre 2007, P51.

策被继任者叫停，部分集体村社土地甚至被还给大庄园主。

　　但总体看，卡德纳斯依然是墨西哥历史上一位功勋卓越的领导人。1955年，卡德纳斯还被授予列宁和平奖。为了纪念他，墨西哥许多城镇都以他的名字命名，例如米却肯州的拉萨罗·卡德纳斯、墨西哥城的拉萨罗·卡德纳斯中心大道等。在西班牙，马德里、巴萨罗那、科尔多瓦等城市都有街道和纪念碑来纪念他，以表彰他在西班牙内战期间接纳该国共和派难民的仗义举措。

| 第七章 |

革命制度党长期执政

第一节　墨西哥奇迹

1940—1970年墨西哥处于稳定发展时期。尽管1940—1945年墨西哥曾加入第二次世界大战,但本国经济反而因外资进入而迎来发展机遇。此后,墨西哥进入工业化快速发展阶段,该时期的经济繁荣现象被外界称为"墨西哥奇迹"。

一、经济发展时代的开启

拉萨罗·卡德纳斯卸任后,1940年墨西哥举行大选,政治家兼军事领袖曼努埃尔·阿维拉·卡马乔（Manuel Ávila Camacho）当选新一任总统。阿维拉·卡马乔上台后,墨西哥结束了"革命时代",正式迈入"经济发展时代",并逐步开启了进口替代工业化进程。

曼努埃尔·阿维拉·卡马乔,1897年4月24日出生于墨西哥普埃布拉一个名为特休特兰的小镇。其家庭属于当地的中产阶级。其曾在家乡的学校完成了小学学业,之后在国立预备学校学习,但没有获得大学学位。1914年,阿维拉·卡马乔以少尉身份加入革命军,1915年在攻占普埃布拉和墨西哥城的战役中表现突出,被提升为中尉。1918年,阿维拉·卡马乔被调至贝尼托·华雷斯旅,在那里被提升为中校。在维拉克鲁斯的帕潘特拉地区,他作为索诺拉第一旅的参谋长参加了反对曼努埃尔·佩拉埃斯叛军的行动,并于1920年晋升上校军衔。同年,他被拉萨罗·卡德纳斯任命为米却肯州参谋长,成为卡德纳斯的亲密战友。他坚决反对韦尔塔的叛乱。1924年1月,他率领部队成功保卫了莫雷利亚市。1929年,阿维拉在卡德纳斯带领下对抗埃斯科瓦尔的叛乱。同年,他因表现出色而获得准将军衔。

1933年，阿维拉被任命为战争和海军部（国防部前身）秘书处执行长官。1937年，阿维拉成为该部部长。在担任战争和海军部部长期间，阿维拉·卡马乔平息了塔瓦斯科州的暴力问题以及圣路易斯波托西的武装叛乱。随后，战争和海军部更名为"国防部"，阿维拉也被提升为师级上将。

在卡德纳斯即将卸任前夕，执政党墨西哥革命党开始推选其总统候选人，当时党内呼声最高的是曼努埃尔·阿维拉·卡马乔和弗朗西斯科·何塞·穆吉卡将军。而反对派民族统一革命党则推出了胡安·安德鲁·阿尔马赞为其总统候选人。卡德纳斯曾表示，穆吉卡是一位广为人知的激进分子，墨西哥正因为石油国有化而承受着国际压力，同时天主教会对国家和平和社会稳定的威胁正日益上升，不能再选择激进分子上台。在深思熟虑之后，卡德纳斯决定推选政治观点更为温和的阿维拉·卡马乔作为本党的总统候选人。1939年11月2日，墨西哥革命党全国代表大会批准了《1941—1946年计划》，次日阿维拉·卡马乔被宣布为总统候选人。竞选期间，阿维拉和阿尔马赞彼此的支持者在多个城市举行了大规模集会，造成了暴力骚乱。阿维拉克服自身健康状况不佳的问题，在竞选期间以和解的语气呼吁民族团结和合作。

1940年7月7日，墨西哥举行大选，阿维拉·卡马乔获胜。但选举结果引发了反对派抗议，冲突在墨西哥城造成了30人死亡和158人受伤。9月12日，众议院选举团宣布选举有效，并在两天后于联邦官方公报上公布了这一结果。阿尔马赞拒绝承认选举结果，表示选举存在欺诈行为。不久后，其在墨西哥城发动叛乱，称自己赢得选举并将于12月1日就职。墨西哥当局逮捕了阿尔马赞的一些追随者。10月，领导叛乱队伍的安德烈斯·扎佐萨将军在蒙特雷被杀。11月26日，阿尔马赞被迫宣布彻底离开政坛。

1940年12月1日，阿维拉·卡马乔正式就职墨西哥总统。政治上，阿维拉注重弥合政治分歧促成民族团结。1941年，保守派的辛纳基主义者频繁举行游行和集会，与墨西哥革命党的支持者之间发生流血冲突。阿维拉命令墨西哥革命党的支持者停止攻击辛纳基主义者,并表示辛纳基主义者也是墨西哥人、享受政府保护。1942年9月,阿维拉召开了全国大会,邀请了所有仍在世的墨西哥前总统参加,包括阿道夫·德拉·韦尔塔、普鲁塔科·埃利亚斯·卡列斯、波特斯·希尔、帕斯夸尔·奥尔蒂斯·卢比奥、阿贝拉尔多·罗德里格斯以及拉萨罗·卡德纳斯等人。这些人均是革命党成员,但彼此间有着深刻的意识形态差异。阿维拉将他们聚集到一起,以弥合政治分歧、彰显民族团结的成就。

经济上,阿维拉执政期间正值第二次世界大战。其与再次担任财政部长的爱德华多·苏亚雷斯一起推动了"发展主义"战略,开启了墨西哥历史上经济最成功的时期。阿维拉政府实施了以进口替代为基础的产业政策,重视在农业和矿业领域加强生产战争所需的物资,通过出口这些产品获得了生产所需的机器设备和资金,一定程度上刺激了工业、农业和采矿业的发展。其在土地改革方面明显出现倒退,集体村社制不再是其政府的优先议题。阿维拉·卡马乔暂停了土地分配,而是重视发展灌溉系统、运河和水坝等工程,以提高农业生产效率。阿维拉政府还采取政策吸引外国资本,以增强私营企业家的实力,并且通过国家金融机构创建了钢铁、电气产品和化肥等基础工业。此外,阿维拉政府还扩大主要城市之间的公路网建设并在全国各地修建铁路。该时期,墨西哥邮政和电报网络也得到了迅速发展。据统计,阿维拉执政期间墨西哥国际储备有所增加,年均经济增长率达到6%,其中1941年增长速度达到9.7%,1944年经济增速达到7.4%。

在文化教育领域,阿维拉取消了卡德纳斯的教育改革,于1945年12月将"社会主义教育"从宪法第三条中删除。其执政期间,允许私立学校和宗教教育机构的成立,墨西哥成立了蒙特雷科技大学和伊比利亚美洲大学。1943年,阿维拉颁布了《全国扫盲运动法》,规定墨西哥所有会读写的人都要教会那些不识字的人。为此,国家出版了1000万本入门书籍和1000万本写作本。阿维拉政府还倡导成立了全国教育工作者工会,将全国教育系统内的所有工作人员都汇集在一起。阿维拉对宗教较为宽容,表示其也是天主教出身。从此，宗教游行再次出现在墨西哥街头。墨西哥当时的大主教路易斯·玛利亚·马丁内斯表示，天主教徒有责任和政府真诚有效地合作。

社会领域，他创建了社会保障体系，将劳工部变为劳工和社会福利部，负责执行墨西哥宪法中涉及劳动法的条款，并促进民众提高工作效率、提供职业培训等。为了缓解工人的困难处境，阿维拉政府成立了墨西哥社会保障研究所（IMSS）。该时期，政府还创建了墨西哥儿童医院，致力于对儿童的医学和社会问题进行科学研究，并为该国的儿童群体提供必要的医疗服务。

在外交上，墨西哥与美国的关系有所缓和。阿维拉政府对1938年国有化过程中被征收的外国石油公司进行补偿，并且偿还外国债务，墨西哥对美国外债减少了20%左右。1939年第二次世界大战爆发，1941年12月日军偷袭珍珠港，美国参加二战。1942年12月，美墨签署商业协议。根据协议，美国将拥有墨西哥独家销售的所有出口战略物资，美国则承诺向墨西哥出售其工业发展所需的产品。

第二次世界大战爆发后不久，墨西哥也卷入其中。1942年5月13日，一艘墨西哥油轮在墨西哥湾佛罗里达海岸附近被德国潜艇击沉，造成6000吨石油泄漏、至少13名船员死亡。墨西哥向德国外交部表示，如果德国不在事故发生七天内支付墨西哥的损失，墨西哥政府将采取相关行动。事故当晚，总统阿维拉向全国发布公告，表示如果德国不能满足墨西哥的索赔要求，墨西哥和轴心国将进入战争状态。当月20日，墨西哥又一艘油轮被德国的鱼雷击沉，造成至少七名墨西哥水手死亡。同时，墨西哥军队截获了日本的电报，得知后者企图通过太平洋沿岸的加利福尼亚湾入侵美国，之后登陆墨西哥西北部的索诺拉州并向北推进到美国的西南部。一系列事件促使墨西哥拿起武器反抗。5月28日，墨西哥总统阿维拉·卡马乔宣布正式加入第二次世界大战，成为唯一积极对抗轴心国日本的拉美国家。

战争期间，墨西哥与美国建立了军事联盟，包括成立联合防务委员会、运送军事物资、建设空军基地、安装电话线和气象站以及交换军事情报等。墨西哥政府派遣由 300 人组成的空军第 201 战斗机中队（绰号阿兹特克鹰）加入盟国作战。1945 年 4 月，第 201 中队加入美国第五航空军，炸毁日本在菲律宾等地的工事和弹药库，并通过投放 1000 多枚炸弹消灭了 3 万名日军。另一方面，在战争背景下，墨西哥与美国、英国和苏联的关系得以恢复。美国向墨西哥军队提供了财政援助。国际银行家委员会以优惠条件为墨西哥提供贷款，以便墨西哥修复国内铁路、更有效地加入战争。墨西哥还因为对二战做出贡献而获得了联合国安理会首批非常任理事国席位。

阿维拉·卡马乔在任期间曾遭遇刺杀。1944 年 4 月 10 日，上午九点半，阿维拉在前往办公室的路上遭遇袭击。一个名为安东尼奥·德拉拉马的极端分子试图枪杀他，但阿维拉西装下穿了防弹背心，因此躲过一劫。六年任期结束后，阿维拉正式卸任并和妻子索莱达·奥罗斯科一起回到牧场度过余生。1955 年 10 月 13 日，阿维拉逝世，被安葬在墨西哥州一个牧场，之后其和妻子的遗体一同被送往墨西哥城的法国万神殿安葬。

二、阿莱曼的工业化改革

阿维拉·卡马乔卸任后，米格尔·阿莱曼·瓦尔德斯（Miguel Alemán Valdés）接替其担任墨西哥总统。米格尔·阿莱曼出生于维拉克鲁斯州，是革命将军米格尔·阿莱曼·冈萨雷斯的儿子，家中还有一个亲兄弟和一个同父异母的兄弟。米格尔·阿莱曼·冈萨雷斯是墨西哥自由党成员，反对波菲里奥·迪亚兹的独裁统治，在 1910 年墨西哥革命爆发之前就参加战斗，是维拉克鲁斯地区的革命先驱。

米格尔·阿莱曼自幼与当地的土著居民波波卢卡人一起生活，学会了当地的土著语言以及骑马运送货物，之后在墨西哥的动荡时局下经常需要搬家。1910 年反对迪亚斯独裁统治的革命运动爆发后，米格尔·阿莱曼和母亲及兄弟搬到了奥卢塔。1915 年，其全家又赴奥利萨巴避难。1920 年，为了让阿莱曼接受更好的高中教育，全家搬到了墨西哥城。父亲曾建议他"重返学业并选择比军队更稳定的职业"。1920年至1925年米格尔·阿莱曼就读于墨西哥城的国家预科学校。其间，他曾两次辍学：一次是为了帮助他父亲的革命工作；第二次是因为家里缺钱而不得不到墨西哥鹰石油公司担任职员，在那里其英语水平得到极大提高。尽管生活坎坷，他还是想尽办法继续学业。之后又进入墨西哥国立自治大学法学院学习。

迪亚斯倒台后，在韦尔塔、奥布雷贡、卡列斯等人掌权后，米格尔·阿莱曼的父亲阿莱曼·冈萨雷斯持续反对这些人的统治。由于他涉嫌谋杀奥布雷贡手下的一名指挥官而不得不逃亡，并且在1929年3月躲避枪林弹雨时身亡，也有人说其是自杀。大学期间，米格尔·阿莱曼是一位优秀的学生领袖，并曾在墨西哥帕丘卡地区的矿区进行考察，了解到当地工人维权时遇到的种种困难。1928年，阿莱曼以《疾病和职业风险》为题的论文毕业并获得法学学位。

米格尔·阿莱曼毕业后成为一名律师，首次执业便是全身心投入保护帕丘卡地区矿工权益的工作中。其代表部分矿工控告矿业公司，并成功打赢官司，为革命战争中丧生的铁路工人的家属获得赔偿，还为工伤矿工获得赔偿。通过这些经历，米格尔·阿莱曼获得了墨西哥工会组织的青睐。1929年，米格尔·阿莱曼的父亲去世后，其回到墨西哥城，在自己的叔叔欧金尼奥·门德斯的办公室里工作。同年，他加入了墨西哥革命党。据称，1930年阿莱曼还加入了共济会。

1931年，阿莱曼担任墨西哥农业和畜牧业部的法律顾问。之后，他和加布列尔·拉莫斯·米兰（Gabriel Ramos Millán）、曼努埃尔·拉米雷斯·瓦斯克斯等几位朋友合作开办了一家律师事务所，为帕丘卡地区的矿工和鹰石油公司的工人维护权益。1933年，阿莱曼为拉萨罗·卡德纳斯在维拉克鲁斯州的总统竞选活动提供了帮助。一年后，卡德纳斯为回报阿莱曼，将其任命为联邦区和直辖区高等法院治安官。1935年，阿莱曼在家乡维拉克鲁斯州州长代表墨西哥革命党担任参议员。1936，维拉克鲁斯州州长候选人曼利奥·法比奥被暗杀,阿莱曼从而接替其成为州长候选人。1936年12月,其正式上任,并担任该职务直到1939年。担任州长期间,阿莱曼结束了维拉克鲁斯州长达二十年的宗教冲突,并允许重新开放教堂。同时,他还加强农民之间的团结,并带领部分群众前往墨西哥城支持卡德纳斯总统关于征收石油公司的决定。

1940年,阿莱曼帮助阿维拉·卡马乔参加总统竞选。后者成功当选后,任命阿莱曼为其内阁部长。任职期间,阿莱曼促进了旅游业和电影业的发展,并在第二次世界大战期间负责处理轴心国的间谍活动和应对被部分人认为是法西斯分子的辛纳基主义者。1945年,阿维拉·卡马乔正式将阿莱曼选为本党的总统候选人。同时,他还面临另一位总统候选人——总统阿维拉的兄弟马克西米诺·阿维拉的竞争。但后者于1945年2月意外去世,于是阿莱曼当选不再存在障碍。1946年7月7日,阿莱曼在大选中脱颖而出,并于1946年12月1日正式就职。

阿莱曼从未参加过革命战争,由此成为该国第一位文职总统。其任命多位大学时期的密友进入内阁,例如能源部部长安赫尔·卡瓦哈尔、劳工和社会福利部部长安德烈斯·塞拉·罗哈斯、公共工程部部长安赫尔·卡瓦哈尔等,此外,墨西哥国立自治大学校长路易斯·嘉里多·迪亚兹也是其大学同学。这些人和阿莱曼一样,年富力强,能力突出,没有军事经验,但受过高等教育,且和阿莱曼保持着密切的私人友谊。

政治领域,阿莱曼政府加大给予议会和地方州更多的权力,以平衡各方利益。1952年,其将下加利福尼亚地区提升为州级别。在党派层面,执政党墨西哥革命党成立了全国民众组织联合会(CNOP),以加强对民众的组织协调。1946年,阿莱曼将墨西哥革命党更名为"墨西哥革命制度党"。阿莱曼摒弃了前总统卡德纳斯的左派路线,不再依靠农民和工人阶级,在竞选期间就公开表示"未经批准就罢工的日子一去不复返了",而且在石油工人罢工之际派遣军队逮捕工会领导人。阿莱曼背离了自己的初心,转向右翼路线,选择与富裕的资本家和城市中产阶级结盟。当时美苏冷战正拉开帷幕，阿莱曼政府还加入了美国的反共政策，成立了反共活动委员会。此后，阿莱曼限制新闻自由，并禁止持左翼思想的工人政治党和人民党开展活动。而且阿莱曼执政期间，尽管其打出反腐旗号，但实际上腐败问题不断加剧，其利用自身权势鲸吞了下加利福尼亚州大片农田和维拉克鲁斯州沿海农田，其亲友也效仿其做法在国有部门大笔捞钱。

在经济上，阿莱曼上任恰逢第二次世界大战结束。二战期间，大量外国资本进入墨西哥，当地制造业和商业得以发展壮大。为了进一步推动国民经济发展，阿莱曼政府在拉美经委会依附论和政策建议影响下提出了"进口替代模式"，进一步高举工业化旗帜，制定了国家经济发展计划，将国家工业化和促进经济增长作为优先事项。其政府持续推进国家工业建设，欢迎制造业和服务业部门的私人投资，通过低税率、免税、增加信贷等多重手段，扶植新生的工业企业。由此，墨西哥汽车、发动机、家电、酒店等产业进一步多元化。为了保护本国工业，阿莱曼政府加强对经济的干预，实施了严格的贸易保护主义政策，通过限制进口数量和附加关税来平衡国际收支，并为外国投资领域和金额制定规则规范。1950年，阿莱曼批准了《经济事务行政权力法》，使得国家成为本国发展和经济现代化的指导主体，虽然依旧承认个人的合法权利，但倡导通过协调和服从社会最高利益来保护国家的普遍利益。

阿莱曼政府还积极推进公路、铁路和公共工程等基础设施建设。其中最引人注目的当属连接墨西哥北部的华雷斯城到南部恰帕斯地区长达3446公里的泛美公路。通过修建交通设施和港口，加上当时欧洲地区因为二战刚刚结束而满目疮痍，墨西哥成为美国游客的旅游胜地，该国的旅游业得到极大发展，尤其是马萨特兰港、阿卡普尔科港等地的旅游业发展迅速。此外，阿莱曼政府还实施全民住房计划，并在墨西哥城附近建设卫星城。在诸多政策的刺激下，墨西哥城市化水平进一步提高，促进了经济现代化发展。

在农业领域，政府修改了墨西哥宪法第27条，允许保护面临土地被征用威胁的小业主，加上集体村社制度在发展过程中遇到众多问题，由此土地分配几乎陷入停滞。但同时，政府为提高农牧业生产效率，通过建设大坝、改造河道等工程，农业灌溉系统得到进一步改善。1947年，阿莱曼政府在南部的瓦哈卡州开启了以自己名字命名的大坝工程建设。1951年，他监督完成了莱尔马河的改造，解决了墨西哥城的供水问题。

社会领域，阿莱曼政府积极开展扫盲运动，成立了师范教育总局、国立教育学院、国立美术与文学学院、高等教育与科学研究技术学院等诸多机构，还开始将墨西哥国立自治大学建设为大学城。阿莱曼还在奇瓦瓦州政府与全国教育工作者联盟的领导人阿科斯塔·奥丘亚会面，听取了其要求地方教师与联邦教师工资平等的诉求。同时，阿莱曼政府还承认了妇女在市政选举中的选举权，并于1953年承认妇女在联邦和地方各级选举中的投票权和被选举权。医疗卫生领域，阿莱曼任内彻底消除了国内的天花传播，并开启了口疮热疫苗接种。

在外交上，阿莱曼政府对美国推行"善意政策"，美墨关系得到极大改善。1947年3月3日，美国总统杜鲁门对墨西哥进行了首次正式访问，并为墨西哥提供了1.5亿美元贷款。1947年9月2日，美国和包括墨西哥在内的18个拉美国家代表在巴西里约热内卢签订了《美洲国家间互助条约》（又称《里约热内卢条约》）。该条约主要内容包括：如果任何一个美洲国家"遭受到非武装攻击的侵略的影响，或遭受到大陆以外或大陆以内的冲突的影响，或遭受到可能危及美洲和平的其他任何事件或情势的影响时"，各缔约国"应该商定共同防御和维持其和平与安全所应采取的措施"；如美洲国家间发生冲突，"各缔约国在会商中，应要求争议国停止敌对行动并恢复一切事物到战前的原状，此外并应采取重建或维持美洲国家间的和平和安全以及和平方法解决争端的一切其他必要的措施"；条约划定共同防御"安全区"，面积达1亿多平方公里，包括美国、加拿大、格陵兰、整个拉美地区、南极地带、北冰洋、太平洋和大西洋等地区。《美洲国家间互助条约》是二战后美国缔结的第一个区域性政治军事同盟条约，不仅为美国巩固在西半球的霸主地位提供了便利，而且为此后美国在其他地区建立军事政治同盟开创了先例。墨西哥也由此被纳入了冷战时期美国在西半球的军事政治同盟。在冷战前夕，墨西哥创立了本国情报机构联邦安全局（DFS），该机构隶属于内政部，最初由军校毕业生组成，其使命是"维护内部稳定、反对一切形式的颠覆"，以配合美国中央情报局在墨西哥的行动。

1950年，阿莱曼应邀访问美国并在国会发表演讲，称赞美国"奉行睦邻政策"，期待美墨在民主、经济和文化等领域加强合作。但阿莱曼政府保持自身的外交底线，坚持捍卫国家主权，强调美墨边境不可逾越，并且拒绝派遣墨西哥军队参加朝鲜战争。此外，阿莱曼政府还与弗朗哥统治下的西班牙恢复了贸易关系，并与德国、意大利和日本签署了和平友好条约。

由于阿莱曼政府几乎叫停了卡德纳斯改革的大部分议程，因此受到改革派的诸多批评。1947年，墨西哥学者丹尼尔·科西奥·比列加斯发表了题为《墨西哥的危机》的文章，批评阿莱曼政府背离了卡德纳斯和卡马乔政府的改革政策。

1952年总统选举在即。墨西哥职业军官米格尔·恩利克斯想成为革命制度党的总统候选人，并争取了包括卡德纳斯家族成员在内的部分政客支持。时任墨西哥驻美国大使、墨西哥部分州的前州长以及一些军官、学生、农民和工人团体也对其给予支持。但阿莱曼反对其参选，向卡德纳斯警告称此人将对新体制构成威胁，并推出阿道夫·鲁伊斯·科尔蒂内斯为革命制度党的总统候选人。

1952年墨西哥举行总统选举。革命制度党进行了广泛动员，还争取部分天主教徒为其总统候选人鲁伊斯·科尔蒂内斯投票。最终，革命制度党候选人鲁伊斯·科尔蒂内斯以74.3%的得票率击败国家行动党的总统候选人，成功当选新一届墨西哥总统。

三、科尔蒂内斯的社会改革

阿道夫·鲁伊斯·科尔蒂内斯（Adolfo Ruiz Cortines），1889年12月30日出生于维拉克鲁斯州一个政治世家。其祖父的祖父伊西德罗·戈麦斯·德拉帕拉是由新西班牙总督贝尔纳尔多·德·加尔戈斯任命的西班牙驻图斯特拉斯省副代表。其祖父何塞·鲁伊斯是一位老政治家，曾在1824年墨西哥刚刚独立时担任维拉克鲁斯州第一届国会议员，经历过美墨战争，且在第二次法国入侵墨西哥期间曾组织筹款活动支持墨西哥军队。其父亲阿道夫·鲁伊斯·特哈达是波菲里奥·迪亚斯执政时期的维拉克鲁斯州行政长官。由于父亲早逝，科尔蒂内斯自幼由母亲抚养长大。他3岁时，母亲就开始教他阅读和写作。后来，科尔蒂内斯在当地的教会学校完成了小学学业。

12岁时，科尔蒂内斯开始就读于维拉克鲁斯学院，该学院由墨西哥诗人萨尔瓦多·迪亚斯·米龙所领导，科尔蒂内斯从其导师那里接触到了自由主义思想。1909年，科尔蒂内斯阅读了弗朗西斯科·马德罗的书籍，其参政的兴趣得到激发。1910年，墨西哥革命开始后，科尔蒂内斯又受到帕斯夸尔·奥罗斯科、弗朗西斯科·比利亚等人的思想影响。1912年科尔蒂内斯离开维拉克鲁斯，前往墨西哥城。在那里，他成为马德罗的支持者，但不久后便见证了马德罗总统被杀和韦尔塔将军掌权的过程。科尔蒂内斯参与了反对韦尔塔政权的斗争，与维拉克鲁斯学院的其他学生一同加入了立宪派将军卡兰萨的队伍。韦尔塔倒台后，科尔蒂内斯加入了立宪派的总司令部。之后，他曾担任维拉克鲁斯州州长兼军事指挥官赫利贝尔托·哈拉将军的助理，随后又担任过墨西哥第二十七届联邦立法机关代表特雷维尼奥的私人秘书。

20世纪20年代，科尔蒂内斯曾在墨西哥军事司令部担任出纳员。阿尔瓦罗·奥布雷贡总统创建国家统计局后，任命科尔蒂内斯为国家统计局局长。1935年，在拉萨罗·卡德纳斯担任总统期间，45岁的科尔蒂内斯正式开始其政坛生涯，担任墨西哥城联邦区的高级官员。1940年，科尔蒂内斯参加了阿维拉·卡马乔的总统竞选活动。后者上台后，阿莱曼被任命为内政部长。由于阿莱曼和科尔蒂内斯之间有着良好的私人友谊，阿莱曼邀请科尔蒂内斯担任其秘书。这一职位使其在墨西哥革命制度党内开始获得影响力。几年后，墨西哥革命制度党指定其为维拉克鲁斯州州长候选人。

1944年12月，科尔蒂内斯成为维拉克鲁斯州州长。执政期间，其修改了地方宪法，允许妇女参加地方和市政选举，并修建道路和桥梁来发展当地的基础设施。同时，科尔蒂内斯扩大对该州公共教育投入，创立了技术研究所，为民众提供实用教育，以提高生活质量。此外，科尔蒂内斯还创立了人类学研究所和国家计划委员会。1948年，阿莱曼政府的第一任内阁部长佩雷斯·马丁内斯因突发心脏病去世，科尔蒂内斯被前总统阿维拉·卡马乔推荐接任内政部长职位。任内，他深入了解不同部门需求，在推进国内政策方面取得了不俗成果。

1951年10月，科尔蒂内斯被任命为墨西哥革命制度党的总统候选人。当时的墨西哥正面临着较为严峻的社会矛盾。由于阿莱曼政府常年存在腐败丑闻，民众对政府不满情绪高涨。同时，国家贫富差距悬殊，约60%的人口收入仅占国民收入的五分之一。教育水平整体落后，约42%的墨西哥人是文盲。3200多万人口中约有1900万名农民，还有许多人为谋生不得不离乡背井，跨过格兰德河偷渡到美国。为此，竞选期间科尔蒂内斯号召墨西哥民众加强团结，并承诺加强反腐、打击垄断、增强政府公信力，同时提出要提高农业和畜牧业生产力，促进国家工业化发展，提高人民生活水平。其间，他发表了34次公开演讲，其中21次提到妇女及其选举权问题。随后，科尔蒂内斯击败了反对派候选人并赢得选举。1952年12月1日，其正式就任墨西哥总统。

政治领域，科尔蒂内斯积极巩固执政地位并改善政府形象。其上台后，为了加强权力控制，在政坛排除异己者，促使部分反对其执政的州长下台。1953—1955年间，当时的尤卡坦州、格雷罗州、塔巴斯科州、奇瓦瓦州、瓦哈卡州州长先后进行了调整。此外，他还加强对军队的控制，解散了与部分反政府将军关系密切的墨西哥人民党联合会，并将部分军人从墨西哥革命制度党中开除。同时，科尔蒂内斯想要树立一个廉洁政府的形象，上台后杜绝任人唯亲的现象，任命的内阁成员大多数是经验丰富、能力较强的官员。科尔蒂内斯还公布了个人资产清单，并颁布了《国家公务员责任法》，以促进公务人员的责任感和清正廉洁。其中有法律强制公务人员在任职前必须申报其财产，以打击非法致富和腐败行为。同时，科尔蒂内斯政府大力打击垄断行为，并加强对政府项目的审查。

经济层面，科尔蒂内斯政府开源节流，实现经济快速增长。自20世纪50年代初期，墨西哥就开始陷入通货膨胀。1953年朝鲜战争结束后，全球需求减少、国际原材料价格下跌，美国发生经济危机，进一步对墨西哥农业生产造成了影响。外国企业家也开始限制对墨西哥的投资。为此，科尔蒂内斯政府成立了国家储蓄委员会，严格控制公共开支，以对抗通货膨胀。1954年4月17日，墨西哥政府决定让比索贬值，从每美元兑8.5比索贬值至每美元兑12.5比索。在系列政策作用下，墨西哥宏观经济稳定，并出现了高速增长，政府多年来第一次产生财政预算盈余。

科尔蒂内斯政府加快土地分配，向全国农民提供约350万公顷的土地，并在严格遵守法律赔偿条款的基础上，征用了索诺拉、奇瓦瓦和科阿韦拉等地区的外国地产。科尔蒂内斯政府为玉米和豆类等农产品制定价格标准，实现农业产量增加和价格稳定，并扩大对国家灌溉系统的财政投入；加快基础设施建设，对公路和铁路建设进行大量投资；继续推行进口替代工业化战略，实行行业激励政策，以促进中小企业发展。同时，科尔蒂内斯积极鼓励石油生产，建立了数家炼油厂，为本国石油化工的发展奠定了基础。此外，为促进沿海地区开发，科尔蒂内斯政府还实施"向海洋进发"计划，将高原地区的人口转移到沿海地区，积极建设港口等基础设施并支持渔业发展，大力开发和利用海洋资源。

社会领域，科尔蒂内斯建树较多。首先，他成功为本国女性争取到选举权。早在19世纪80年代，墨西哥就有杂志刊文要求本国妇女享有选举权。墨西哥革命期间，许多妇女曾呼吁要求获得投票权，但未能成功。1937年，时任总统卡德纳斯为妇女争取投票权并向参议院提出改革宪法第34条的倡议。1946年，墨西哥众议院批准了米格尔·阿莱曼总统关于修改宪法第115条中妇女与男子平等参加市政选举的内容。1953年10月，已经就任总统的科尔蒂内斯提出了改革宪法第34条的法案并获参众两院通过。该部分内容规定，年满18岁且已婚或者未婚且年满21岁的具有墨西哥人身份的男性和女性享有共和国公民权利。由此墨西哥妇女正式获得了投票权。其次，他重视医疗卫生事业，积极改善国民健康状况，积极建设国家医疗中心，极力消除儿童营养不良现象，并推动全国疫苗接种运动。第三，他重视农村和城市发展，制定了农村社会福利计划，以改善农村人口的生活条件。他通过墨西哥进出口公司（CEIMSA）为墨西哥城的贫困社区提供具有优惠价格的生活必需品，其价格比商业机构便宜30%或40%。科尔蒂内斯政府还建立了国家住房研究所，以解决民众对住房的需求。第四，他重视教育，倡导建立了90所学校和许多幼儿园，对州一级的大学提供补贴，促进理工科发展和高校教育。

外交层面，科尔蒂内斯政府在尊重他国主权的基础上采取了较为保守的外交政策。其任内，墨西哥与美国基本保持平稳关系。其拒绝与美国签署军事协议，以免卷入国际战争。但同时，双边经济协作仍在继续。由美国出资58.6%、墨西哥出资41.4%的法尔孔大坝建设完成，科尔蒂内斯总统和美国时任总统艾森豪威尔共同出席了揭幕仪式。1956年，科尔蒂内斯、艾森豪威尔与时任加拿大总理路易斯·圣洛朗举行会晤，讨论了移民、经贸等议题。在拉美地区，科尔蒂内斯政府寻求与区域内国家建立更加紧密的关系，加入美洲国家组织。

科尔蒂内斯执政期间，墨西哥政治、经济和社会各领域呈现积极发展景象，尤其年均经济增速达到6.42%，人均国内生产总值累计增长21.21%。国内就业岗位有所增加，工人的实际工资也提高了。然而，其部分政策也受到民众诟病。1956—1958 年，即科尔蒂内斯执政后期，墨西哥产业发展政策出现了部分倒退，农业生产出现短缺，通货膨胀压力增大，民众生活成本增加。1958 年，铁路工人因不满工资降低而爆发大规模罢工运动。最终，科尔蒂内斯政府决定给铁路工人加薪 215 比索，暂时化解了危机。

1958 年 12 月，科尔蒂内斯将总统权力移交给其继任者阿道夫·洛佩斯·马特奥斯。1973 年 12 月，科尔蒂内斯因心力衰竭去世，享年 82 岁。

四、阿道夫·洛佩斯时期的经济腾飞

阿道夫·洛佩斯·马特奥斯（Adolfo López Mateos），1910 年 5 月 26 日出生于墨西哥。其父亲马里阿诺·赫拉尔多·洛佩斯是一名牙医，在阿道夫年幼时便去世。母亲名为埃琳娜·马特奥斯，共育有五个孩子，阿道夫·洛佩斯是最小的孩子。关于其早年经历有诸多版本。根据官方版本，其出生于墨西哥州阿迪萨潘·德·萨拉戈萨市一个名为圣弗朗西斯科·阿迪萨潘的小镇。也有人说阿道夫的父母在危地马拉度假时，阿道夫的母亲诞下了他，因此阿道夫并非在墨西哥出生。这一谣言成为日后其政敌用来攻击其总统资格的把柄。

阿道夫的父亲去世后，母亲和年幼的孩子们陷入经济拮据的境地。母亲通过在特拉斯帕纳附近一家孤儿院担任院长获得薪水，此外长子也开始工作挣钱，为母亲和兄弟姐妹提供经济支持。之后，阿道夫在一家基金会的资助下在一所法国学校开始了小学学业。他十分勤奋，表现优异，热爱体育运动，经常和同学们一起踢足球和练习拳击。为了维持生计，阿道夫还在一家书店兼职挣钱，在那里他开始大量阅读书籍，不断积累知识。

1923—1925 年，阿道夫·洛佩斯在国家预科学校学习。1926 年，他居住在托卢卡，并且在当地的托卢卡科学和文学学院继续高中学业。这所学校享有一定名气，当时由前公共教育部长何塞·瓦斯孔塞洛斯的侄子爱德华多·瓦斯孔塞洛斯所领导。为了支付学费，阿道夫担任学校的图书管理员。他才华出众，喜欢演讲和体育运动，在学校逐渐崭露头角，获得了一些老师的喜爱。1926年11月，阿道夫·洛佩斯作为探险队成员从墨西哥城出发徒步抵达危地马拉，之后被同伴们亲切地称呼为"危地马拉"。1929年5月，阿道夫参加了墨西哥《宇宙报》举办的年度演讲比赛并获胜。同年，其加入了何塞·瓦斯孔塞洛斯的总统竞选活动，通过演讲呼吁民众为瓦斯孔塞洛斯投票。瓦斯孔塞洛斯竞选失利后，阿道夫为避免当局的政治迫害而前往危地马拉。据说，他在危地马拉期间曾担任该国豪尔赫·乌比科将军的助手。1930年，阿道夫回到墨西哥，并就读于墨西哥国立自治大学法学院，之后顺利毕业并获得律师资格。

在其职业生涯早期，阿道夫曾担任墨西哥州州长菲利贝托·戈麦斯上校的私人秘书。1934年，他成为国民革命党主席卡洛斯·里瓦·帕拉西奥的秘书。1941年，阿道夫被选为国家公共教育部负责课外和美育的主任。其间，阿道夫结识了当时在国内具有较强影响力的政治家兼外交官伊西德罗·法贝拉。在此人帮助下，他担任了托卢卡文学研究所所长。1946年，阿道夫·洛佩斯再次在法贝拉的影响下当选墨西哥州参议员。当时法贝拉被任命为墨西哥驻海牙国际法院大使，阿道夫·洛佩斯前往填补法贝拉的参议员位置，并任职至1952年。同时，阿道夫还成为墨西哥革命制度党的秘书长。他组织了本党总统候选人阿道夫·鲁伊斯·科尔蒂内斯的总统竞选活动。鲁伊斯成功当选总统后，阿道夫·洛佩斯成为其内阁的劳工部部长。

1957年11月，阿道夫·洛佩斯被提名为革命制度党总统候选人。1958年，其正式当选总统，并于12月1日在国家美术宫举办了任职仪式。阿道夫·洛佩斯上台后，延续了阿莱曼、鲁伊斯等前任总统的基本政策框架。

在政治领域，他对宪法进行了部分修改，强化了国家主权和政党制度。1960年1月20日，其改革了宪法第27条，将大陆架及其所有资源纳入国家领土，还明确了内水的定义。1963年，其又推动修改了宪法第52条、

53条和54条，建立了党的"众议员制"，规定在野党只要在选举中获得全国2.5%的选票，就可以在国会拥有5个席位，并以此为基础，每增加0.5%的选票就增加一个席位，但最多不得超过20席。阿道夫以此来扩大少数政党在众议院的代表席位，同时又保障了革命制度党的绝对领导地位。

在经济领域，其任内墨西哥经济保持高速增长。据统计，其执政六年期间年均经济增长率达到6.73%左右。在其执政最后两年（1963和1964年），墨西哥经济创下了迄今为止的最高增长率。阿道夫任内，墨西哥国内商品价格稳定，通货膨胀率最低，比索兑美元汇率坚挺。政府重视工业发展，为民众创造了大量就业机会，吸引了许多资本和投资。为了强化国家对经济的控制，阿道夫政府还对宪法进行了改革，促进电力资源国有化，并规定矿业部门的外国资本不得超过49%，还禁止外国人参加金融信贷业务。为支持出口贸易，墨西哥银行还设立了出口发展基金（FOMEX）。在农业方面，阿道夫继续推进土地改革，任内分配了1600万公顷土地，达到了卡德纳斯政府之后分配土地数量最多的记录。1960年，墨西哥成立了农业和畜牧业部，为国家农业学院提供了大量预算，加大农业研究以改善田间和种子的施肥物资，以及加强对水的利用。此外，阿道夫政府还创建了国家集体村社发展基金，促进农民生活水平的提高，并催生了更多集体村社。在诸多举措刺激下，该时期墨西哥农业出口不断扩大。

在基础设施领域，阿道夫进一步促进国内和国际互联互通。其任内，交通运输部批准增加航空和陆路服务，增加联邦区和省内不同街区的电报和电话网络，开通了一些高速公路和桥梁，同时成立了墨西哥海运公司，为悬挂墨西哥国旗的船只进出口提供服务。在民用航空方面，阿道夫政府批准了四家外国公司的航班在墨西哥各地降落，墨西哥与其他国家的交往得以增强。

在劳工政策方面，他采取软硬兼施的办法应对工人罢工。然而，当时的工会越来越多地反对政府控制，开始脱离墨西哥革命制度党领导下的工人联合会（CTM）的控制，并寻求提高工人的工资和改善工作环境。阿道夫在担任劳工部长期间，在应对上述议题时取得了成功。但其担任总统后，劳工问题开始日益突出，为了快速解决问题，其对罢工采取了镇压手段。1958年7月，激进的铁路工人工会开始罢工运动，以争取政府提高其工资待遇。1959年圣周期间，正值墨西哥人出门旅行的高峰，铁路工人罢工极大影响了公众的出行。对此，阿道夫政府开始抓捕和监禁罢工领导人。同时，政府还建立了联邦调解和仲裁委员会来处理劳工纠纷，并加大对劳工的补偿，通过上调最低工资以及严格控制市场价格，来平息工人的不满情绪。

在文化和教育领域，阿道夫政府创立了国家免费教科书委员会，免费发放小学生书籍和练习册，并提高高等教育入学率，以支持国家教育的发展。其任内，农村学校成倍增加，设立了农村教育中心，还开展了教师培训活动。阿道夫政府还向理工学院和墨西哥国立自治大学提供了更多的补贴和预算。在文化领域，阿道夫政府支持加大考古探索，并在查普尔特佩克公园创建了国家人类学博物馆。目前，该博物馆已成为墨西哥最有名的博物馆之一。他还积极支持引进国外大型展览，加强与外界的文化交流。

墨西哥人类学博物馆

阿道夫政府重视发展社会救助政策。其执政期间，社会福利支出达到了总财政支出的19.2%。其中，阿道夫政府出台了一批面向贫困人口的社会福利项目，以促进减贫脱贫。他还建立了食品分配系统，为贫困人口提供负担得起的主食和农产品市场。1959年12月，其创建了国家服务工作者安全和社会服务研究所（ISSSTE），为工人以及国家雇员提供医疗、保育及其他社会服务。1961年1月，其成立了国家儿童保护研究所。同时，其重视医疗卫生事业，进一步促进墨西哥社会保障研究所医疗诊所的发展，以满足民众对医疗服务的需求。阿道夫政府积极对抗脊髓灰质炎、疟疾和肺结核等疾病。其任内，墨西哥国内的斑疹伤寒、天花和黄热病被消灭，疟疾显著减少。

在外交领域，阿道夫政府坚持不干涉与和平主义性质的外交政策。其与美国保持务实合作。得克萨斯州埃尔帕索和奇瓦瓦州华雷斯城之间原本有一块地区属于墨西哥，后来被美国占领。1962年7月，美国总统约翰·肯尼迪对墨西哥进行访问，阿道夫政府借机进行谈判，最终巧妙收复了这块地区。其还与美国签署了审查科罗拉多河流盐度问题的协议，以缓解河流盐度过高对农业的影响。此外，阿道夫政府还与美国信贷机构财政部和进出口银行签署了一项协议，以支持本国的国际储备。

阿道夫任内，墨西哥的外交关系更趋多元化。在拉美地区，墨西哥与其他域内国家开展商业和外交交流。1959年古巴革命胜利后，美国施压拉美国家对古巴采取孤立立场，而阿道夫对古巴革命表示尊重，并批评美国对古巴卡斯特罗政权的干涉。1958年年底，墨西哥渔船在危地马拉领海遭到后者空军袭击，造成三名渔民死亡。该事件一度导致墨西哥与危地马拉的关系于1959年1月破裂，之后在其他国家的调解下才于1959年9月恢复了外交关系。墨西哥与欧盟的关系因双方在第二次世界大战中的合作而达到最佳时期。同时，墨西哥还积极发展与亚洲国家的关系。

1964年阿道夫·洛佩斯卸任总统职位，并将总统职务移交给继任者古斯塔沃·迪亚斯·奥尔达斯。阿道夫曾于1968年担任墨西哥主办的夏季奥运会组织委员会主席。1969年，其因动脉瘤在墨西哥城去世。可以说，阿道夫·洛佩斯执政时期的墨西哥取得了经济高速增长的成就，在国际和地区舞台上的能见度也越来越高，俨然跻身发展中大国行列。

第二节　学潮运动和埃切维利亚革新

尽管墨西哥在20世纪50—60年代实现经济高速增长，但经济红利并没有惠及广大中下层民众，社会贫富分化加剧，民众不满情绪有所增长。随着古巴革命胜利和世界其他国家民主革命的开展，墨西哥国内也出现一些不稳定迹象，最终酿成了1968年大规模的民众抗议活动。

一、1968年学生运动

古斯塔沃·迪亚斯·奥尔达斯·波拉尼奥（Gustavo Díaz Ordaz Bolaños）是墨西哥政治家和革命制度党成员，于1964年上台执政。其1911年3月12日出生于墨西哥普埃布拉州的城市圣安德烈斯·察尔齐科木拉，在家中四个孩子中排名第二。其家族在普埃布拉州曾经鼎盛一时，有着较强的影响力。其父亲拉蒙·迪亚斯·奥尔达斯的爷爷是1857—1860年担任该州州长的自由主义英雄何塞·玛利亚·迪亚斯·奥尔达斯。其母亲萨维纳·波拉尼奥是一位严厉的教师，她的兄弟米格尔·波拉尼奥曾于1902年和1912—1914年担任该州州长。其母亲家族的其他几位成员也在国家和地方担任要职。古斯塔沃出生时，其父亲正担任圣安德烈斯·察尔齐科木拉的警察局长。

1911年墨西哥革命爆发后，波菲里奥·迪亚斯的官僚机构宣布解散，迪亚斯·奥尔达斯的父亲失去了警察局长的工作，没有了政治地位和经济来源。之后，他们不得不搬到哈利斯科州首府瓦哈卡市。在那里，古斯塔沃完成了中小学业，高中进入了著名的瓦哈卡科学与艺术学院。之后，其家庭又因为工作原因搬到了普埃布拉州的萨拉戈萨市。古斯塔沃进入了普埃布拉大学学习，并在26岁获得法律学位。

由于其父亲曾在波菲里奥·迪亚斯政府担任职务，加上古斯塔沃没有参加过革命，因此其政治生涯起步并不顺利。1932年至1940年，其曾在普埃布拉州政府担任职务。在担任该州最高法院法官期间，古斯塔沃受到了当时普埃布拉州州长阿维拉·卡马乔的注意，并得到他的赏识。1940—1941年，古斯塔沃担任普埃布拉大学教授，随后被提拔为该校副校长。1943年，他被任命为普埃布拉州众议员。1946—1952年，古斯塔沃担任联邦参议员。在担任议员期间，其与阿道夫·洛佩斯等人志同道合，形成了政治盟友关系。1952年12月，阿道夫·鲁伊斯·科尔蒂内斯上台后，将古斯塔沃任命为内政部法律司司长。1958年12月，阿道夫·洛佩斯担任总统后，将古斯塔沃提拔为内政部部长。其担任此职位直到1963年11月，并在洛佩斯总统提名下，成为革命制度党的总统候选人。1964年，古斯塔沃顺利当选新一届总统。当年12月1日，其正式在美术宫举行就职典礼。

上台后，古斯塔沃遵循"稳定发展模式"继续推动墨西哥经济发展。其任内墨西哥经济增速保持在6%—8%之间，通货膨胀率保持在2.7%的低水平。1965年，其推动成立了墨西哥石油研究所，以增强对墨西哥国家石油公司的技术支持。在外交方面，古斯塔沃在坚持国家独立自主和不干涉原则的基础上推行多元化外交。其政府与美国保持基本和谐的关系，签署了多项合作协议。1970年9月，古斯塔沃访美，受到尼克松的热情接待。但同时，两国之间仍存在一些矛盾和分歧。1969年，美国曾以禁毒行动为由对所有从墨西哥进入美国的车辆进行检查。古斯塔沃曾谴责美国入侵多米尼加共和国。其积极主张地区和平。1967年，拉美和加勒比国家在墨西哥城的特拉特洛尔科区举行会议。古斯塔沃亲自主持会议，见证了《拉丁美洲和加勒比禁止核武器条约》（又称《特拉特洛尔科条约》）的签署。通过该条约，拉美和加勒比国家承诺在本地区实现无核化。

然而，古斯塔沃对待民众游行抗议采取较为强硬的手段。一些铁路工人、教师和医生要求改善工作条件和增加工资，参与了罢工等抗议活动。古斯塔沃使用武力进行镇压，并将这些参与抗议的人员解雇。尽管古斯塔沃对社会全面加强控制，但工人运动依然十分活跃，格雷罗州部分民众对政府镇压进行了抵抗并出现了游击运动。

1968年墨西哥举办夏季奥运会之前，国内爆发了大规模学生抗议活动。当年，美苏冷战在全球全面展开，多国处于动荡的政治局势之下。捷克斯洛伐克的独立斗争被苏联军队镇压，法国爆发学生示威，美国国内和平和民权运动高涨，也带动了墨西哥的民众抗议活动。早在20世纪60年代初，墨西哥索诺拉州、米却肯州、格雷罗州等多个地区就爆发了学生运动，但均遭政府镇压。

古斯塔沃上台后，青年学生希望政府对国家政治体制进行改革。1965年，国立医学院的学生进行罢课，也被政府镇压。1967年奇瓦瓦州一所师范学校争取国有化，并在全国带动许多师范院校组成了"全国罢课团结委员会"（即1968年学生运动中的全国罢课委员会的前身）。1968年7月末，学生和警察之间爆发了冲突。在全国罢工委员会的领导下，抗议游行愈演愈烈，吸引了越来越多的学生参加。由于当时许多国家的青年群体成为共产主义运动的推动者，加上墨西哥学生们在抗议横幅印上当时国际革命领袖如切·格瓦拉的头像，古斯塔沃政府将这场学生运动和共产主义联系起来，并且认为其对国家安全和主权产生了威胁。1968年10月3日，一些学生和围观的群众聚集在墨西哥城特拉特洛尔科区的三文化广场举行和平抗议。在墨西哥政府高层授意下，名为"奥林匹克营"的总统卫队借口学生开枪挑衅，随后向广场开火，对手无寸铁的抗议者进行枪杀，并逮捕了许多抗议人士。关于此次事件的死亡人数仍然存在争议，但特拉特洛尔科惨案无疑成为墨西哥革命制度党历史上不太光彩的一页。1969年，迪亚斯·奥尔达斯总统在政府报告中表示对该事件负责，称"我对政府过去一年的决定完全承担道德、法律、政治和历史责任"。

墨西哥城三文化广场

二、埃切维利亚的革新之路

路易斯·埃切维里亚·阿尔瓦雷斯（Luis Echeverría Álvarez），1922年1月17日出生于墨西哥城一个官员之家。其父亲鲁道夫·埃切维利亚是一名公务员。20世纪30年代初，因埃切维利亚的父亲赴塔毛利帕斯州维多利亚城担任墨西哥军队的出纳员，其举家搬迁至墨西哥东北部的这座城市。后来，其父亲又赴联邦财政部任职，路易斯·埃切维利亚也随之回到墨西哥城。

埃切维利亚从小接受良好的教育，对从政充满热情，高中时代就坚定支持卡德纳斯政府的改革。1940年，埃切维利亚进入墨西哥国立自治大学法学院，1945年毕业并获得法学学位。埃切维利亚在大学期间十分活跃，创办了《墨西哥与大学》杂志，并因表现突出而获得赴智利学习和访问阿根廷的奖学金资助。1946年3月，埃切维利亚加入革命制度党，随后被任命为革命制度党全国执行委员会主席鲁道夫·桑切斯·塔博阿达的助理秘书。之后，他又担任鲁道夫·桑切斯的私人秘书。同时，他还在墨西哥国立自治大学法学院担任兼职教授。在担任桑切斯秘书的同时，1949—1952年埃切维利亚还担任墨西哥革命制度党新闻和宣传部主任，并且担任本党在部分州的代表。

1952年12月，桑切斯被时任总统鲁伊斯·科尔蒂内斯任命为海军部长，埃切维利亚也被任命为海军部的会计和行政主管。之后，埃切维利亚又担任公共教育部高级官员。1957年，其担任革命制度党全国执行委员会高级官员，并参加组织了阿道夫·洛佩斯·马特奥斯的总统竞选活动。

1958年12月，洛佩斯·马特奥斯就任墨西哥总统，随后任命埃切维利亚为内政部副部长。任职期间，埃切维利亚负责监督人口、移民政策、联邦监狱等事务。1963年，时任内政部长迪亚斯·奥尔达斯被提名为总统候选人，并辞去内政部长职务。随后，埃切维利亚接替其担任内政部部长。迪亚斯·奥尔达斯就任总统后，继续任命埃切维利亚为内政部部长。

1968年墨西哥学生运动爆发后，作为内政部部长的埃切维利亚采取了较为强硬的政策。在1968年7月30日举行的新闻发布会上，埃切维利亚称其及墨西哥城长官已经申请要求军队采取干预行动。随后，同年10月2日在三文化广场发生了军队镇压学生的事件，埃切维利亚被认为是幕后的指使，受到舆论指责。1969年11月，埃切维利亚被选为革命制度党总统候选人。其与人民社会党、墨西哥革命正统党结盟，竞选期间为改善形象，曾在公开场合为1968年三文化广场事件中的丧生者默哀一分钟。随后，其在大选中获得了84.63%的选票而成功当选总统。

埃切维利亚总统

上台后，埃切维利亚为了树立自己的正面形象，有意与1968年镇压学生运动的事件拉开距离，并特意向国内大学生发表了公开致辞。同时，其下令大赦政治犯，包括释放了铁路工人领袖瓦伦丁·坎帕和德米特里奥·瓦列霍等人，以及1968年在三文化广场事件中被捕的学生和教师。此外，其对墨西哥国立自治大学给予较大支持。1968年至1971年间，该大学的预算增长了近17倍。政府部门雇佣了大量20世纪60年代的毕业生，政府内阁中有78%的人是墨西哥国立自治大学的毕业生。然而当1971年6月墨西哥城再次发生支持蒙特雷学生的示威活动时，埃切维利亚总统下令进行镇压，造成十多人死亡。据说采取行动的是一个为国家服务的准军事组织，名字为"Los Halcones"（西班牙语意思为"猎鹰"），因此该事件在历史上被称为"El Halconazo"。

在政治领域，埃切维利亚实施了部分改革。其加大少数党的政治参与度，将其获得众议员资格的限制从总票数的2.5%降至1.5%，少数党众议员席位限额从20席提升至25席，此外，还将竞选众议员的年龄最低限制从25岁降至21岁，参议员年龄从35岁降至30岁。同时，其加强对国家行政区划的管理，设立了南下加利福尼亚州和金塔纳罗州。

埃切维利亚的经济政策具有较为浓厚的民族主义色彩。其继续推行改革，进一步推动采矿、电力、烟草、电信等行业国有化，限制外国投资。在烟草领域，埃切维利亚政府创建了国家主导的"墨西哥烟草公司"，促进烟草从种植、收获到出口的工业化和商业化。其政府还将锡那罗亚州和索诺拉州的私有土地分配给农民，并将墨西哥海上专属经济区扩大至200海里范围。为了促进外贸增长，其政府创建了墨西哥外贸研究院（IMCE），以加强生产商、分销商和出口商的联合。

随着二战结束后全球经济复苏，德国、日本等国产品竞争力提升，加之美国深陷越战泥潭，外债规模逐年攀升，美元贬值压力增大。1971年美元与黄金直接挂钩的布雷顿森林体系瓦解，美元危机爆发。与美国经贸关系紧密的墨西哥出现了自"增长奇迹"以来的第一次经济困境。为应对危机，1976年8月埃切维利亚政府放弃了自1954年以来比索与美元之间12.5∶1的固定汇率，将比索贬值59.2%。到其卸任时，比索兑美元汇率已达到25.5∶1。国家通货膨胀严重，年均通胀率达到27%。为了避免经济衰退，政府增加公共支出，导致债务明显增加，外债规模从迪亚斯·奥尔达斯任内的60亿美元增至超过200亿美元。同时，埃切维利亚政府还收购了一些破产企业，以维持民众就业率。其任内墨西哥经济年均增长率低于5%，"墨西哥奇迹"的光环开始逐渐褪去。

在社会领域，埃切维利亚较为重视工人利益。其政府建立了促进雇主、工人和政府之间就劳工事务进行沟通的全国三方委员会。1972年4月，墨西哥还创建了国家工人住房基金研究所（Infonavit），旨在为工人提供住房。1974年，墨西哥成立了国家工人消费基金研究所（Fonacot），为工人提供资金支持。埃切维利亚重视教育，先后创建了阿瓜斯卡连特斯大学、国家人类学和历史研究所高等研究中心、大都会自治大学等高校和科研院所。其积极维护妇女权益，推动成立了国家儿童保护研究所和墨西哥儿童援助研究所，其夫人玛利亚·艾斯特·祖诺担任上述机构的主席，负责农民妇女教育和妇女儿童权益保护工作。此外，联合国宣布1975年为"国际妇女年"，墨西哥城成为大会主办城市，吸引了全球150多个国家参与。埃切维利亚出席开幕式并表示将加强措施促进妇女平等。然而，埃切维利亚政府极力限制各种类型的摇滚音乐，禁止在音乐商店销售此类音乐，禁止举办大型摇滚音乐会和摇滚音乐广播。直到20世纪80年代，这一禁令才开始逐渐解除。

埃切维利亚在外交领域十分活跃，取得了较为突出的成绩。面对冷战在拉美地区愈演愈烈的局势，埃切维利亚政府寻求捍卫发展中国家及"第三世界"国家利益，推动外交多元化和经济关系多样化。任内，其积极开展外交活动，对其他国家展开了四十多次国事访问。其支持西班牙共和国、古巴卡斯特罗政权、智利阿连德政府和尼加拉瓜的桑蒂诺民族解放阵线，并支持成立拉丁美洲经济体系（SELA）。其在美洲国家组织提议暂停对古巴的制裁，并支持巴拿马捍卫对其运河的主权。其还为受到皮诺切特迫害的智利难民以及其他受到独裁统治而流亡的拉美民众提供庇护。其中，他为智利前总统阿连德的遗孀提供政治庇护。此外，他还允许巴勒斯坦解放组织在墨西哥开设办事处。

埃切维利亚任内，积极促成中墨建交。其政府代表在联合国投票支持中华人民共和国加入联合国，并于1972年2月14日与中国正式建立外交关系。他表示墨西哥人的祖先印第安人是冰河时代从亚洲东部穿越白令海峡抵达美洲大陆的，因此中国和墨西哥的文化接触已经有几千年的历史。1973年4月19—23日，埃切维利亚及夫人正式访问中国，成为继古巴总统多尔蒂科斯之后第二个访问新中国的拉美国家总统。他受到毛泽东主席和周恩来总理的热情接待，在国宴上致辞称："我们的脚步来自西方，我们的精神来自东方。在许多世纪以前，我们最初的血缘就来自世界的这一地方。"此次访问，中墨在贸易、文化、科技、海运、农业等领域达成一系列合作协议。同时，埃切维利亚政府与美国依然保持较为平稳的合作关系。1972年6月，其访问美国，与尼克松举行会晤，双方就科技合作、技术人员交流及文化合作达成协议。

1976年墨西哥比索再度大幅贬值，国内失业率和通货膨胀率高涨，民间不满情绪不断积蓄。有传言称埃切维利亚要延长任期甚至要进行自我政变以继续执政，引发了民间骚动。埃切维利亚指定其财政部长何塞·洛佩斯·波蒂略担任墨西哥革命制度党的总统候选人，平息了民众猜疑之声。卸任后，埃切维利亚继续在政坛发挥一定影响力。1977年担任联合国教科文组织大使。1978—1979年，其先后担任墨西哥驻澳大利亚和驻新西兰大使。卸任后，埃切维利亚还于1977年和1984年访问过中国。然而，其也遭遇一些舆论指责。1988年上台的萨利纳斯总统曾指责其策划谋杀总统候选人路易斯·唐纳多·科洛西奥。进入21世纪，埃切维利亚曾因1968年墨西哥城三文化广场事件和"El Halconazo"事件受到指控。2006年11月，其被墨西哥当局软禁。2009年3月，墨西哥联邦法院免除了埃切维利亚对1968年墨西哥城学生大屠杀事件的刑事责任。其于2022年在家中去世，享年100岁。

第三节　债务危机的爆发

一、波蒂略的上台

埃切维利亚卸任后，何塞·洛佩斯·波蒂略·帕切科（José López Portillo y Pacheco）就任墨西哥总统。其1920年6月出生于墨西哥城一个书香世家。据说西班牙最早进入美洲探险的航海家之一何塞·玛利亚·纳尔瓦兹是其先辈。其祖父何塞·洛佩斯·罗哈斯是一名律师兼政治家，曾在韦尔塔担任总统期间任参议员、哈利斯科州州长和外交部长。他的父亲何塞·洛佩斯·波蒂略·伊·韦伯是一名工程师和历史学家。

波蒂略从小接受良好的教育，其小学阶段曾是埃切维利亚总统的同学，两人建立了深厚的友谊。中学毕业后，其进入墨西哥国立自治大学学习法律。大学毕业后，波蒂略1959年加入革命制度党，曾先后在洛佩斯·马特奥斯和埃切维利亚政府担任多个职务。由于他是埃切维利亚青年时期的密友，深得埃切维利亚的信赖。1972—1973年，波蒂略担任联邦电力委员会总干事。1973年，他又被埃切维利亚任命为财政部部长。

1975年，波蒂略被选定为革命制度党总统候选人。由于主要反对党国家行动党因内部分歧而没有推出候选人，波蒂略轻松赢得大选并顺利上台。

二、波蒂略的执政

波蒂略面临的执政之路并不平坦。当时国际经济环境不稳，墨西哥货币贬值严重而且债务问题突出。1977年，波蒂略与国际货币基金组织签署了为期三年的经济稳定协议，承诺将预算赤字从1976年国内生产总值的9%降低至1979年的2.5%，还承诺将1977年公共外债控制在国内生产总值的1%。

为促进国民经济稳定发展，波蒂略政府采取了一系列措施，提出"以工业为动力，农业为基础"的方针，在减少公共投资、控制货币供应、限制工资增长的同时，加大吸引外资，优先发展石油工业，并开放对外贸易等。

波蒂略总统

1978年年底，当时的世界第二大石油出口国伊朗政局突变，亲美的温和派国王巴列维下台，引发第二次石油危机。加上两伊战争爆发，全球石油产量锐减，油价飙升，许多发达国家经济全面衰退，生产下降、消费萎缩，国内投资减少。在这一背景下，国际金融界不惜降低贷款利率，使得大量国际资本涌入急需建设资金的墨西哥。随着墨西哥国家石油公司在维拉克鲁斯州和塔巴斯科州新发现大片油田，波蒂略政府决定加大石油开发。波蒂略为抓住这一机遇，制定了"石油繁荣"战略，意在以石油工业为基础、带动工业各部门乃至整个经济发展。因此，其政府加大对石油勘探和工业的投入。1978—1983年，墨西哥石油探明储量从63亿桶增加到725亿桶，从1976年全球第十五大产油国跃升为世界第六大产油国。同时，波蒂略政府制定了"国家能源计划"，规定墨西哥对任何国家石油出口不得超过总出口量的50%，以促进石油出口多样化。

墨西哥海上钻井平台

波蒂略执政前几年，墨西哥经济增长率超过了8%，工业总产值增速达到9%。1982年，墨西哥石油收入达到170亿美元，占外贸总收入的77%。但同时，国家经济对石油依赖度不断提高，对公共部门投资不断扩大，外债逐年增多，也加速了墨西哥爆发债务危机的隐患。

石油繁荣给予了波蒂略在外交上的自信。正如之后曾担任外交部长的墨西哥政治家卡斯塔涅达所言："墨西哥由于丰富的能源资源而在国际舞台上扮演中等强国的角色，外交政策变得活跃。"墨西哥积极推动外交多元化，并且与第三世界国家加强合作，实践独立自主的外交战略。在国际上，墨西哥的能见度进一步提升。1980年，墨西哥成为联合国安理会非常任理事国。1981年，墨西哥主办南北对话坎昆峰会，来自发达国家和发展中国家的22位国家元首和政府首脑出席峰会。在波蒂略政府和其他拉美国家推动下，1982年《联合国海洋法公约》正式出台，承认主权国家拥有12海里领海权和200海里专属经济区，为建立现代国际海洋秩序提供了重要法律保障。

在地区层面，墨西哥积极发展与其他拉美国家的关系。1980年，墨西哥与委内瑞拉签署了《圣何塞条约》，同意以国际价格的70%向中美洲和加勒比国家出售石油，并以极低利率向这些国家提供贷款、帮助其发展经济。20世纪70年代，美国和苏联在拉美地区展开角力，频繁介入中美洲事务。起初墨西哥政府在尼加拉瓜问题上持不干涉主义立场。1978年9月尼加拉瓜桑蒂诺民族解放阵线起义失败后，波蒂略政府开始公开对其进行支持，并于1979年5月与执政的索摩查独裁政府断绝关系。1979年7月，桑蒂诺民族解放阵线成员从哥斯达黎加返回尼加拉瓜时，波蒂略还提供了自己的专机供其使用，此后还向其提供石油和资金援助。墨西哥的举动产生了示范效应，哥斯达黎加、委内瑞拉、厄瓜多尔、巴拿马等国也纷纷与索摩查政府断绝关系。

1979年，桑蒂诺民族解放阵线推翻索摩查独裁统治后，萨尔瓦多、危地马拉、洪都拉斯等国相继兴起革命运动，多国爆发内战。为此，波蒂略政府积极参加斡旋，反对美国插手中美洲事务。1981年，其与法国政府在联合国安理会发表联合声明，呼吁萨尔瓦多政府与游击队进行谈判。其还警告美国不要利用泛美维和部队入侵古巴和尼加拉瓜。可以说，波蒂略政府的积极行动促使国际社会对中美洲事务加大关注和对中美洲革命产生同情，对于中美洲局势的平稳过渡发挥了重要作用。

波蒂略政府还实施了一些政治改革。在改革进程中，内政部长赫苏斯·雷耶斯·赫勒斯发挥了重要作用。其认为革命制度党已经在墨西哥占据主要领导地位，可以扩大其他党派在国家政治生活中的参与度。1977年4月，其在格雷罗州奇尔潘辛戈市发起了改革倡议，并将反对派和学术界人士纳入讨论范围。根据各方意见，政府向议会提交《联邦政治组织和选举程序法》。该法案获得通过，从而进一步放松了对政党注册的管理，向包括墨西哥共产党在内的多个政党授予了注册权利。各政治力量可以在电视和广播上进行宣传。同时，众议院席位扩大至400个，反对党在众议院至少能拥有100个席位。此外，政府还颁布大赦法，将七十年代遭遇监禁的部分人士释放出狱。

然而，波蒂略政府也被舆论指责存在腐败问题。波蒂略上台后，安排了众多亲属在政府任职。其任命自己的儿子何塞·拉蒙为规划和预算部副部长，任命自己的妹妹玛格丽塔·洛佩斯·波蒂略为国家广播、电视和电影总局负责人。其堂兄吉列尔莫·洛佩斯·波蒂略担任国家体育学院负责人。其任总统期间，女儿宝丽娜·洛佩斯·波蒂略还以流行歌手身份出道，利用父亲的身份获得不少人气。波蒂略离任后不久，曾在其政府任职的许多官员就因腐败而被调查起诉。尽管波蒂略本人也被怀疑涉腐，但一直未受到正式指控。

三、债务危机

1982年，墨西哥爆发债务危机。实际上这一危机早有预兆。从20世纪70年代起，墨西哥的外债规模就在不断扩大。在波蒂略执政后期，政府实行激进的经济扩张政策，公共支出不断扩大，投资增速较快。为了支持各类项目开发，政府不得不举借外债。但借来的外债缺乏良好规划和管理，利用效率低下，许多资金被用于进口石油机械，还有一些用于周期长、收益慢的项目，此外还有一些资金用于弥补国有企业亏损等。同时，由于忽视非石油产业的发展，墨西哥不得不增加对其他传统商品的进口。因此，尽管石油收入增加，但政府财政赤字越来越大。

1977年，墨西哥外债规模还不足210亿美元。然而到1982年，其外债已经达到760亿美元，其中80%是政府债务，其余20%是私人债务。而且其债务结构中短期债务比例上升，偿债压力增大。而在波蒂略执政后期，美联储为了应对滞涨困境而实行货币紧缩政策，自1980年8月起持续加息，导致美元走强，墨西哥大量资本外逃。加上这一时期许多国家石油产量上升，世界市场的石油价格开始下跌。然而墨西哥拒绝降低价格，导致客户流失和国家石油公司PEMEX首席执行官豪尔赫·迪亚斯·赛拉诺离职。同时，国际金融市场利率攀升，墨西哥外债负担加重。

但波蒂略政府并未注意到这些问题，反而加大公共支出，导致国际资本加速外流和债务增加。1982年2月，由于针对比索的投机活动导致墨西哥银行的国际储备进一步减少，该银行不得不暂时退出外汇市场，导致比索贬值70%。同时国际机构向墨西哥提出了预警，但墨西哥方面没有及时采取相关措施。8月,墨西哥财政部部长赫苏斯·席尔瓦通知世界银行、美国以及私人商业银行关于墨西哥无力偿还到期外债的消息。随后巴西、委内瑞拉、阿根廷、秘鲁、智利等国也相继遇到偿债困难问题,拉美债务危机爆发。

墨西哥债务危机的爆发正值波蒂略执政末期。1982年9月1日,在其离任前的最后一次政府报告中,波蒂略宣布将墨西哥银行系统国有化,理由是私人银行在提供特许公共服务中谋取了超额利润,同时造成垄断,而且国家对金融系统缺乏直接控制也造成了债务危机。

除了将银行国有化之外,波蒂略还宣布实施外汇管制,以阻止资本外逃。随后,政府收购了37家私人信贷机构,并成为100多家重要公司的股东,同时政府承诺向相关银行机构进行经济补偿。据称此次政府工作报告会议上,波蒂略还因为债务危机的爆发流下了眼泪。墨西哥学院教授何塞·罗梅洛曾评价道:"波蒂略在获得巨大历史机遇后,以悲惨方式结束六年任期。至此墨西哥在财务上已经破产,并被国际金融组织所支配。"

第四节　德拉马德里的新自由主义改革

一、应对债务危机

债务危机爆发后不久,波蒂略就匆匆下台,留给他的继任者米格尔·德拉马德里的是一个烂摊子。

米格尔·德拉马德里·乌尔塔多(Miguel de la Madrid Hurtado)出生于墨西哥科利马州,其父亲是著名律师米格尔·德拉马德里·卡斯特罗,祖父恩里克·奥克塔维奥·德拉马德里曾担任科利马州州长。德拉马德里两岁时,其父亲被谋杀,母亲携带年幼的子女搬到了墨西哥城。德拉马德里大学就读于墨西哥国立自治大学,1957年获得法学学士学位,毕业论文题为《1857年宪法的经济思想》。之后，其又在美国哈佛大学肯尼迪政府学院获得公共管理硕士学位。

德拉马德里总统

德拉马德里早年曾在墨西哥国立自治大学讲授过法律课程。1960年，其进入墨西哥银行担任财务管理顾问。1963年，德拉马德里加入墨西哥革命制度党。1964—1965年，其凭借墨西哥银行提供的奖学金在美国哈佛大学进修并获得公共管理硕士学位。1970—1972年，德拉马德里进入墨西哥国家石油公司工作，担任财务副主任。之后，他又在埃切维利亚政府担任过多个职务。1976年，德拉马德里被任命为波蒂略政府的规划和预算部副部长，1979年升任为该部部长。在规划和预算部任职期间，德拉马德里参与制定了波蒂略政府的《全球发展计划》，提出以石油工业为基础、积极吸引外资以促进国民经济全面发展。1981年9月，其被革命制度党提名为总统候选人，随后打出"社会道德更新"口号，提出以加强反腐、全面民主化、社会平等、发展就业等为政策支柱。在次年7月的大选中，德拉马德里以74.4%的得票率获胜。

为了应对债务危机，德拉马德里采取紧急经济调整方案，1983年1月制定了《经济复苏临时计划》，具体包括大幅削减公共开支、推行财政改革、改组官僚机构和保护就业。之后又于1984年5月在国际货币基金组织支持下推出了《国家发展计划》，提出了以下四大目标：维护和加强民主制度、克服危机、恢复增长能力、启动国家经济、政治和社会结构变革。其中，德拉马德里自称为"结构性变革"的经济改革，实际上就是新自由主义经济改革。1985年10月，美国财政部部长詹姆斯·贝克在国际货币基金组织和世界银行联合年会上提出所谓的"贝克计划"，主要内容是由包括世界银行、泛美开发银行在内的多边开发银行在三年内向包括墨西哥、阿根廷在内的15个重债务国提供贷款，同时债务国要实行紧缩政策，降低通胀率，并减少国家干预，鼓励和吸引外资。

在外部环境要求和自身理念多重作用下，德拉马德里积极鼓励外国投资，放松外汇管制，进行国营工业私有化，从内向型的进口替代工业化战略转向外向型的新自由主义市场经济模式，加快了国家经济自由化步伐。与此前的几位总统不同，其坚持经济政策以市场为导向，推动工业转型，以建立基于外国投资和当地廉价劳动力的产业。

1986年，墨西哥加入了关贸总协定。为了提高产品的竞争力，德拉马德里政府冻结工人工资并使比索贬值，还提高了税率，以减少财政赤字，引起民众普遍的不满情绪。为此，1987年年底，德拉马德里政府与工人和雇主组织签署了《经济团结公约》，将最低工资提高20%，并承诺将基本农产品价格保持在其适度水平。尽管如此，其任期内墨西哥外债增长超过30%，比索兑美元持续贬值，年均通货膨胀率仍然超过100%，甚至在1987年达到159%的历史高位。20世纪80年代中期，墨西哥的不充分就业率一度达到25%，经济增长率不稳定。政府减少对农业部门的补贴，贸易自由化导致进口增加，农业遭受较大冲击，农村工作岗位急剧流失。同时紧缩措施对中下层民众影响较大，民众收入减少，实际工资比1978年下降了50%，而且价格上涨比收入更快，民众怨声载道。

二、德拉马德里的外交作为

在外交上,德拉马德里进一步推行外交多元化政策。其任期内加强与美国的沟通协调,六年内与里根总统举行了六次会晤,在促进贸易、解决外债问题、打击贩毒等领域加强合作。其要求美国开放市场、降低债务利率、提供资金和转让技术等,以帮助墨西哥克服债务危机,得到了美方一定程度的支持。然而1985年美国缉毒局特工恩里克·卡马雷纳遭遇绑架并谋杀,导致墨西哥与美国的关系一度紧张。为此,德拉马德里曾在回忆录中写道:"我们面临粗鲁的人,他们不寻求理解,而是将自己的想法强加给别人……我们必须保持冷静,继续努力改善关系,但不要失去我们的尊严。"

同时,德拉马德里高度重视与第三世界国家的交往。在拉美地区,其积极走访其他地区国家,主张建设拉美经济体系,推进地区内合作。在墨西哥牵头下,1984年拉美十一个外债最多的国家在哥伦比亚卡塔赫纳举行会晤,达成《卡塔赫纳协议》,决定就债务问题协调立场。其任内与委内瑞拉达成协议,同意继续以优惠价格向中美洲和加勒比国家提供石油。

随着美苏在全球争霸白热化,冷战在拉美地区也愈演愈烈。德拉马德里认为军备竞赛是世界不稳定的根源,呼吁美苏停止核试验并建立无核区。1984年5月,墨西哥与阿根廷、瑞典、印度、希腊和坦桑尼亚组成"六国集团",以促进和平和裁军为主题举行了多次会议,为敦促大国停止核竞赛发挥了积极作用。

随着美苏在中美洲地区加大扶持各自势力,开展激烈争夺,严重影响了该地区的和平稳定。美国为了阻止社会主义革命在该地区的蔓延,一直不断调整政策和策略。1981年,里根担任总统后,加大公开干涉力度,持续采取强硬政策,对萨尔瓦多政府提供军事援助,镇压当地游击队,并对尼加拉瓜进行全方位施压。

面对这一局势,德拉马德里继续延续前政府的地区斡旋政策。1983年1月,墨西哥与哥伦比亚、巴拿马和委内瑞拉专门在巴拿马的孔塔多拉岛举行会议，就解决中美洲争端问题进行谈判。上述四国在国际上被称为"孔塔多拉集团"，这次会议通过了《和平解决中美洲问题倡议》，呼吁中美洲五国直接进行谈判，要求一切外国军事顾问撤出该地区并停止输送武器。随后，孔塔多拉集团还提出了解决中美洲问题的十点方案。1984年9月，该集团又拟定了《中美洲和平条约草案》，并为促成该条约的签署开展了大量外交活动。可以说，德拉马德里政府在促进中美洲和平方面发挥了积极作用。

三、革命制度党的衰落

在德拉马德里任内，墨西哥革命制度党逐渐失去民心。尽管其上台后开展"道德革新"运动，打击官员腐败问题，逮捕了部分在波蒂略政府就职的高级官员，但总体看未能有效挽救革命制度党的公信力。尤其是波蒂略总统下台前推行的银行国有化，给墨西哥北部的奇瓦瓦州以及其他部分州的经济和社会带来了较大冲击，使得革命制度党在这些地区逐渐失去群众拥护。

德拉马德里上台后，反对党国家行动党开始在国内受到更多民众支持。1983年，在奇瓦瓦州的市政选举中，国家行动党赢得了该州九个城市的控制权，而这些城市人口占该州总人口达到70%的比例。1984年11月，墨西哥城附近城镇圣胡安伊克华特佩克的石油液化气储罐场发生严重爆炸事故，造成了近600人死亡和7000人重伤。据调查，这起事故是由于管道在液化气输送过程中破裂所造成的。墨西哥国家石油公司被判定对该事件负责，并向受害者赔偿损失。然而事故暴露出墨西哥国家石油公司的腐败无能，使得民众进一步加剧了对政府的不满情绪。

1986年奇瓦瓦州举行州长选举，革命制度党候选人费尔南多·巴埃萨击败了国家行动党候选人弗朗西斯科·巴里奥，但部分民众在国家行动党怂恿下抵制选举结果、指责存在选举舞弊。之后，在维拉克鲁斯和瓦哈卡等地区，也出现了民众抗议选举舞弊的情况。德拉马德里认为国家有必要进一步民主化，推动政治制度向更大的竞争开放。为此，1986年政府进行了选举改革，将通过比例代表制选出的众议院成员数从100人增加到了200人，规定参议院由各州两名参议员以及墨西哥联邦区两名参议员组成，每三年选举半数成员。选举制度的调整给了国家行动党等反对党更多的政策空间。1987年，面对德拉马德里采取的新自由主义路线，革命制度党内部出现严重分歧。由夸瓦特莫克·卡德纳斯领导的一批持不同政见者脱党并组成了民族民主阵线，给革命制度党的地位带来了一定挑战。

德拉马德里任内，墨西哥遭遇了多起大规模灾害的侵袭。1985年9月19日，墨西哥西南海岸发生8.1级地震，震波两分钟后到达首都墨西哥城，造成该城至少7000人死亡，30%的建筑物倒塌，多达1.1万人受伤。地震发生后，墨西哥城断水断电，交通和通信瘫痪，经济损失达到11亿美元。地震发生的这一天被称为"墨西哥城最惨的一日"。由于倒塌的建筑物大部分是近期的建筑和公共工程项目，德拉马德里政府被指责管理不善和腐败无能。此外，其对这次灾难也处理不当，最初便拒绝国际救援，并拒绝派遣军队协助救援工作，仅仅在实施宵禁后派遣军队到街道巡逻。同时，当时政府将约30%的联邦预算用于支付外债，德拉马德里拒绝削减外债以用于灾后重建。据报告，墨西哥城直到震后第二年才完成了灾后重建工作。德拉马德里任内，墨西哥还遭遇飓风吉尔伯特的袭击，金塔纳罗奥州等地区受到严重破坏。1986年墨西哥主办了国际足联世界杯比赛，当时国家正经历经济危机，而且还未彻底从地震破坏中恢复，许多民众针对这次赛事发起了抗议活动。总之，德拉马德里政府应对危机的种种表现遭到了社会各界的广泛批评。

在性别平等问题上，德拉马德里积极改善本国妇女处境。他在竞选总统期间曾提出讨论堕胎问题，由于当时墨西哥人口增长迅速，国家在经济危机背景下需要大笔开支来应付人口增长的需要。因此，德拉马德里上台后，与司法部共同推动改革联邦区刑法，希望使妇女"平等怀孕前三个月内因避孕失败、胎儿畸形和因强奸导致的堕胎"合法化。但当时天主教会和保守派势力强烈反对，导致该倡议最终未能通过。

1988年德拉马德里任期将满，然而在当年7月举行的总统选举中，其政府被卷入选举丑闻。在计票过程中，左翼的民族民主阵线总统候选人夸瓦特莫克·卡德纳斯票数遥遥领先革命制度党总统候选人卡洛斯·萨利纳斯，然而电脑系统突然停止运作，不久后官方便宣布革命制度党的总统候选人萨利纳斯以50.3%的得票率获胜。选举结果引起较大争议，反对党和部分民众举行了游行示威，但萨利纳斯依然顺利上台。

德拉马德里在晚年曾向《纽约时报》承认这次选举被操纵以保证革命制度党获胜，并称在选举三年后已将所有选票都烧毁以消除证据。当时，这一戏剧性的事件再次加剧了民众对革命制度党的不信任，为这一传统老牌政党的下台埋下了伏笔。

第五节　萨利纳斯的社会自由主义改革

1988年12月，革命制度党人卡洛斯·萨利纳斯带着选举舞弊的争议登上了总统宝座。迎接他的是一个经济困顿、贫富差距拉大、执政党威信下降的国家。萨利纳斯就任后，进一步推行新自由主义改革和政治自由化，为此后金融危机的爆发和革命制度党的下台进一步埋下伏笔。

一、萨利纳斯的社会自由主义思想

卡洛斯·萨利纳斯（Carlos Salinas），1948年出生于墨西哥城一个书香门第。其父母都是文化领域享有盛誉的教授。萨利纳斯从小接受良好教育，1966年进入墨西哥国立自治大学攻读经济学专业。在读期间，德拉马德里曾担任其老师，两人结下了深厚的师生情谊。毕业后，萨利纳斯赴美国哈佛大学学习并获得公共管理硕士学位、政治经济学硕士学位和政府学博士学位。其在接受美国高等教育期间，深受芝加哥学派等新自由主义经济理论影响。

学成回国后，萨利纳斯曾先后在墨西哥几所大学任教，同时开始在政府中任职。其对墨西哥农村问题十分感兴趣，1982年曾发表题为《农村生产与政治参与》的研究报告。德拉马德里上台后，萨利纳斯被任命为规划和预算部部长。1987年10月，其被革命制度党提名为总统候选人。在次年大选中，其一度面临左翼总统候选人夸瓦特莫克·卡德纳斯的挑战，但最终在计票过程中计算机系统中断，选举结果出来后，萨利纳斯以50%的得票率击败了获得30%选票的夸瓦特莫克·卡德纳斯，赢得大选。

萨利纳斯总统

萨利纳斯上台后逐渐形成了自己的一套执政思路。1988年12月的就职演说中，他表示要打造一个"现代化"的墨西哥。1989年，萨利纳斯推出《国家发展计划》，包括保护主权、民主、经济复苏和提高生活水平四大政策支柱。1991年11月，其在议会发表的国情咨文中第一次系统阐述了"新民族主义"概念，强调要坚持墨西哥人的价值观和历史传统，捍卫主权、尊重自由和促进公平正义等传统民族主义理念，同时为促进民族利益采取现实主义政策。在1992年3月的公开演讲中，萨利纳斯提出了"社会自由主义"。他表示，19世纪的墨西哥将国家从强权和奴役中解放出来，在新旧世纪之交，要保持党和政府的永续发展则需要提出新的指导思想。

萨利纳斯的社会自由主义主要包括以下十大主张：一是主权。新自由主义认为民族主义已经过时，国家主权是过去的问题。而对社会自由主义来说，主权是根本，是生存的理由。只有社会自由主义的提议才能增强墨西哥的主权。二是国家。新自由主义对贫富差距漠不关心，社会自由主义提倡支持国家，致力于社会正义，在法律框架内领导变革，并保持对人权的严格保护。三是社会正义。对新自由主义来说，社会领域是个人、孤立的参与，不必将他人利益纳入其决策。社会自由主义有效尊重了墨西哥人的尊严，在日常活动中实现社会正义。四是自由。对新自由主义者来说，形式上的自由是国家必须依法保护的唯一保障。而社会自由主义恢复了个人的道德价值，并将其与社会道德价值相结合。五是民主。新自由主义不想要动员或参与，对社会自由主义来说，民主是一种法律结构和政治制度，要求国家尊重投票，与政党和公民共同负责。六是教育。对新自由主义者来说，教育是个人领域的专属责任，因此否认国家责任或者国家教育体系的存在。对社会自由主义来说，教育是国家全面发展的基础，教师是争取主权和社会正义的基本行动者，社会自由主义者提倡教育自由的国家教育体系，在社会中承担更广泛的责任。七是农村。对新自由主义来说，农业是一种经济活动，受制于市场规则。而对社会自由主义来说，农村是墨西哥社区和城镇历史的指引线，因此将有效促进土地公平正义。八是土著。对新自由主义来说，土著社区是应该消失的障碍。对社会自由主义来说，墨西哥民族由基于土著人民的多元文化组成。九是衣食住行、健康和生活质量。对新自由主义来说，这是个人和家庭的事情，不需要国家参与其中。对社会自由主义来说，这些是国家的专属责任，将通过新的计划广泛参与解决这些领域的问题。十是民族主义。对于新自由主义来说，意识形态已经消亡，历史已经终结。而社会自由主义为20世纪90年代和21世纪的墨西哥提出了一种捍卫国家利益的民族主义。同时，萨利纳斯号召革命制度党加强自我革新，以民主方式获得权力并行使权力。客观来看，萨利纳斯提出的社会自由主义理念展现出一定的积极面和现实意义，是墨西哥政府和革命制度党面临自身发展困境和外部挑战做出的重要方向指引。

在政治领域，由于选举舞弊问题严重影响了革命制度党的公信力，萨利纳斯认为需要进一步进行政治改革，增加选举的透明度。因此，1990年7月国家通过了新的联邦选举法，具体内容包括：放宽政党登记条件，鼓励政党间竞争，并规定了公共财政对政党资助的最高限额；为了增加选举机构的公正性，将联邦选举委员会改为联邦选举协会，并由之前革命制度党占半数以上的比例改革为仅占三分之一，其余成员由反对党和无党派中立人士构成；设立联邦选举法庭，成员与联邦最高法院法官相似，主要解决选举分歧和争执，并接受和审理公民举报等事务；各政党对选举人的选举资格进行共同审理，并参与选票设计和发放工作；运用先进手段给选票进行统计并在投票结束后当天公布选举初步结果，增强民众对选举结果的信任度。同时，加强革命制度党自身建设。1990年革命制度党召开党的第14次代表大会，修改了党章，成立全国政治委员会，加强整治党风，加强党内团结，实行党内集中统一原则。而且萨利纳斯政府采取反腐举措，审查并抓捕了数千名贪官入狱，包括前农业部长爱德华多·佩斯凯拉、石油工会领导人爱德华多·莱戈雷拉、索诺拉州首府市长以及墨西哥海关关长等一批高级官员。此外，萨利纳斯本人以身作则，亲自深入偏远地区考察民情，并接见少数民族代表，听取各界意见。然而，革命制度党的民意支持率并没有得到挽救。在1994年的选举中，革命制度党首次在国会中失去了三分之二的多数席位。

萨利纳斯上台之初，墨西哥的外债约占国内生产总值的45%。因此，其重要任务之一是减轻墨西哥的债务问题。1989年，墨西哥已成为拉美第二大债务国，债务总额达到988亿美元。同年3月，美国财政部长布雷迪在解决拉美债务问题上提出了一个新计划，将解决这些国家债务问题的重点放在债务本息的减免上,而不是以借新债还旧债。其主张由国际货币基金组织、世界银行以及债权国政府为削减债务本金和利息提供资金支持,如果拉美国家接受国际货币基金组织制定的经济平衡计划,美国商业银行将在三年内减免其部分债务和利息。其提出的条件是墨西哥等拉美债务国推行国有企业私有化、减少政府对经济的干预、开放资本市场、放松投资限制、实行贸易自由化等诸多新自由主义政策,也是后来被称为"华盛顿共识"的经济主张。

1990年2月,萨利纳斯政府与国际债权银行达成减债协议。经过近四年的谈判,其与国际货币基金组织以及与美国、法国、德国、加拿大、英国等国家领导人达成协议,将外债减少至200亿美元,债务比例从1988年国内生产总值的63%下降至1994年的22%,支付利息从国内生产总值的17%降至1994年的9.8%。

同时,萨利纳斯政府实行经济紧缩计划,并采取新自由主义经济政策,大举推进私有化进程。1984年,联邦政府经营或拥有的公司达到1150多家,包括墨西哥国家石油公司、联邦电力委员会、拉萨罗·卡德纳斯-拉斯特鲁查斯炼钢厂,以及矿业、糖厂、房地产、酒店、汽车、钢铁制造、渔业等领域的企业。萨利纳斯上台后将电信、钢铁、采矿业、银行等数百家国有企业私有化。其中,墨西哥电信公司(TELMEX)被出售给了革命制度党人士卡洛斯·斯利姆,此人后来成为墨西哥首富。推行私有化的目的是为政府甩开包袱,并将私有化获得部分款项用于基础设施建设和社会服务上。同时,萨利纳斯政府加快贸易开放,降低关税,加大外资吸引力度。

萨利纳斯加大开放金融市场,1992年将商业银行私有化,并积极推动证券市场的发展。自1994年起,墨西哥开始允许外国银行进入本国金融市场。经过数年努力,墨西哥经济实现低速增长,1989年、1990年、1991年和1992年经济增速分别位2.9%、3.9%、4.1%和2.7%,通货膨胀率从1989年的114%下降至1994年的7%,达到22年来的最低水平。国家财政状况有所改善,外汇储备持续上升,就业状况亦有好转。然而墨西哥货币比索持续贬值，截至 1994 年 11 月 30 日其下台前比索兑美元已跌至 3.6∶1 的水平。

在社会层面，萨利纳斯推行"团结互助计划"（PRONASOL），进行大规模扶贫，帮助落后地区解决经济发展难题，以缓和社会矛盾。该计划实施后，国家公共服务得到一定改善，数百万人获得医疗服务和饮用水供应。萨利纳斯上台五年内，墨西哥共修建和修缮了 74000 多所学校，惠及 1200 万学龄儿童。但由于该计划带有一定的政治色彩，是萨利纳斯为了挽救革命制度党的公信力而采取的社会举措，因此实施效果并不尽如人意。总体看，团结互助计划的资金没有到达最贫困地区的民众手中，而是大部分流向了革命制度党急需选票的地区内中等收入人群。1993—1994 年，政府通过团结互助计划增加了对恰帕斯州的资金分配，但并未能阻止当地印第安人领导的萨帕塔运动，这也证明了该计划的局限性。

萨利纳斯在实施多元化经济外交政策的同时，对美国十分重视。冷战结束后，美国成为当时世界上唯一的超级大国，同时经济全球化不断加速。该时期墨西哥与美国的关系变得更加紧密。萨利纳斯上台后多次访问美国，积极向这个北部的强邻靠拢。当时美国正积极与加拿大等其他国家开展自由贸易谈判，以应对来自日本和欧洲的竞争。1985 年，美国和加拿大开始就签订双边自由贸易协定举行谈判，并于 1988 年正式签署相关协议。萨利纳斯政府认为加入北美自贸区有利于确保墨西哥的出口市场和吸引外部投资，有助于本国经济发展。因此，1991—1992 年墨西哥参加了《北美自由贸易协定》（North American Free Trade Agreement，英文缩写为 NAFTA）谈判。

1992 年 8 月 12 日，墨西哥与美国、加拿大正式签署《北美自由贸易协定》，该协定随后于 1994 年 1 月 1 日正式生效。该协定的宗旨是取消贸易壁垒、创造公平竞争条件、增加投资机会、保护知识产权、促进成员国合作。协定决定自生效之日起，分三个阶段逐步取消关税，实现商品和服务自由流通。其中，北美自贸区内部约 50% 的商品立即取消关税，其余

15%的商品在5年内取消关税，剩余商品在10年内逐步消除关税。协定总则规定，除了美国航空与无线电通信行业、加拿大文化产业和墨西哥石油业以外，取消绝大多数产业的投资限制。《北美自由贸易协定》的生效标志着一个年均国民生产总值达到6.5万亿美元、拥有3.6亿人口的北美自由贸易区的建立，是世界经济一体化的重要一步。

同时，萨利纳斯政府重视与拉美地区其他国家交往，任内频繁出访本地区国家，推动双边合作。在中美洲问题上，其与哥伦比亚、委内瑞拉总统决定成立三国集团，支持中美洲和平进程。1992年墨西哥召开了查普尔特佩克和平协议，萨尔瓦多内战各方签署协议结束了长期冲突。同时，墨西哥与委内瑞拉继续推进《圣何塞协议》，向中美洲和加勒比国家提供优惠价格原油。1991年，墨西哥还成功主办首届伊比利亚美洲国家首脑会议，促进拉美国家和西班牙、葡萄牙的交流合作。同时，墨西哥积极融入亚太地区合作。1993年，墨西哥加入亚太经济合作组织（APEC）。萨利纳斯政府还积极与中国、日本、韩国、新加坡和澳大利亚等亚太重要经济体开展合作，签署了不少经济合作协议。

二、1994年的里程碑

1994年墨西哥同时发生了几件震撼国内外的大事。

首先是其国内萨帕塔民族解放军横空出世。1994年1月1日，正是墨西哥与美国、加拿大签署的《北美自由贸易协定》正式生效的日子，新年的钟声刚刚在恰帕斯州首府圣克里斯托瓦尔敲响，与之一同打响的是萨帕塔民族解放军的枪声。这支队伍借用了20世纪初墨西哥著名革命家埃米利亚诺·萨帕塔的名字，白皮肤的领导人马科斯自称副司令，持枪蒙面，身着戎装，被誉为"切·格瓦拉第二"和"墨西哥佐罗"，带领着数千名蒙面的玛雅原住民组建了游击队。关于马科斯的真实身份，外界众说纷纭。最权威的版本是马科斯其人真名为拉法埃尔·塞巴斯蒂安·纪廉，毕业于墨西哥国立自治大学哲学专业，后任教于以激进政治立场著称的大都会自治大学。1983年，拉法埃尔·塞巴斯蒂安·纪廉突然神秘消失，据说作为墨西哥民族解放阵线的秘密成员抵达恰帕斯州印第安聚居区，同年萨帕塔民族解放军便宣告成立。该队伍的主要诉求是维护土著印第安人的权利，并反对全球化和新自由主义，起义当天通过电台发表了《第一次丛林宣言》（即《战争宣言》），提出了包括工作、土地、住房、食物、健康、教育、独立、自由、民主、公正以及和平在内的11项具体要求。

萨帕塔民族解放军成员

尽管萨帕塔人武器落后，但训练有素，几乎兵不血刃地占领了多个城镇。1994年1月2日，墨西哥政府军发起反攻，萨帕塔起义军伤亡惨重并且被迫撤离，后与政府军达成停火协议。同年3月1日，萨帕塔民族解放军提出了包括实施自治在内的35条要求。政府提出的全面收买式协议遭到了萨帕塔人的拒绝，后者继续向其他地区推进，至1994年12月底已控制了几乎恰帕斯州一半的领土。

萨帕塔民族解放运动兴起的背后有着深层的社会因素。寻求公平的发展权利是其根本诉求。墨西哥是玛雅和阿兹特克文明的发源地之一，全国1.3

亿人口中90%以上为印欧混血人和印第安人，其中印第安人约有60个部落，总人口达1693万，约占全国人口13%。其中一半居住在南部的瓦哈卡、恰帕斯、维拉克鲁斯和尤卡坦州。南部印第安人生存条件极为恶劣，拥有71.6万印第安人（占该州总人口约27%）的恰帕斯州是墨西哥最贫穷的州，贫困率高达70%以上。印第安人的贫困问题主要源于缺乏土地资源。西班牙殖民时期，墨西哥实行大庄园主制，全国土地集中掌握在少数大庄园主手中，印第安人丧失土地和人生自由，沦为西班牙殖民者的奴隶。20世纪初墨西哥大革命后，政府将土地收归国有，同时在印第安聚居区建立以土地为基础的村社制度，由村社将土地分配给社区民众，但落实情况并不理想。从20世纪70年代起，政府开始实施新自由主义改革，1988年上台的萨利纳斯总统为刺激经济增长，加速国有资产私有化，尤其大力实施农业私有化改革，废除土地分配制度，政府不再给农村居民分配土地，引发了诸多需要土地的印第安农民不满。萨帕塔民族解放军的最初诉求就是寻求更大的发展权利。

同时，维护文化与身份认同是印第安人奋起抗争的重要原因。在哥伦布发现新大陆之前，印第安人一直是墨西哥土地上的主人，创造了闻名世界的玛雅、阿兹特克等璀璨文明。但西班牙殖民者到来后，拉美丰饶的财富从"被切开的血管"中源源流走，印第安人从这片土地的主人沦为亡魂抑或奴隶，幸存的少数印第安人默默保护着祖辈留下的传统文化习俗和生活方式。墨西哥政府一度试图通过推广西班牙语和禁用印第安语的方式，抹去印第安人的文化身份，使其彻底融入现代的墨西哥。印第安民众坚决反对去除自己的民族语言文化，促使政府从20世纪70年代开始在印第安人聚居区推行双语教育。但由于资金和人才匮乏，印第安语教育的发展仍然面临种种束缚。同时，政府的开发项目对印第安聚居区的环境造成破坏，使许多土著居民流离失所。萨帕塔运动的诉求之一就是为恰帕斯印第安人和墨西哥其他群体争取更大的文化自治权，维护和巩固自身身份和文化认同，实现文化传承。

恰帕斯州的印第安人

1994年发生的第二件大事是墨西哥六年一度的总统选举。1993年11月，曾任革命制度党党主席和社会发展部部长的路易斯·唐纳多·科洛西奥·穆列塔被宣布为该党总统候选人。然而1994年3月，其在墨西哥北部边境城市蒂华纳开展竞选活动期间，遭遇枪杀身亡。刺杀科洛西奥的凶手随后被捕，据调查是当地一名装配厂的技工，宣称其最初目的只是将科洛西奥打伤以引起社会关注。但据媒体披露，由于科洛西奥死前曾在一场演讲中指出墨西哥存在很多社会问题，导致其与萨利纳斯的关系有所恶化。墨西哥反对党将科洛西奥的遇刺归咎于萨利纳斯。科洛西奥的父亲也一直认为自己的儿子被害是一场政治阴谋。

总之，科洛西奥遇刺事件打乱了当年的选举进程。为了应对即将于9月召开的总统选举，革命制度党经过权衡后将前教育部长、曾担任科洛西奥竞选协调员的埃内斯托·塞迪略·庞塞·德莱昂作为总统候选人。1994年9月总统选举结束后，时任总统萨利纳斯的前姐夫、革命制度党秘书长何塞·弗朗西斯科·鲁伊斯在墨西哥城市中心又遭遇暗杀。而墨西哥警方直到萨利纳斯任期结束也没有查出凶手。

1994年发生的第三件大事则是墨西哥金融危机的爆发。1982年爆发的债务危机已经带给墨西哥沉重的打击，此后在长达八年的时间内，墨西哥国内生产总值年均增长率仅为0.7%，通货膨胀率居高不下。萨利纳斯总统就任后致力于经济市场化和贸易自由化改革，吸引大量外资涌入，为促进经济复苏发挥了一定作用。但其为了应对通货膨胀而将比索钉住美元，使得比索币值出现高估情况，从而削弱了本国产品的国际竞争力，并且加大民众对进口商品的需求。墨西哥经常项目逆差从1989年的41亿美元增长至1994年的289亿美元，对外资依赖程度不断加大。而1994年萨帕塔运动的兴起、革命制度党总统候选人和总书记先后遇刺等事件，加剧政局动荡，投资者信心受到动摇，加上同年美联储数次加息，墨西哥金融市场撤资现象与日俱增。为此，墨西哥政府不得不动用外汇储备以填补赤字，造成外汇储备急剧减少，加剧了金融市场的不稳定性。在萨利纳斯卸任后不久，墨西哥新政府便宣布比索贬值，随之爆发了金融危机。

第六节 塞迪略的自由化改革

一、金融危机的爆发

在金融危机和萨帕塔民族解放军起义的混乱背景下，新总统埃内斯托·塞迪略·庞塞·德莱昂（Ernesto Zedillo Ponce de León）继续推进墨西哥的自由化改革。

塞迪略总统

　　塞迪略于 1951 年 12 月出生于墨西哥城。童年时期，他的父母为了谋生曾举家移居下加利福尼亚州墨西卡利城。塞迪略 14 岁时，他们全家又回到了墨西哥城。塞迪略 18 岁时进入墨西哥国立理工学院学习。1971 年，还在大学就读的塞迪略加入了革命制度党。次年，其获得经济学学士学位，并开始担任讲师。1974 年起，塞迪略前往美国耶鲁大学继续深造，在那里撰写了关于墨西哥外债和石油关系的博士论文，并顺利获得博士学位。回国后，塞迪略进入墨西哥银行工作。到 1987 年时，其已经升任为规划和预算部负责规划和财政调控的副部长。1988 年，36 岁的塞迪略担任了该部部长，其间积极推动国家的科技改革工作。1992 年，塞迪略被萨利纳斯任命为教育部长。一年后，他辞去该职，成为科洛西奥竞选下一届总统的协调员。

　　1994 年大选前夕，当时革命制度党推出的总统候选人科洛西奥突然遇刺，使选举进程陷入停滞。塞迪略因已经辞去公职一段时间，成为当时革命制度党为数不多的备选人之一，并最终被制定为该党总统候选人。但塞迪略被外界视为一名经济学家，缺乏一定的政治经验和影响力，因此有舆论认为萨利纳斯企图利用塞迪略继续操纵政局。但在大选中，塞迪略以

48.69%的得票率战胜了国家行动党和民主革命党各自的总统候选人，成功登上总统宝座，于1994年12月1日正式就职。

塞迪略上任后面临的第一场考验就是墨西哥金融危机。其就任时，墨西哥的经济形势已经非常不稳，外资流失严重，外汇储备不断减少，无法再稳住萨利纳斯政府此前制定的3.46比索兑1美元的汇率。为了改善本国国际收支状况、阻止资金外流、鼓励出口和抑制进口，1994年12月19日塞迪略政府对外宣布墨西哥比索贬值15%。然而，正是这一决定引发墨西哥股市暴跌，加剧了外资撤离和比索贬值，促使国家爆发了金融危机。1994年12月20日至21日，墨西哥外汇储备减少了近40亿美元，12月20—22日比索兑美元汇率暴跌42.17%，数千家公司宣告破产。

同时，其他国家和地区也受到危机冲击。巴西、阿根廷、智利等国当时也存在较为严重的债务和货币币值高估等问题，墨西哥金融危机的爆发促使外国投资者加大抛售这些拉美国家的股票，引发多国股市暴跌。此外，1995年1月欧洲股市指数下跌1%，美国在墨西哥投放的股票损失严重。美国前财政部部长罗伯特·鲁宾曾说："21世纪的第一场全球危机起源于墨西哥，这不是一个决定的结果，而是多年积累的失衡的结果。"

二、新自由主义和政治自由化

为了应对突如其来的危机，塞迪略政府经过多方协商推出了紧急经济救助计划，努力压缩经常项目赤字，恢复正常经济活动和就业，并减少通货膨胀。同时，塞迪略政府还向国际金融机构和美国政府请求紧急贷款援助。不久后，国际货币基金组织和世界银行决定向墨西哥提供300亿美元贷款，美国克林顿政府也向墨西哥提供了200亿美元贷款，帮助塞迪略政府拯救本国银行系统。到1995年上半年，墨西哥金融动荡才基本平息。

1994年墨西哥金融危机带来了严重的后果。1995年墨西哥国内生产总值下降了6.9%，比墨西哥在1929年经济大萧条和1982年债务危机中的跌幅还要大。自1996年起，墨西哥经济才得以缓慢恢复。当年经济增长超过了5%，通货膨胀率开始缓慢下降，失业率从1995年的7.6%下降至1996年7月的5.8%。

在应对危机同时，塞迪略政府继续推行新自由主义经济政策，向私人投资开放了天然气行业，并建立了私营的养老金体系。塞迪略政府还打算将石化部门从政府控制的石油行业分离出来，并将其完全私有化，但因遭到革命制度党领导层的坚决反对而中止。

政治上，革命制度党内部的分裂进一步加剧。塞迪略为了巩固自身统治，与萨利纳斯正式决裂。金融危机爆发后，塞迪略表示这场危机是萨利纳斯六年任期中采取的经济政策所导致的，而萨利纳斯将危机归咎于塞迪略政府将比索贬值的决定，并称之为"十二月的错误"，两人矛盾愈发尖锐。1995年2月，塞迪略以谋杀革命制度党总书记鲁伊斯的罪名下令逮捕了萨利纳斯的哥哥劳尔·萨利纳斯。

相比萨利纳斯，塞迪略更主张政治自由化。其上台后提出减少总统权力，还提出党政分离，表示作为总统要和革命制度党保持一定距离。塞迪略支持推行联邦制，反对中央集权选举，采取多项措施促进州政府融入联邦机构。其任内还开启了选举改革。1995年1月，其发起了关于选举改革的多党会谈，墨西哥主要政党——革命制度党、国家行动党、民主革命党以及劳动党就推行政治改革签署了《国家政治协议承诺》。1996年7月，上述四个主要政党就改革方案达成一致，并在立法机关推动该方案获得批准。根据选举改革方案，国家创立了监督选举的自治组织，将墨西哥城政府首脑的人选确定从以前的任命方式改革为选举方式，并对竞选支出进行更严格的监督。改革进一步降低了革命制度党对政局的把控能力，为其他政党参与选举提供了更多机会。塞迪略自己也清楚地意识到上述改革将削弱革命制度党的力量，使该党失去对政权的控制，但仍然表示"改革是必须的，不可缺少的"。

1997年的众议院选举中，革命制度党只获得了38.8%的选票，赢得了

239个席位，比上届众议院减少了59个席位，首次没有赢得众议院的三分之二以上席位。同时，格雷塔罗州和新莱昂州被国家行动党夺去了州长职位。首都墨西哥城政府首脑职位落入民主革命党人士夸瓦特莫克·卡德纳斯手中。由此可见，1997年选举中，反对派在地方政府和国家首都取得一定胜利。而塞迪略总统表示，"参议院和众议院各党派代表性的加强进一步巩固了政府的合法性"。在塞迪略的政治自由化改革影响下，革命制度党内部的不团结、思想混乱和意见分歧也愈发严重。

社会层面，塞迪略政府扩大医疗服务覆盖范围，大力推行疫苗接种，使得婴儿死亡率降低，墨西哥人均寿命得以提升，同时政府还积极提高饮用水质量，使公共卫生状况整体得到改善。

三、应对萨帕塔运动

1995年1月，塞迪略政府派内政部部长埃斯特万·蒙特祖马与萨帕塔运动领导人马科斯开启了名为"迈向和平步骤"秘密会谈，谈判一度进展顺利并有望达成协议。但塞迪略政府不同意接受萨帕塔人对恰帕斯州大部分地区进行控制的主张，双方谈判中断。1995年2月，塞迪略政府公开揭开了该组织的神秘面纱，向公众宣布其领导人马科斯的真实身份是一名大学教授。同时，政府军开始对萨帕塔民族解放军进行围剿，后者被迫撤入丛林深处。不久后，迫于国内外巨大舆论压力，政府军停止进攻，双方再度形成僵持局面。1995年4月，政府和萨帕塔人再度开始秘密谈判。

1996年1月1日，萨帕塔民族解放军在庆祝起义两周年的大会上发表了《第四次丛林宣言》，并宣布成立五个阿瓜斯卡连德斯（西语为Aguascalientes，负责处理自治地区社会生产事务的机构平台）。2月，萨帕塔民族解放军与墨西哥政府签署《圣安德列斯协议》，政府同意萨帕塔区高度自治。同年10月，恰帕斯州举行市政领导人选举，萨帕塔人予以坚决抵制并拒绝承认官方选举出的官员，同时按照印第安人习俗选出了自己的自治机构领导人。11月，萨帕塔民族解放军与国家调解委员会经过谈判拟定了《印第安人权利与文化草案》，但最终被塞迪略政府以"印第安自治条款对国家统一存在潜在威胁"为由予以否决。由于萨帕塔运动控制区内自治机构和官方市政机构并存，因此时常发生冲突。自1997年起，为了使自治进一步制度化，萨帕塔人开始驱逐其控制区内多个市的联邦政府管理机构人员。1998年4月，政府动用警察和军队对萨帕塔民族解放军发动了联合进攻。此后，萨帕塔民族解放军一度陷入沉寂。

四、全球化下的外交政策

在经济全球化的大背景下，塞迪略政府在坚持革命制度党独立自主的外交政策基础上，加强了政策的实用主义色彩。

在对美关系上，塞迪略与美国建立了良好的合作关系。墨西哥加入《北美自由贸易协定》后，美墨关系进一步加强。当时美墨贸易已经占墨西哥对外贸易总额的四分之三。1998年，美国占墨西哥76%的出口和70%的进口份额，美墨贸易额达到1870亿美元，比1993年增长了120%。到2000年塞迪略卸任时，墨西哥已经超越日本和中国，成为仅次于加拿大的美国第二大贸易伙伴。墨西哥还和美国在反毒等安全议题上加强合作。1994年12月，首届美洲首脑峰会在美国迈阿密召开，塞迪略首次出访美国。1997年5月，美墨签署一项反毒合作协议，随后在联合行动中抓捕贩毒分子并将之引渡到美国。

其主张加强墨西哥和其他拉美国家的关系，任内推动签署了多项自由贸易协定。1995年1月，墨西哥与哥斯达黎加签署的自由贸易协定正式生效。1998年4月，墨西哥与智利签署了自由贸易协定，同年7月又与尼加拉瓜签署了自由贸易协定。塞迪略考虑到本国在古巴的经济利益，公开反对美国为制裁古巴卡斯特罗政府推出的《赫尔姆斯－伯顿法》。但同时，塞迪略又与卡斯特罗保持一定的距离，并曾含蓄地批评其为"独裁统治"。

塞迪略任内墨西哥和欧盟签署了协定，1999年12月墨西哥以常驻观察员身份加入欧洲委员会。塞迪略还积极推动对华关系发展，1996年11月率领30多位企业家对中国进行国事访问，与时任中国国家主席江泽民和时任国务院总理李鹏进行友好会晤，并签订了多项合作协议。

五、革命制度党的下台

由于塞迪略上台后不久因使比索贬值而引发金融危机，以及政府和萨帕塔民族解放军的冲突不断，民众对其好感度一度下降。1995年1月，其支持率跌至24%的历史低点，此后随着经济有所好转和萨帕塔运动有所平息后，其支持率才逐步恢复。

1999年3月4日，在革命制度党建党70周年之际，塞迪略根据此前的改革方案，决定不再直接提名本党总统候选人，而是宣布开启本党总统候选人的初选进程。4月30日，革命制度党全国政治委员会以无记名投票方式选举了何塞·安东尼奥·冈萨雷斯和杜尔塞·玛利亚分别担任全国执行委员会主席和该党总书记，让他们负责组织初选。5月17日，全国执行委员会确定了总统候选人的选举程序，规定任何18岁以上的墨西哥公民都可以投票选举已经注册登记的初选候选人。在四名初选候选人中，锡那罗亚州前州长、前内政部长弗朗西斯科·拉巴斯蒂达·奥乔亚以90%的得票率获得压倒性胜利，成为革命制度党的总统候选人。同时，国家行动党推出了瓜纳华托州前州长比森特·福克斯作为总统候选人。2000年7月2日的大选中，比森特·福克斯以42.5%的得票率击败了奥乔亚（36.1%），成功登上总统宝座。

结果公布后，塞迪略第一时间向国家行动党和福克斯表示祝贺。革命制度党的溃败让党内很多元老感到不满，他们要求塞迪略为选举失败承担责任。7月4日，革命制度党时任党主席杜尔塞·玛利亚和全体董事会宣布辞去职务。然而7月6日，塞迪略发表声明称革命制度党应该学会认输，并进行重要反省和吸取教训,积极面对未来。9月1日,塞迪略在国会演讲表示,对于墨西哥已经"完成通往民主的道路"感到满意。无论如何,2000年大选的结果打破了墨西哥长期以来由革命制度党统揽天下的局面,标志着一个新的历史周期已经开启。

| 第八章 |

21 世纪以来的政党轮替

第一节 国家行动党异军突起

进入21世纪，墨西哥政治生态发生重大变化。2000年可以说是墨西哥当代历史上的一个里程碑。就在这一年，已经连续执政了71年的老牌政党革命制度党在大选中落败，墨西哥长期以来一党独大的政治格局宣告终结。此前长期作为在野党的国家行动党首次上台，并连续两次赢得大选。同时民主革命党、国家复兴运动党等其他党派力量上升，政党轮替成为墨西哥政坛的"新常态"。

一、革命制度党衰落缘由探究

自20世纪七八十年代以来，革命制度党在民众心目中的支持率逐步下滑。首先，自从革命制度党政府走上新自由主义道路，墨西哥的经济和社会问题不断加剧，革命制度党的群众基础受到削弱。1929年墨西哥革命制度党成立之初，以革命民族主义为基本原则，提出维护民族独立和尊严，发展民族经济，保护工农群众的纲领，得到社会各界广泛支持。20世纪七八十年代以来，由于国际石油价格下跌、墨西哥比索贬值、利率上升等原因，墨西哥大量资本外逃，外汇枯竭，终于在1982年8月爆发了债务危机，因无法偿还到期的268.3亿美元公共外债，被迫宣布无限期关闭全部汇兑市场，暂停偿付外债。同年墨西哥经济衰退0.2%，通货膨胀率达到98.8%。1982年12月上台的德拉马德里总统采取紧急经济调整方案，开启大规模改革，从内向型的进口替代工业化战略转向外向型的新自由主义市场经济模式。同时，他减少对经济的直接干预，强化市场作用，实行国有企业私有化，使得革命制度党逐渐背离了革命民族主义的指导思想。

1988年就任的萨利纳斯总统继续推行新自由主义改革，加快私有化步伐和贸易开放，与美国和加拿大签署北美自由贸易协定等。其改革取得一定成效，国家经济走上了恢复和增长之路，但同时社会矛盾也逐步加剧，收入分配不公问题严重，贫富分化加大。尤其是萨利纳斯政府大力实施农业私有化改革，废除土地分配制度，政府不再给农村居民分配土地，引发了诸多需要土地的印第安农民的不满。1994年1月1日，即墨西哥与美国、加拿大签署的《北美自由贸易协定》正式生效的日子，墨西哥南部的恰帕斯州萨帕塔民族解放军爆发了起义，旗帜鲜明维护印第安人的权利，反对新自由主义改革。

1994年12月塞迪略总统上台，由于此前政府推行金融自由化过快，经济过分依赖外资，而金融监管落后，同年12月下旬墨西哥爆发金融危机，大量资金外逃，经济损失高达700亿美元，贫困人口进一步增加。大量底层民众生活艰难，对政府不满逐步加剧，革命制度党的公信力开始动摇。

其次，革命制度党放弃革命民族主义的指导思想，导致党内思想混乱，派系林立。墨西哥爆发债务危机后，革命制度党内部围绕如何解决经济危机发生了分歧。1986年8月，前总统拉萨罗·卡德纳斯的儿子夸特莫克·卡德纳斯以及革命制度党前主席穆尼奥斯·莱多等党内大佬对德拉马德里的新自由主义政策不满，在党内组建民主潮流派，1987年被开除出党。

萨利纳斯总统上台后公开放弃革命民族主义，以"社会自由主义"作为党的指导思想，并推行思想自由化。塞蒂略总统上台后，表面上宣称重拾革命民族主义大旗，但实际上仍然走社会自由主义道路。革命制度党背离党的指导思想，党内分歧凸显，凝聚力和向心力大大削弱。1989年，民主潮流派联合墨西哥社会党、争取社会主义运动等政党宣布成立意识形态更加偏左的民主革命党。而该党逐渐成为反对革命制度党的重要力量。

再次，职团结构瓦解削弱执政基础。职团体系是墨西哥革命制度党的重要组织形式，是该党与墨西哥社会各阶级进行利益表达与政策输出的重要渠道，也是该党对主要社会阶级进行整合与控制的重要途径。革命制度党的职团体系是由工人部、农民部和人民部三个职团部门所构成，上述三个部门由相关团体按层级序列组成。职团作为利益集团和本行业领域的代表，与政党和国家间保持互动合作关系。自建党以来，革命制度党与工会有着密切的联系。新自由主义改革之下，政府对工会重视程度也在下降，同时大量国有企业被私有化，大批国有企业职工失业，脱离了原有工会。同时墨西哥经济自由化使客户工业迅速发展，由于其企业主大多数为外国人，没有设立工会组织。因此工人部的力量大大削弱。由于萨利纳斯和塞迪略政府停止了土地改革，摧毁了土地共有制度，农民阶层对革命制度党的支持也大不如前。新自由主义改革导致贫富分化加大，两次经济危机导致大量中产阶级生存困难加剧，人民部不少成员开始走向革命制度党的对立面。加上一些新成立的组织和社团分流了原先职团组织的功能，革命制度党的基层组织愈发涣散。

第四，政治改革为国家行动党等反对党提供了发展空间。1988年总统选举结果造成争议，民主革命党总统候选人夸特莫克·卡德纳斯指责执政党——革命制度党舞弊，大批民众上街抗议游行。萨利纳斯政府为稳住执政地位，不得不修正宪法，改革议会席位分配方式、联邦选举机构和选举程序，为国家行动党加大政治参与创造了条件。1994年塞迪略总统上台后，修改选举制度，扩大反对党在国会的议席数，并允许反对党参与选举监督。借助以上便利，反对党开始蚕食革命制度党的传统势力范围，对其权威形成挑战。

最后，革命制度党执政后期，党内出现贪污腐败盛行、官僚作风严重等问题。随着掌权时间越长，革命制度党逐渐思想麻痹、忽视自身建设，滥用权力和腐败丑闻频发，导致公信力大大下降。其执政后期，大量腐败案件曝光，甚至涉及前总统及其家属、亲信，以及诸多政府高官和军人。1995年，前总统萨利纳斯的哥哥劳尔·萨利纳斯因涉嫌反毒和非法致富而被捕。2000年墨西哥大选之际，曾先后任墨西哥城市长和旅游部部长的革命制度党成员奥斯卡·埃斯皮诺萨因涉嫌贪污4.2亿比索（约合4500万美元）而逃往国外，此事在民间掀起轩然大波，重挫革命制度党形象，进一步加速了其在竞选中的溃败。

二、国家行动党的崛起

在革命制度党地位逐步下滑之际，墨西哥国家行动党韬光养晦，为夺取政权而不断积蓄力量。

墨西哥国家行动党最早成立于1939年，发起者是以政治家兼银行家曼努埃尔·戈麦斯-莫林为首的一批天主教活动者、私营企业者和技术人员，目的是尽快结束墨西哥革命以来的动乱，以合法方式改变革命制度党在政坛的垄断地位。取名"行动"，顾名思义就是针对国家面临的问题提出解决方案并采取行动，因此创始人主张以务实态度开展政治运动，一开始并不赞同将该党与左派或右派简单挂钩。但实际上，国家行动党越来越多地展现出保守主义倾向，如支持新自由主义政策，而且一些主张与美欧多数基督教民主党派相近。自20世纪40年代起，国家行动党参与全国选举。1946年，四名国家行动党员进入国会众议院。同年起，该党开始派候选人参加总统选举，但长期无法对革命制度党构成实质性挑战。

20世纪80年代墨西哥爆发债务危机后，大量中产阶级对革命制度党的治理政策不满，开始积极加入国家行动党，后者力量持续上升。萨利纳斯总统上台后，与国会中的国家行动党议员紧密合作，推出了一系列改革法案。为争取国家行动党对建立北美自由贸易区的支持，萨利纳斯总统修改了宪法，允许带有宗教属性的政党参政，此后国家行动党公开其与天主教会的关系，并加入"基督教民主党国际"，明确了其基督教政党属性。同时革命制度党还承认国家行动党在地方选举中的胜利。1989年下加利福尼亚州的选举中，国家行动党人赢得州长职位，得到了萨利纳斯总统的承认，这也是墨西哥历史上首次承认反对党在州一级选举中的胜利。

萨利纳斯政府时期，国家行动党影响持续扩大，除了下加利福尼亚州外，还赢得了瓜纳华托州、圣路易斯波托西州和奇瓦瓦州州长职位。塞迪略政府时期，国家行动党的势力范围进一步扩张，不仅赢得了哈利斯科州、瓜纳华托州、克雷塔罗州、新莱昂州和阿瓜斯卡连特斯州的州长职位，还夺取了许多重要城市的市长职位，在国家政治中的能见度越来越高。

三、国家行动党人福克斯上台

2000年大选是墨西哥现代历史上的一个重要分水岭。这一年，比森特·福克斯为国家行动党和绿色生态党组成的"变革联盟"总统候选人赢得大选，以42.52%的得票率打败了革命制度党候选人弗朗西斯科·拉瓦斯蒂达·奥乔亚（得票率36.1%）和民主革命党、劳工党等联合推出的候选人夸特莫克·卡德纳斯（得票率16.64%）。这是墨西哥历史上除了革命制度党以外的其他政党第一次赢得大选胜利，标志着墨西哥政治生态由革命制度党一党独大转向多党轮流执政的局面。

比森特·福克斯总统

比森特·福克斯·克萨达（Vicente Fox Quesada），1942年7月2日出生于墨西哥瓜纳华托州，父亲是爱尔兰裔的农场主，母亲是西班牙裔，福克斯在家中九个孩子中排行第二。其勤奋刻苦，1964年从墨西哥伊比利亚美洲大学企业管理专业毕业，后赴美国哈佛大学进修并获高级管理专业证书。他毕业后进入可口可乐公司工作，并在五年后成为墨西哥城销售经理，1975年被提拔为该公司在墨西哥和中美洲的总裁。1979年，他回到家乡瓜纳华托州创建"福克斯集团公司"，从事农牧业和鞋业经营。商而优则仕，他逐渐对政治产生兴趣，并于1982年加入国家行动党。1988年当选为墨西哥联邦议员，1995年当选为瓜纳华托州州长，其间业绩突出，使该州成为国内经济发展最好的州之一，可以说其突出政绩也为最终当选总统提供了重要政治基础。1999年，他作为国家行动党和绿色生态党组成的"变革联盟"总统候选人参加大选获胜，最终当选总统。这次选举是1917年以来墨西哥除革命制度党之外的其他政党推出的总统候选人首次上台，标志着墨西哥政治生态的历史性转变。

福克斯总统执政六年期间，积极推进国家建设。政治上，其倡导政治体制和政府机构改革，带头签订反腐败公约，并主动提交自己的财产申报清单。2001年，福克斯政府推行宪法改革，加强墨西哥土著印第安人的权利。同时，其推进政府与萨帕塔民族解放军和谈进程。

经济上，福克斯政府加强宏观调控，推进金融改革，加大对中小企业的扶持力度。其在竞选期间承诺每年达到7%的经济增长率，但事与愿违，其执政首年墨西哥经济衰退0.9%，第二年经济增速达到9%，但第三年经济增速又降至1.5%，第四年为4.5%，低于拉美地区的平均增长率。

外交上，福克斯政府积极参与国际和地区事务，奉行独立自主的多元化外交政策。其任内，墨西哥一度赢得联合国安理会临时席位。福克斯政府积极加强与美国在移民、反毒等问题上的合作。然而9·11事件发生后，美国对外来移民控制更趋严格，令墨西哥政府十分不满。同时，福克斯并不支持美国攻打伊拉克，令美国十分失望。

进入21世纪后，一度沉寂的萨帕塔民族解放军继续开展活动。2001年2月，副司令马科斯及部分领导人向首都墨西哥城进发，并在市中心的宪法广场上面对25万民众发表了名为《土地之色的人民》的演讲，要求政府尊重《圣安德列斯协议》。不久后，墨西哥国会通过了《印第安人权利与文化法》，但印第安群体认为该法几乎完全背弃《圣安德列斯协议》中有关印第安人拥有自治和自决权等基本内容。2005年6月，萨帕塔人发表了《第六次丛林宣言》，全面否定资本主义体制，进一步明确了其反资本主义的政治立场。

同时，萨帕塔人开始在其南部控制区内推进自治实践，进行"另一种政治"的社会革新尝试。2003年，萨帕塔人将控制区划分为五个区，建立在每个区首府的政治文化交流中心由阿瓜斯卡连德斯改称为"卡拉戈尔"（又称"海螺社区"）。2005年以来，萨帕塔人正式开始在其控制区内推行自治实践。萨帕塔自治机制主要分为三层：第一层是村民大会，主要职能包括日常行政、土地管理和社区警务，12岁以上的民众都可以参与讨论决策。第二层是由多个村民社区组成的自治乡镇。第三层是4—7个自治乡镇组成海螺自治区，自治乡镇派出代表组成善政委员会。善政委员会主要负责调解所辖区域内的民事纠纷，并监督社区项目的实施和承担组织团结群众的任务。萨帕塔人拒绝政府或者企业项目，依靠农业生产自给自足，并对外出售产品，以购买必需的医疗用品和药品。萨帕塔社区还建立了多家医院和诊所，推行免费医疗制度，并且建设了几百所学校，为学生提供印第安语教育和职业技术培训。

总体看，福克斯任内国家行动党未能占据议会多数席位，在议会受到革命制度党、民主革命党等反对党掣肘，许多重要改革法案无法获得议会通过，执政效率受到影响。在2003年的立法选举中，国家行动党输给了革命制度党，进一步削弱了福克斯的施政能力。加上其代表右翼政党理念，继续推行新自由主义政策，未能从根本上缓解社会弊病。比如其任内未能解决印第安人的土地问题，导致谈判无疾而终；经济增长仍然乏力，多年低于拉美平均增长率；外交政策有所右转，与古巴等地区左翼国家关系有所恶化。

四、卡尔德龙延续国家行动党执政

2006年7月墨西哥大选是历史上备受争议一次的选举。执政的国家行动党派出候选人费利佩·卡尔德龙，与民主革命党总统候选人洛佩斯·奥夫拉多尔、革命制度党总统候选人罗伯特·马德拉索等共同竞逐总统宝座。

费利佩·卡尔德龙的全名为费利佩·德·赫苏斯·卡尔德龙·伊诺霍萨（Felipe de Jesús Calderón Hinojosa），1962年出生于墨西哥中西部的米却肯州，是一位年轻有为的政治家。其父亲路易斯·卡尔德龙是墨西哥国家行动党创始人之一，也是一名有影响力的作家。费利佩·卡尔德龙自幼接受良好教育，本科毕业于墨西哥城独立法律学校，后获墨西哥自治技术学院经济学硕士学位和美国哈佛大学公共管理硕士学位。受父亲熏陶，卡尔德龙年轻时便加入国家行动党，先后担任党的全国青年委员会书记、研究部部长、总书记等职务。1996—1999年，卡尔德龙担任该党党主席。福克斯执政期间，卡尔德龙曾任联邦议员以及能源部部长等要职。

根据2006年7月6日墨西哥联邦选举委员会公布结果，卡尔德龙获得35.89%的选票，以微弱优势战胜了得票率为35.31%的洛佩斯·奥夫拉多尔。为此，洛佩斯提出抗议，认为联邦选举委员会在计票过程中存在"违规操作"，而且公布的无效选票多达90万张，约占总票数的2.16%，已经远远超过卡尔德龙的领先比例（0.58%）。洛佩斯要求重新计票，并在墨西哥城发动抗议活动。从2006年7月30日起，洛佩斯的支持者在墨西哥城改革大道搭建帐篷，将道路变成临时住所，导致交通完全瘫痪。然而不久后联邦选举委员会作出裁决，拒绝重新计票，并宣布卡尔德龙获胜。洛佩斯坚决拒绝接受该决议，并于当年11月在墨西哥城宪法广场面对数万名支持者宣布自己就任"合法总统"。

为了保证安全，11月30日福克斯和卡尔德龙在总统府秘密举行了权力移交仪式。12月1日，卡尔德龙在混乱中匆忙宣誓就职，整个仪式只进行了5分钟。

卡尔德龙总统

卡尔德龙上台后，采取了一系列措施推动经济社会发展。经济领域，以维持稳定增长为目标，实行较为稳健的经济政策，积极扶持中小企业和出口部门。2007年，卡尔德龙政府还成立了贸易促进会（ProMéxico），以促进本国的国际贸易和投资。其重视公共工程建设，将联邦资金分配给道路和桥梁等基础设施建设。据毕马威咨询公司统计，卡尔德龙任内，墨西哥基础设施项目投资占国内生产总值的比重从2000—2006年间的3.5%上升到4.5%。其任内修建了16500公里的州际公路。此外，被认为是其最杰出的基础实施项目当属2012年建成的连接锡那罗亚州和杜兰戈州的巴卢阿尔特大桥。该桥穿过西马德雷山脉的峡谷，甲板下方有390米的净高，远高于埃菲尔铁塔的高度。尽管位置险峻，但该桥极大缩短了两州之间的通行时间。同时，卡尔德龙任期内对电信领域的投资超过288亿比索，使得2012年约4000万墨西哥人可以上网，是2006年上网人数的两倍。

2008年全球金融危机爆发，美国经济受到极大冲击。从宏观层面看，因墨西哥对美国市场和投资依赖程度较高，该国经济也迅速恶化，比索兑美元大幅贬值。同时，大量在美国工作的墨西哥裔移民丢失工作或收入锐减，导致墨西哥的侨汇收入下降。在多重不利因素作用下，墨西哥国民经济连续两年负增长，其中2009年GDP萎缩6%，创历史新低。2010年随着全球经济缓慢复苏，墨西哥经济实现恢复性增长，增速达5.5%。2011年、2012年经济增长率分别为4%和3.9%。但总体看，墨西哥经济形势在其执政六年内较为严峻。2009—2012年，国家债务从国内生产总值的22.2%增加至35%，贫困率从43%升至46%。

社会层面，卡尔德龙政府加大打击贩毒团伙和有组织犯罪力度。其不再主张以地方警察作为扫毒主力，而是出动大批军人开展行动。为了打击墨西哥"海湾集团""锡那罗亚集团""米却肯家族"等臭名昭著的贩毒团伙，卡尔德龙政府调动数万名军警开展了声势浩大的联合行动。在蒂华纳和华雷斯城，因墨西哥政府怀疑许多警察与贩毒集团有勾连，军队甚至命令当地警察交出武器。2007年4月，国防部公布了政府扫毒成果，宣布抓获1102名毒贩、缴获5亿比索。在两年多的时间内，墨西哥军队陆续逮捕了十几名贩毒集团首脑。但卡尔德龙的反毒行动亦遭到贩毒集团疯狂反扑，使国内绑架、暗杀等恶性犯罪率不降反升。尤其是华雷斯城、蒂华纳、马塔莫罗斯等美墨边境城市的暴力犯罪依然十分严重。据统计，2006年至2011年间墨西哥国内约有4万人死于血腥暴力。

在外交上，卡尔德龙宣称自己并非美国的"傀儡"，并主张在拉美地区加强与其他国家的关系，以改变墨西哥过度依赖美国的局面。其任内，墨西哥积极加强与委内瑞拉、古巴等左翼国家的关系。卡尔德龙还是中美洲一体化和发展项目的支持者，扩大了与该地区国家的经济和安全合作。同时，卡尔德龙还与美国及中美洲国家签署了《梅里达协议》，以加强打击贩毒和跨国犯罪合作。此外，卡尔德龙积极参与国际气候谈判，于2010年11—12月在墨西哥坎昆主办了联合国气候变化大会，并推动《坎昆协议》

的达成，使得国际气候谈判在气候资金、技术转让、森林保护等议题上均取得一定进展。

卡尔德龙重视生态环境事业。其任内，墨西哥减少森林砍伐，同时种植超过800万棵树。卡尔德龙政府还大力吸引绿色科技公司到墨西哥投资，包括对风电场投资25亿美元。此外，卡尔德龙重视教育和医疗工作。其任内创建了96所大学，同时努力使教育全面覆盖本国6—11岁儿童。卡尔德龙政府还创建了1000多家医院，努力实施全民医疗保健系统，覆盖面达到1亿多人。2009年猪流感疫情袭击墨西哥后，卡尔德龙政府宣布进入紧急状态，并采取关闭学校在内的公共服务等措施来遏制其传播。

受经济衰退和安全形势恶化影响，卡尔德龙任期内，墨西哥国家行动党在民众中的支持率有所下滑，在2009年中期选举中只获得27.98%的选票，在众议院席位由206席降至143席，失去众议院第一大党地位。2012年11月即将离任之际，卡尔德龙的民意支持率已由2007年11月的64%下降至49%。

第二节　革命制度党东山再起

2012年7月1日，墨西哥举行六年一度的大选，在野的老牌革命制度党总统候选人恩里克·培尼亚·涅托（Enrique Peña Nieto）以38%的得票率击败了左翼的民主革命党候选人洛佩斯·奥夫拉多尔（31%）、执政党国家行动党候选人何塞菲娜·莫塔（25%）。根据墨西哥简单多数获胜的选举制度，得票数最多的候选人为获胜者，培尼亚·涅托当选总统。墨西哥政坛自2000年以来再度发生执政党更替的现象，意味着政党间博弈日趋激烈。

一、培尼亚·涅托其人其事

革命制度党推出的总统候选人恩里克·培尼亚·涅托是一名年轻帅气的政坛新秀。他1966年7月20日出生于墨西哥州西北部的小城阿特拉克姆尔科。父亲希尔韦托·恩里克·培尼亚·德尔马索在联邦电力委员会工作，母亲玛利亚·德尔佩尔佩托·涅托是一名教师。涅托的家族中有三位亲戚曾担任州长或市长职务。

受家族影响，涅托从小就对政治表现出极大的兴趣。他的姑姑这样描述小时候的涅托："与其他男孩贪玩相比，更愿意与大人们谈论政治。大人们甚至预测有一天他也可以从政。"涅托自幼接受良好教育，本科从泛美大学法律系毕业后，在蒙特雷理工学院获得企业管理硕士学位。涅托18岁即加入时为墨西哥第一大党的革命制度党，立志在政坛上有所作为。他早年曾担任律师，1990年成为人民组织全国联合会州立委员会的一名秘书。一年后，担任革命制度党选举培训中心的指导员。由于工作表现突出，1993年被提拔为墨西哥州经济发展部长特别秘书，在职五年。1999—2000年任墨西哥州副秘书长。2000—2002年，担任墨西哥州行政部部长，身兼该州社会保险研究所领导委员会主席等职务。2003—2004年被选为众议员，并成为革命制度党在众议院中的协调人。

2005年7月，年仅39岁的涅托作为革命制度党候选人参加墨西哥州州长竞选，凭借49%的高得票率获胜。同年8月12日正式上任。在任六年间，涅托励精图治，大刀阔斧开展社会项目，取得不少政绩。上任之初，涅托在公众面前签下608项承诺，6年间通过760项工程和63个政府行动实现了585项承诺。当地的公路基础设施在六年间实现了三倍增长。公共交通方面进行了市郊铁路（联邦政府和州政府联合项目）和公共汽车线路建设，解决了每天20万居民的出行问题。卫生方面，建立了196家医院和医疗中心，解决了偏远地区的医疗问题。涅托凭借在任期间较好地履行了诺言而赢得民众的支持，曾有一项民意调查显示，涅托是墨西哥知名度最高的州长。在国家行动党掌权的情况下,涅托为革命制度党守住了墨西哥州这块重要的阵地。由于该州是全国人口最多、经济实力最强的州,涅托获得了这次竞选的最大"票仓"。

培尼亚·涅托总统

涅托凭借在墨西哥州的辉煌政绩,并且经过墨西哥著名的"电视集团"鼎力包装和炒作,逐渐在墨西哥家喻户晓。他相貌英俊,被誉为"墨西哥最帅的政客",是很多妇女心目中的偶像。有民意调查显示,墨西哥88%的已婚妇女表示想和他结识。涅托的第一段婚姻始于1993年,与莫妮卡·布雷特里尼育有三个孩子,然而后者2007年因癫痫病去世。此后,涅托被爆出曾在第一段婚姻中有两段婚外情,分别有两个私生子,其中一个因病夭折。2008年,涅托为宣传墨西哥州参加一个电视节目,结识了著名的影视明星安赫丽卡·里维拉。当时里维拉凭借在热播的电视剧《爱在酒乡》中担任女主角"海鸥"而深入人心,也刚刚结束了一段长达14年的婚姻,两人一见钟情,此后频频约会。不久后,涅托在一个电视节目上公开了与"海鸥"的恋情，一度成为焦点新闻。2010年11月27日，两人在墨西哥州小城托卢卡举行婚礼，结为连理。里维拉的陪伴为涅托加分不少，这对"金童玉女"的组合逐渐赢得许多民众的支持。

2011年9月19日，涅托正式宣布代表革命制度党参加2012年墨西哥总统选举。与涅托一同角逐总统宝座的还有左翼的民主革命党候选人洛佩斯·奥夫拉多尔，执政党国家行动党女候选人何塞菲娜·莫塔以及新联盟党候选人加夫列尔·夸德里。各大政党总统候选人出炉后，纷纷宣传造势，而涅托始终居于民调首位，支持率一路领先，在40%左右徘徊，高出第二名约10个百分点，当选似乎毫无悬念。然而5月8日第一轮电视辩论后，涅托因现场表现不佳，支持率有所滑落。莫塔和奥夫拉多尔的支持率则显著上升，逼近涅托。加上对手利用涅托的婚外情等负面新闻大肆炒作，革命制度党的形象也受到一定程度影响。

2012年7月1日墨西哥举行大选投票，除总统人选外，还需要选出500名参议员、128名众议员以及6位州长、925名市长。全国共设13.4万个投票站，共有69个国家和地区的696名观察员进行监督，创下墨西哥大选外国观察员人数之最。7月2日墨西哥官方统计机构公布选举结果，涅托以38%的得票率当选新一任总统。然而得票率位居第二的民主革命党候选人奥夫拉多尔对结果表示不满，称涅托存在舞弊行为，拒绝承认大选结果。7月5日墨西哥联邦选举委员会重新统计大选选票，显示结果与此前公布的初步结果基本一致。

二、革命制度党胜选的几大因素

首先，国家行动党执政期间表现差强人意。2000年，自击败连续执政71年的革命制度党、实现政党轮替以来，国家行动党已执政12年，但福克斯和卡尔德龙两位总统执政期间，国家并未出现根本性的起色。不仅经济停滞不前，而且暴力犯罪猖獗，人民生活在水深火热之中。由于执政党在议会中未能掌握大多数席位，在财税、劳工等领域的改革受到反对党阻挠。尤其是毒品暴力愈演愈烈。墨西哥是毒贩向世界各地尤其是美国走私毒品的重要中转站。由于美国是世界最大的毒品消费市场，贩毒和涉毒暴力在邻国墨西哥由来已久、根深蒂固。在巨额暴利的驱使下，不少墨西哥人对贩毒趋之若鹜。墨西哥国内已形成"家族""锡那罗亚""塞塔"等多个势力庞大的贩毒集团，它们割据一方，占据重要的贩毒通道，凭借威胁恐吓或贿赂收买当地官员和警察，长期逍遥法外、为所欲为。有的毒贩还从事慈善活动，向平民提供援助，被当地人尊为"教父"，得到广泛庇护。

2006年，卡尔德龙上台后采用军队打击贩毒集团的"反毒战争"不仅没能消灭贩毒集团，反而引发其疯狂"反扑"。因为生存空间受到挤压，贩毒集团为保存势力对国家进行疯狂报复，彼此为争夺地盘常常发生火并。绑架、暗杀、黑帮火并等暴力犯罪迅速蔓延全国，近6年来5万多民众死于暴力。如今墨西哥境内几乎无处不见贩毒集团的身影，举国上下陷入对毒品暴力的恐慌。面对失控的局势，卡尔德龙政府仍然不改初衷，坚持"反毒战争"。不少评论认为，墨西哥反毒战之所以失败，政府规划和部署混乱、安全战略失误是重要原因。民众在谴责暴力犯罪的同时，对政府不满情绪上升。

其次，国家行动党的竞选战略出现失误。尽管国家行动党推出的总统候选人莫塔凭借女性魅力赢得不少选民支持，但其竞选纲领缺乏新意，未提出政治、经济和社会等领域的改革措施。此外，执政党内部出现分裂，国家行动党元老、前总统福克斯曾呼吁选民把票投给"最有希望的候选人"，即暗指涅托，这给莫塔带来了不小的冲击。

第四，革命制度党凭借"变革"口号赢得了民心。革命制度党曾在20世纪中叶长期执政，民众对其治下的和平年代十分怀念。2000年革命制度党下台后一直卧薪尝胆、积蓄力量。此次大选推出的候选人涅托外表俊朗、富有个人魅力，并且凭借在任墨西哥州州长期间的出色政绩一举成为革命制度党的青壮派领导人，加上近年来墨"电视集团"大力宣传，多项有利因素为其加分不少，使其脱颖而出，成为墨政坛一颗冉冉升起的新星。涅托在竞选中以"变革"为口号，一方面承诺提振经济，推动能源、财税、教育、就业和卫生等领域的改革，另一方面承诺将采取新的安全战略打击犯罪，给处在水深火热中的墨西哥人民带来了希望，从而赢得了选民拥护。

三、涅托的政策举措

国家行动党在民众诟病声中下台，涅托代表老牌的革命制度党"危机上任"，面临诸多挑战。一是涅托承诺上台后坚持打击有组织犯罪，这意味着新政府必须改变反毒战略，从源头上遏制毒品犯罪，否则将重蹈国家行动党覆辙，使国家深陷安全问题困境，同时也对革命制度党形象带来不利影响。

二是改革阻力较大。根据联邦选举委员会公布的结果，由革命制度党和绿色生态党组成的竞选联盟在众议院 500 个席位中赢得 240 个席位，其中革命制度党获得 207 席；在参议院 128 席中共获得 61 席，其中革命制度党占 52 席。尽管革命制度党在议会选举中获胜，但未能获得绝对多数席位，未来开展改革将遇到来自反对党不小的阻力。在革命制度党、国家行动党和民主革命党三足鼎立的复杂局面下，涅托政府要推行改革，必须与其他党派加强对话、缓和纷争，以争取支持。

三是党内治理困难重重。作为老牌执政党，墨西哥革命制度党曾创造神话，连续执政 71 年，成为世界上迄今为止执政时间最长的政党。但在外界不少评论认为，这次大选，革命制度党之所以得以"东山再起"，原因在于对手国家行动党出现失误，而从本质上看，革命制度党自身并未发生"脱胎换骨"的变化。涅托成功带领革命制度党回归政治舞台，但他仍面临党内治理的问题，急需加强本党建设，赢得民心。

涅托在 2011 年 11 月发表的著作《墨西哥的希望：一个民主高效的结果》一书中提出了自己的治国理念。参加总统竞选后，涅托以"变革"为口号，提出一系列具体目标和措施，称将带领墨西哥人摆脱贫穷和暴力的阴影，恢复墨西哥的国际形象。

对内，培尼亚·涅托努力振兴经济，改善安全，尤其是推动结构性改革，在教育、通信、财税、金融、政治选举和能源六大领域大刀阔斧开展调整举措。政治上，涅托努力与在野党凝聚共识，营造和谐氛围。涅托在就任第二天就与国内三个主要政党的领导人——国家行动党主席古斯塔沃·马德罗、左翼的民主革命党主席赫苏斯·桑布拉诺以及革命制度党代理主席克里斯蒂娜·迪亚斯共同签署"墨西哥协定"，希望就推行多领域改革与在野党达成共识。在涅托执政初期，该协定一定程度上缓解了党派间的斗争，为推行改革奠定了良好的政治基础。但民主革命党领袖赫苏斯于2013年11月宣布退出"墨西哥协定"，标志着改革共识的破裂。

经济上，涅托政府实施财税改革、能源改革和电信改革，促进经济可持续发展。财税改革方面，2013年9月14日，涅托总统向议会提出了财税改革方案。10月，墨西哥参众两院均通过了这一方案。改革目的是建立全面的社保制度，更加公正的、简明的、进步的、透明的税收制度。新税收制度包括增加对高收入者和企业集团的所得税，为减少墨西哥人的肥胖而对垃圾食品征收新的税收。

能源领域，2013年8月12日涅托政府向国会提交能源改革法案，同年12月参众两院通过该法案。能源改革主要是在规定地下油气资源仍为国有、保证国家对油气资源所有权的前提下，允许私营企业及外国公司通过招标进入油气勘探、开采、炼化、运输、储存销售等环节。电信领域，2013年3月11日涅托总统提出通信改革方案，后获议会通过。6月10日，涅托正式颁布通信改革法。改革目的是打破垄断、降低通信服务的价格、扩大服务面，促进墨西哥通信业的发展。

可以说，涅托的改革一定程度上为引进私人经济要素和竞争体系为经济注入活力。但由于国际经济环境不景气、墨西哥对美国经济依附性较强，加上利益集团固化等问题，墨西哥在涅托执政六年内仍然处于经济疲软态势。2012—2018年，经济增长率均在1%—3%左右徘徊，未能达到其竞选时承诺的6%。

安全上，培尼亚·涅托承诺恢复国家的和平稳定，将减少暴力犯罪置于打击贩毒集团之前，提出使谋杀和绑架案件至少减少50%，减少贩卖人口犯罪活动。提出反毒新战略，以军警组成的"国家宪兵"替代缉毒军队打击贩毒集团。其政府建立了专业的警察队伍，在打击犯罪时，注重保护平民，避免伤及无辜。但由于贩毒犯罪毒瘤根深蒂固，加上国内民众生活未能根本改善，墨西哥境内的暴力犯罪仍然十分猖獗。2014年9月26日，墨西哥格雷罗州伊瓜拉镇发生了震惊世界的43名学生失踪的恶性事件。当时，数十名师范学校的学生在去首都墨西哥城筹集捐款的路上遭到当地犯罪分子袭击，6人当场死亡，43名学生被劫持失踪。案发后，警方在当地一处山坡上发现了被烧焦的尸体，认为这些尸体属于部分失踪学生。调查显示当地官员与黑帮勾结并杀害了学生，案件曝光后墨西哥国内掀起轩然大波，民众纷纷举行抗议游行，尤其是10月8日墨西哥城举行了万人游行活动，抗议政府管理无能。这是涅托执政后第一次遭遇的大危机。2018年墨西哥大选期间有上百名候选人遭到杀害，成为墨西哥近代史上最血腥的大选。

社会领域，涅托政府推进教育改革，但实施过程中遇到了较多阻力。2012年12月，涅托总统向议会提出教育改革方案并获通过。次年2月25日，联邦政府正式颁布教育改革方案，主要内容包括建立教师职业服务机制，规定教师根据其业务水平和业绩参加选拔、晋升和保留职位；成立国家教育评估委员会，由该委员会来决定教师岗位和工资；全体教师通过考核才有资格任教。议会虽然顺利通过了教育改革方案，改革目标是提高基础教育的质量，增加高中和高等教育的学术和提高教学质量，并恢复国家在全国教育体制中的主导地位。但该法案遭到了广大中小学教师，特别是农村和边远地区教师的反对。部分教师担心评估不及格会被开除并失去工作，因此表示反对。教育改革法案出台后，墨西哥国内频频爆发反对教育改革的示威游行，全国各地多所学校发生罢工、停课等事件。

外交领域，涅托总统践行多元化务实外交，着力提高墨西哥的国际地位。其任内，墨西哥加入拉美暨加勒比国家共同体，并积极推动次区域经贸合作组织"太平洋联盟"发展。2011年年初，涅托总统与哥伦比亚、秘鲁、智利三国总统在秘鲁会晤，初步签署了《太平洋协定》，同意加强彼此间经贸关系和推动共同发展。2011年4月28日，四国首脑在秘鲁首都利马发表宣言，宣布成立太平洋联盟。2012年6月，四国总统又在智利举行会议，签署太平洋联盟框架协议，决定围绕原产地规则和消除关税推进谈判。涅托任内，太平洋联盟取得快速进展，四国在促进跨境贸易和人员流动方面达成系列协议。

涅托执政期间，积极与中国、韩国、日本等加强经贸关系。其曾四度访华，包括2013年4月访华并出席博鳌亚洲论坛年会、2014年11月来华出席亚太经合组织第22次领导人非正式会议，并对中国进行国事访问、2016年9月来华出席G20杭州峰会、2017年9月来华出席新兴市场国家与发展中国家对话会。

涅托政府有意加强与美国的经济联系和安全合作，并称希望美国政府推动移民改革，促进和规范在美墨西哥人的合法居留问题。但2016年美国大选期间，特朗普极力鼓吹要修建"美墨边境墙"，并对墨西哥人出言不逊，将墨西哥移民称为"强奸犯"和"杀人犯"，令美墨关系生冷。在此背景下，涅托还邀请特朗普访问墨西哥，令墨西哥许多民众极为不满，并遭到反对党诟病。

四、涅托的能源改革及其成效

墨西哥作为拉美第二大产油国和世界第六大产油国，其能源政策走向关系该国经济社会发展和国际能源格局调整。2013年12月20日，墨西哥总统培尼亚·涅托签署了《能源改革法案》，标志着该国能源改革正式开启。

这次改革因力度之大、范围之广、影响之深，被视为自墨西哥签署《北美自由贸易协定》以来"最重要的经济改革案"，有望打破墨西哥国家石油公司（简称PEMEX）对石油天然气资源长达75年的垄断，引入私人资本，重塑能源产业体制，促进经济发展，并对国际能源格局和地缘政治产生一定影响。

2013年8月12日，涅托总统向国会提出《能源改革法案》，包括油气和电力改革方案。12月11日，墨西哥参议院经过20多个小时的讨论，先后有209人次发言，提出了313条修改意见和建议，最终以95票赞成、28票反对通过了《能源改革法案》。12月18日，众议院以354票赞成、134票反对通过该法案。革命制度党、国家行动党和墨西哥绿色生态党的议员投票支持改革，而民主革命党和劳工党的议员投票反对。根据宪法规定，能源改革法案必须得到至少一半以上即17个州的议会赞成才能通过。最终，有24个州的州议会通过了能源改革法案。12月20日，涅托总统颁布《能源改革法案》，并在联邦政府的《官方公报》上予以公布，规定该法自公布之日起正式生效。

墨西哥能源改革的总基调是规定所有地下油气资源仍为国家所有，但允许私营企业（包括本国的外国公司）进入能源领域参与符合法律规定的有关活动。2013年以前的墨西哥宪法对能源开发利用进行了严格的限制，为推行能源改革，扫清法律障碍，革命制度党联合在野的国家行动党共同推出改革法案，对宪法进行修改，并制定及修改相关二级法案。在宪法层面，它们主要对原《宪法》中的第25条、27条和28条进行了修订，修订后的第25条规定须颁布二级法案以明确和规范国企同私营部门签订合同的有关方式、要求和薪酬制度；第27条对私营部门参与本国能源领域的范围进行规定，并允许国家通过向国有生产企业分配和与私营企业签订合同方式开展勘探和开采活动；第28条规定国家将成立墨西哥石油基金，由其负责接收、管理和分配从上述分配和合同中取得的收入。在二级法案层面，通过了9部新法律，修改了12部法律，从合作范围、机构设置、收入分配、义务责任等各方面详细制定能源改革的法律条例。

　　油气和电力领域是墨西哥能源改革的重点。改革前，墨西哥只允许私企参与油气资源开发合作的服务合同，明令禁止产量分成、利润分成和外企投资。改革后，允许私营和外国公司参与石油勘探、生产、提炼、加工、存储、运输，以及初次销售石油、天然气、基础石化产品和炼制产品。在国有企业改革方面，墨西哥对 PEMEX 进行机构重组，将其一分为二，让它们分别承担油气资源的勘探开发工作和石化燃料的工业加工工作。PEMEX 转变为国有生产性企业，与私有企业共同参与市场竞争；在内部预算和管理决策方面它拥有更大自主权，可以将税后收入纳入企业预算，用于再投资、改善基础和服务设施、技术开发和创新等；推动国企职工参加社会养老系统，减轻企业负担。在对外合作方面，墨西哥允许私人资本开发深水油气和页岩气资源，这两者都是其亟待开发、但因缺乏资金和技术而无力开发的领域。在机构监管方面，墨西哥扩大国家能源部和国家油气委员会（CNH）的监管范围，明确规定国家能源部负责授予或撤销企业油气勘探开采租约，选定合同区域，勘探生产合同的技术设计，就招标过程发布技术指南，就石油的提炼和处理、天然气的加工、除管道外的运输、其他产品的存储和液化天然气的销售授予许可。CNH 负责确定授予 PEMEX 和/或私有和外国企业石油合作协议的具体类型；监管油气勘探生产活动，授权从事勘探生产活动的租约人和承包商在既有油井、深水和超深水区域进行钻井、油井的设计模型、表面确认和勘探、地震勘测和勘察等；为能源部提供技术咨询和支持，收集地质和经营信息；举行和监管对外招标和其他招标；授予、执行、管理和监督私营企业从事勘探和生产活动的合同；监督生产计划以确保产量最大化。

　　涅托政府对电力系统的改造亦遵循了类似模式。自 1992 年《公共电力服务法案》实施以来，联邦电力委员会（CFE）在国家电力生产、运输和销售中处于垄断地位，私人投资被严格限制在某些发电项目上，不能参与输电和配电。改革后，随着《电力产业法》的颁布，私有公司和外国公司都可以参与电力生产、运输和销售活动。CFE 转变为一家国有生产性企业，负责提供公共用电的传输和配送，并与私人企业共同参与市场竞争。宪法第 27 条规定国家电力系统的控制权与规划权、输电与配电设施仍然属于国家所有，但允许政府与私人签订合同，允许私人部门参与对这些设施的建设、运营和维护。

能源改革重视环境保护和新能源开发。考虑到加大油气资源开发后生产事故可能增多，墨西哥政府出台法律，要求所有参与油气领域活动的公司遵循相关环保法案，并在环境与自然资源部下设立国家石油行业工业安全和环境保护局，负责相关法规的制定和实施，与海军部、劳动与社会保障部协调应对生产事故。目前，海军部已经出台了针对海上石油及其他有害物质泄漏事故的规定。为了减少碳氢化合物能源对环境的污染，墨西哥积极探索能源多样化，制订了发展可再生能源技术和基础设施的具体计划。能源部和国家科技委员会拨款 20 亿比索对国家新设立的三个能源创新中心进行资助，它们分别是科学研究及高等教育中心下设的地热能源中心、墨西哥国立自治大学可再生能源研究所下设的太阳能中心，以及电力研究所下设的风能中心。通过这些机构，墨西哥进一步完善可再生能源发展机制，以保障国家能源安全。

能源改革充分体现公正透明原则。考虑到能源领域存在的腐败风险，政府制定了严格的法律法规，保证油气开发的公正透明。这些法规规定：涉及油气生产、服务、利润分成等方面的所有招标过程都将公布于众，所有合同都应有明确保证公正透明的条款项目；开发和提炼油气的公司应公布其成本和收入的账目，并且公布新开发的油气资源量及其用途；监管机构应严格遵循公正透明的准则；PEMEX 和 CFE 应与其他企业一样公布相关账目信息。此外，能源部负责规划合同内容，财政部负责制定税收条款，国家油气委员会负责项目招标和技术管理，墨西哥石油基金负责接收、管理和分配从合同中取得的收入。值得注意的是，为避免腐败，属于监管核心部门的国家油气委员会以及墨西哥石油基金的成员都是经过严格审议挑选出来的。国家油气委员会的成员必须为该领域的专家，而且须获得参议院 2/3 以上的投票通过；墨西哥石油基金的成员分别是财政部部长、能源部部长、墨西哥银行行长以及四位由参议院选举出来的独立成员。

随着法案的正式签署，改革进入具体实施阶段。机构改革方面，PEMEX 是改组的重头戏。2015 年 3 月，PEMEX 完成改组，总公司由原来的四大分支调整为两个，即国家石油公司勘探和生产公司、国家石油公司工业生产公司（包括天然气、冶炼和石化）。根据规定，PEMEX 可寻找私人企业作为合作伙伴，共同开发运营领域业务，可以在下游生产加工领域和仓储、物流和运输领域对外开展合作。此外，PEMEX 开启裁员计划，2015 年年初多家油田服务企业陆续裁员数万人，以减少冗员、提高效率。同时，PEMEX 还和墨西哥石油工会就职工养老金改革多次举行磋商，并于 2015 年 11 月最终达成协议，规定在 PEMEX 工作不满 15 年的人员均参加社会养老系统，并决定延长工人退休年龄至 60 岁（原先为 55 岁），以减轻企业负担。

油气开发和电力合作在政府引导下分阶段推进。首先从上游开始，PEMEX 选出待开发的油气区块，用投标和双边谈判的方式选择投资者。其次开放深海、非常规油气勘探开发，还将扩大电力、可再生能源等方面的合作，未来还将开放技术服务市场。

2014 年 8 月墨西哥完成"零轮招标"。这种招标是能源改革的过渡措施，即在私有投资者竞标前，国家石油公司优先选择其希望勘探和开发的区块。"零轮招标"目的在于给 PEMEX 提供必要的资源，维持其产量水平，保证其在短期内以较低成本获得相应的收益。2014 年 8 月 13 日，墨西哥能源部宣布"零轮招标"结果。PEMEX 保留所有的在产油田，保留 83% 的 2P 储量（206 亿桶油当量）、21% 的资源量（221 亿桶油当量）。在 PEMEX 保留的 115 个在产油田中，原油和天然气的产量分别占国家总产量的 71% 和 73%，这些油田分别位于布尔戈斯、萨比纳斯、东南盆地和坦皮科-米桑特拉盆地。

2015年7月初，墨西哥能源部公布对外招标的油田开发五年计划，计划从2015年到2019年期间开发914个油气田。总共分四轮招标，总面积为17.8万平方公里。2015年10月，能源部增加了约5.7万平方公里的招标面积，使招标总面积达到23.5万平方公里。

总的来看，涅托的改革准备充分、目标明确、规划全面，包括对油气市场系统性立法、国家石油公司重组及能源监管政策协调等诸多方面的改革。改革在保证能源所有权仍为国家所有的前提下，鼓励私企（包括外企）参与能源开发利用，吸引资金和技术，以达到促进国家能源和经济健康发展的最终目的。

可以说，涅托推行的能源改革，既是革命制度党锐意改革的结果，也是因为油气收入的下降严重影响国家发展，同时也与国际环境的变化紧密相关。

首先，国家油气收入的下降严重影响墨西哥发展。墨西哥拥有极为丰富的石油和天然气资源，是西半球第三大传统原油战略储备国（仅次于委内瑞拉、加拿大）、拉美地区第二大产油国（仅次于委内瑞拉）、世界第六大产油国，也是全球重要的非欧佩克产油国。根据美国能源信息署（EIA）的数据，墨西哥湾区域是除北极圈以外最大的待开发石油带。墨西哥国家油气委员会2015年上半年的统计结果显示，墨探明石油天然气储量达130.7亿桶，探明和概算油气储量为229.8亿桶。根据世界银行统计，2011—2013年，石油对墨西哥经济增长的贡献率分别为7.1%、6.8%和6.1%。2014年上半年，原油及汽油产品的出口收入占墨西哥总出口收入的12%。2005年，PEMEX对国家财政收入的贡献率为37%。长期以来，墨西哥油气资源为其国家财政贡献率都高达约1/3。但是，近年来墨西哥的石油产量持续下降和石油产品进口量连续上升，严重影响到国家的发展。如果没有重大的政策变化或新技术引进，墨西哥将无法扭转该局面。

其次，此前的能源模式难以为继。1917年革命胜利后，墨西哥颁布新宪法，将土地及其附属资源收归国有，赋予政府永久独享全部地下资源的一切权力。1938年，墨西哥总统拉萨罗·卡德纳斯宣布将国内油田和油井全部收归国有，并成立PEMEX。自此，石油勘探与生产一直由国家垄断。

然而，随着时间推移，这种油气管理模式的弊端日益凸显。一是制度弊端阻碍发展。根据规定，PEMEX每年的财务预算需要先后提交给国家能源部、国家财政部和国会进行审核，国会对预算进行调整后再逐级返回给PEMEX，造成了严重的拖延，影响了公司的效率。加之垄断体制导致公司内部监管机制失灵，PEMEX高层腐败案频发，引发国内民众不满。二是机构臃肿、人员冗杂等导致资金严重短缺。据PEMEX和联邦电力委员会公司年报，两家公司共有员工近25万人，不仅人浮于事、效率低下，而且需要支付巨额的养老金。而且根据墨西哥法律，PEMEX没有财政自主权，每年需上交70%的产值收益给国家，因此PEMEX一直无法拥有宽裕的资金来扩大勘探和生产。三是技术落后严重制约PEMEX生产力。由于缺乏资金以及垄断体制的弊端，PEMEX无法引进先进的油气开发技术。2005年以来，坎塔雷尔油田和其他海上大型油田持续减产。墨西哥石油开采量从2004年380万桶/日的峰值跌至2014年的245万桶/日，创10年来的新低。在墨西哥石油产量和出口量大幅下滑的同时，其国内成品油和天然气的消耗量却迅速增加。2004年至2012年，墨石油产品进口量占其国内石油消费量的比重由11.8%上升至32.26%。2013年，墨消费的天然气有30%来源于进口。

第三，涅托总统及其所在的执政党——革命制度党锐意改革。自2000年下台并结束长期执政后，墨西哥传统政党——革命制度党一直卧薪尝胆、不断积蓄力量。在2012年大选中，革命制度党利用民众对现状不满的心理，凭借"变革"口号赢得了民心。涅托年轻有为、锐意进取。为振兴国家、兑现诺言，涅托及其政党需切实贯彻落实能源改革理念，让民众看到改革的实际效果。

第四，受美国"页岩气革命"的刺激。美墨关系一直是一对复杂的相互依赖关系。长久以来，墨西哥对美国存在三方面的能源依赖，即原油出口依赖、炼油技术和炼厂依赖、成品油进口依赖。墨西哥既是原油生产大国，又是油品消费大国，美国控制了其石油产业链的中段。墨西哥出口到美国的大量原油，被美国加工为成品油，其中一部分再返销至墨西哥。随着近年来页岩油技术革新，美国"页岩气革命"如火如荼展开，目前美国本土原油产量突破每日900万桶，美国对外能源的依赖越来越小。国际能源署(IEA)预测，由于页岩气的成功开采，到2020年，美国将成为全球最大的油气生产国；2035年美国能源自给率将达到87%，其"能源独立"将基本实现。IEA发布的《世界能源展望》称，美国石油和天然气生产的回升，正在重构全球能源版图。目前，虽然墨西哥仍是美国重要的原油进口国，但美国的进口量一直呈下降趋势。美国的"页岩气革命"刺激了墨西哥政府为自身能源发展探索新道路，促使其意识到以往的能源生产模式难以为继，只有改革才能振兴自己的能源产业和经济。

第五，受其他拉美国家改革的影响。1998年，巴西推行石油改革，成立国家石油署（ANP），对民营资本和外资全面开放石油领域，取消巴西国家石油公司（Petrobras）的垄断地位，但政府仍保持对企业的控股权。经过改革，巴西石油开发技术不断提高、产量日益上升。2007年，巴西从石油净进口国成为净出口国。近年来，随着在大西洋沿岸发现巨大的深海石油储备，巴西石油生产潜力极大提升。2014年巴西政府拍卖两块近岸深海油田开采权，吸引了包括中国海洋石油总公司（中海油）在内的数十家国际巨头竞标，最终为国库进账150亿雷亚尔（约合70亿美元），帮助政府完成了当年的财政预算目标。哥伦比亚乌里韦政府执政以来，推行能源改革，积极转变石油工业对外合作态度，实行更具吸引力的油气勘探和开采合同模式，成立了石油天然气管理局（ANH），重组哥伦比亚国家石油公司（Ecopetrol），鼓励该公司与外资合作开采国内油气田，并积极鼓励外资进入哥伦比亚油气行业，向外国石油公司提供税收减免等优惠政策。哥伦比亚的改革措施效果显著，2008年其原油产量大幅增长，同年开始向委内瑞拉供应天然气，实现天然气出口。巴西和哥伦比亚在能源领域的进步给处于瓶颈期的墨西哥带来一定压力,也让其看到能源改革可能带来的积极效应。

涅托的能源改革是墨西哥能源产业的制度性变革,涉及面相当广,难度很大,挑战颇多。

首先,墨西哥能源改革具备了充分完整的顶层设计,但要促进能源行业的发展还取决于具体实施。墨西哥能源行业经过近80年的闭关自守,要与国际重新接轨尚需时间,而且与经验丰富的国际石油巨头打交道也是对其严峻的考验。改革伊始,政策制定者尤为谨慎,所定的油田招标合同对企业资历、保证金、所需手续等要求较为严格,并且对公司所得利润上缴给政府的比例要求很高,有些合同对利润上缴比例的要求甚至达到90%,这在一定程度上挫伤了私人企业的积极性。因此,在招标的初始阶段,国际资本不如预想的积极踊跃,流标的情况较为严重。

其次,油价大幅下跌对改革造成一定冲击。2015年国际原油价格已从之前的每桶100美元跌至每桶40美元左右,冲击了墨西哥刚刚起步的能源改革。一是导致石油收入下降,国家财政收入锐减,公共开支减少。2015年第三季度PEMEX亏损额达到1676.33亿比索(约合102.8亿美元),比上年同期增长180%,成为近7年来最大亏损额。依赖石油收入的国家财政更是雪上加霜,2015年墨西哥经济增长预期不断下调,墨西哥金融执行管理局(IMEF)和墨西哥国民银行(Banamex)将本国2015年GDP增长预期从2.3%下调至2.2%。财政预算日益捉襟见肘,用于改革的公共开支也受到影响。2016年墨西哥投资性预算为4987亿比索(1美元约合16.8比索),比2015年减少30.64%,成为本届政府执政以来最低水平。其中,PEMEX投资预算为2041亿比索,比2015年减少24.45%;联邦电力委员会投资预算366亿比索,比2015年减少15.23%。二是低利润令本跃跃欲试的石油巨头望而却步。低油价导致国际资本对投资石油市场普遍存在疑虑。墨西哥石油储量主要在墨西哥湾南部深水区,开发成本相对较高,随着油价下跌,盈利空间大幅缩小,之前曾跃跃欲试的埃克森美孚、雪佛龙、壳牌、道达尔等国际石油巨头均改持观望态度。而改革需要大量投资。根据墨西哥《2014—2018年国家基础设施规划》，743个规划项目的总投资额将达7.8亿比索（约合6000亿美元），其中能源领域124个项目需要的投资额为3.9万亿比索（约合3000亿美元）。涅托政府还规划在任内建设一条长达1万公里的天然气管道，该项目需要吸引约140亿美元的投资。要满足上述项目的投资需求实乃涅托政府面临的一大难题。

最后，国内反对派仍伺机滋事，阻挠改革。虽然革命制度党、国家行动党以及民主革命党在涅托政府上台后不久即达成"墨西哥协定"，同意共同推动各项改革，但民主革命党中途反悔，2013年11月退出"墨西哥协定"，坚决拒绝能源改革，极力反对PEMEX和私人公司合作，认为能源改革使国家放弃了对自然资源的控制，不能让墨西哥民众广泛受益。该党在新政府上台一周年之际组织大规模抗议游行，称反对任何形式的私有化。2015年3月，民主革命党重要议员曾组团前往美国华盛顿，向泛美人权组织投诉能源改革侵犯墨西哥公民权利。尽管改革已成铁定事实，但民主革命党仍千方百计寻衅滋事，企图借能源议题撼动执政党的地位，给改革造成了一定阻力。

墨西哥能源行业曾长期处于外国石油公司的控制之下，造成了国家资源财富流失惨重，因而墨西哥国内资源民族主义长期盛行。对于此次改革，尽管墨西哥政府向本国民众作出了诸多许诺，并一再强调能源仍归国家所有，改革不是私有化，但墨国内质疑改革者仍然大有人在。部分民众认为，从此次能源改革中受益的是跨国公司和墨西哥大型企业集团，普通民众并不能从中获益。

涅托卸任后，继任者洛佩斯·奥布拉多尔对能源改革议程持不同看法，尤其是倡导资源民族主义，反对能源行业私有化改革，并且积极支持化石能源行业，对新能源行业投入较少。由此，涅托时期倡导的能源改革陷入停滞状态。尽管涅托执政时期已有20多个国家的70多家石油公司参与了墨西哥石油开发，但目前墨西哥石油产量仍处于下滑趋势。墨西哥政府原先希望通过能源改革，将原油产量从 250 万桶 / 天增加至 2018 年的 300 万桶 / 天，进而提高至 2025 年的 350 万桶 / 天。然而截至 2021 年 6 月，PEMEX 的石油产量降至 168 万桶 / 天，其中仅有 4% 的产量来自私人合同。

总体看，涅托的执政可谓"高开低走"，开始时辉煌，结束时凄凉。上台伊始，涅托民意支持率一度达到 50%，但第二年便降至 35%，到 2017 年 1 月甚至降至 12% 的最低点。其离任时，支持率仅为 18%，反对率则高达 77%。而离任后不久，妻子便宣布与其离婚。2020 年，媒体更是曝出其涉嫌卷入墨西哥国家石油公司腐败案并面临政府调查，令人唏嘘不已。

第三节　国家复兴运动党脱颖而出

进入 21 世纪以来，革命制度党和国家行动党两个墨西哥老牌政党均已在政坛上一展身手，但均以下台而惨淡收场。在纷繁复杂的国际和国内形势下，墨西哥民众希望能够出现一名有改革魄力的新面孔拯救他们于困境之中。

一、洛佩斯·奥夫拉多尔的当选

2018 年 7 月 1 日墨西哥举行大选。本次选举需选出总统、首都墨西哥城市长、9 名州长及 3000 多名联邦和地方议员。墨西哥各派政治力量均推出强有力候选人，分别是代表"所有人为了墨西哥"竞选联盟参选的革命制度党候选人何塞·安东尼奥·梅亚德、代表"为了墨西哥向前"竞选联盟参选的国家行动党候选人里卡尔多·阿纳亚，以及代表"我们一起创造历史"竞选联盟参选的国家复兴运动党候选人洛佩斯·奥夫拉多尔（López Obrador），此外还有多位独立候选人。

选举举行前，洛佩斯·奥夫拉多尔的民调支持率就一路领先。7月2日，联邦选举委员会公布的初步结果显示，洛佩斯·奥夫拉多尔以53%的得票率位居第一，超过第二名阿纳亚约30个百分点。同时，其率领的"国家复兴运动党"在议会和地方选举中也大获全胜，不仅赢得首都墨西哥城市长和4个州长席位，还成为参众两院第一大党。结果公布后，其余候选人均承认落败，美国、委内瑞拉、古巴、玻利维亚等多国元首纷纷致电，祝贺奥夫拉多尔当选。

洛佩斯·奥夫拉多尔总统

综合分析，可发现多重因素助力洛佩斯·奥夫拉多尔当选。首先，墨西哥多数选民对传统政党已失去信心。墨西哥的社会矛盾较为突出，贫富悬殊、腐败滋生、犯罪猖獗等痼疾由来已久，而革命制度党（中左翼）、国家行动党（中右翼）等传统老牌政党均未能很好地解决上述问题。2000年，连续执政71年的革命制度党因经济政策失当和腐败等问题下台。接替其上台的国家行动党也表现不佳，尤其是总统卡尔德龙发起的"反毒战争"引发贩毒集团疯狂报复，墨西哥治安形势每况愈下。2012年上台的革命制度党总统涅托也未能有所建树，不仅经济改革成效不彰，而且安全形势也未见好转，2017年发生29168起凶杀案件，创下20年以来的最高纪录。贩毒集团势力强大，无孔不入，政府官员与贩毒集团勾结的情况不在少数。

本次大选许多主张打击犯罪的候选人更是成为暴力袭击的目标。竞选期间至少有132名政界人士被杀害，其中48名是参选的候选人，覆盖了墨西哥32个州中的22个州。此外，涅托政府还频频爆出腐败丑闻，令民众愈发失望。在此情形下，民众迫切希望出现一个新兴政党带领墨西哥走出困境。

其次，洛佩斯·奥夫拉多尔个人形象和竞选主张吸引选民。洛佩斯现年64岁，是墨西哥知名左翼政治家。他出生于墨西哥南部的塔瓦斯科州，祖辈是西班牙移民。奥夫拉多尔聪明好学，凭借优异成绩进入墨西哥最好的国立自治大学，就读于政治学和公共管理系。1976年大学毕业后，他加入革命制度党，并回到家乡塔瓦斯科州，从事社区工作多年，深知底层民众疾苦。1984年调至墨西哥城从事政府部门工作，1988年退出革命制度党，加入左翼政党民主革命党的前身——全国民主阵线。1996—1999年，他担任民主革命党主席，在其带领下，该党跃升为墨西哥三大政党之一。2000—2005年，他担任墨西哥城市长，大力发展基础设施，积极改善治安，扶持弱势群体，深受民众欢迎。2006年，他首次参加总统选举，但以不到1个百分点的差距败给国家行动党候选人卡尔德龙。2012年，洛佩斯·奥夫拉多尔再次参选，败给革命制度党候选人培尼亚·涅托。2014年，他带领一批民主革命党成员组建"国家复兴运动党"。经过多年的积累，洛佩斯·奥夫拉多尔凭借亲民和清廉形象拥有了一批铁杆粉丝。

同时，在竞选期间，洛佩斯誓言打击贪污腐败，提出将包括总统在内的高官工资减半，主张加强政府在经济中的调控作用，保护和发展本国产业，提高社会福利，加大免费教育覆盖面，改善治安形势，深受中下层民众支持。尽管西方媒体将其称为"墨版特朗普"，并且还拿他与查韦斯、卢拉等拉美左翼领导人相提并论，但实际上洛佩斯的政策正趋于务实。竞选时，他有意淡化激进色彩，关注经济可持续发展，强调要尊重私有财产，不会搞国有化运动，因此得到了一些中产阶级的支持。

最后，美国特朗普政府对墨强硬政策帮助洛佩斯·奥夫拉多尔"上位"。美国总统特朗普对墨西哥极不友好，上台前便称墨西哥移民为"骗子""强奸犯"，上台后又在边境安全、移民和经贸等多项议题上对墨西哥咄咄逼人，还要求后者为修建边境隔离墙买单。这些言论和政策均极大刺激了墨西哥人的神经。而洛佩斯·奥夫拉多尔对美态度强硬，要求美国尊重墨西哥，强烈批判特朗普的"骨肉分离"移民政策，还出版著作《听好了，特朗普》，进一步表达自己的政见。在墨西哥民族主义情绪高涨的背景下，这些言论大大迎合了选民的胃口，进一步助推洛佩斯·奥夫拉多尔的支持率。

二、墨西哥的"第四次变革"

2018年12月1日，洛佩斯·奥夫拉多尔正式就职。其上台后，宣称开启"墨西哥第四次变革"（前三次分别为1810年至1821年的独立战争、1858年至1861年的改革以及1910年至1917年的反独裁革命），承诺为墨西哥带来深远的变化。执政以来，洛佩斯躬勤政事、整饬纲纪，开启了诸多变革议程，取得一定成效。

2020年12月2日，洛佩斯担任总统满两年之际，墨西哥政府举行了庆祝仪式。洛佩斯在仪式上宣读施政报告，列举了执政以来取得的成绩。可以说，洛佩斯总统积极贯彻变革纲领，尤其在反腐和民生问题方面狠下功夫。上台后，他一心扑在国内事务上，拒绝一切出访安排，仅在2020年7月访问了美国。他亲历亲为，体察民情，两年多来走访了全国32个州，有一些地区他甚至亲访了26次之多。他规定工作日上午7点至9点为总统府新闻发布会，积极与民众沟通问题。

反腐方面，洛佩斯以身作则，树立廉政榜样。他拒绝入住豪华的总统官邸，将其开放供游人参观。他主动减薪六成，减少安保人员，宣布乘坐普通轿车通勤，并且出售总统专机，选择与普通民众一起乘坐民航飞机。他将拍卖的部分往届政府资产用于扶持贫困地区，同时积极缩减政府公务开支，两年内政府采购和政府合同方面的支出缩减了13000亿比索（约合620亿美元）。他还调整了法律框架，对公务人员进行权力监管，将腐败列为严重罪行，展开反腐行动，加大调查与贩毒团伙勾结的官员，打击石油领域的腐败问题和偷油行为，抓捕了墨西哥国家石油公司（PEMEX）前首席执行官洛索亚等人，令民众拍手称快。洛佩斯强调，通过反腐和廉洁政策，墨西哥政府建立了风清气正的政治环境，并为国家减轻了债务。

经济方面，他反对新自由主义经济模式，提出了"道德经济学"这一新概念，主张恢复农村活力、促进区域发展、增强国内市场在经济发展中的作用，同时也积极鼓励私人投资和拓展国际贸易。任内，洛佩斯大力扶植基础设施建设，取消了前政府出台的特斯科科机场建设项目，改为建设花费更低的菲利普·安赫雷斯民用和军用机场，预估为国家节约2200亿比索，新机场预计将于2022年3月21日竣工。洛佩斯政府还开启了玛雅铁路项目，以促进南部地区的经济发展，并推动特万特佩克地峡走廊项目（连同瓦哈卡州和维拉克鲁斯等地港口扩建），努力将墨西哥打造为美洲又一个贯通太平洋和大西洋的交通枢纽。

能源方面，洛佩斯叫停前总统涅托的以私有化为方向的能源改革，重点扶植墨西哥国家石油公司和墨西哥国家电力公司（CFE）两个国有能源巨头。目前，多斯博卡斯新的炼油厂已经投入生产，现有的6家炼油厂也已实现现代化改造。洛佩斯承诺，到2023年，墨西哥自己的炼油厂将能满足国内需求，墨西哥将不再需要进口汽油。

生态环境方面，洛佩斯政府出台"播种生命"计划，宣布任内将种植30亿棵树木，并鼓励美国为在其南部边境植树造林的拉美移民颁发"气候签证"。在2021年10月底至11月初召开的格拉斯哥气候变化大会上，包括巴西、墨西哥、阿根廷、哥斯达黎加、厄瓜多尔等拉美八国在内的100多个国家签署联合声明，承诺在2030年前停止所有森林砍伐。

民生方面，墨西哥的最低工资标准在两年内上涨了30%，达到本国36年以来最大涨幅；政府为150多万名年轻人提供就业培训并帮助就业；为老人提供了普惠性质的养老金，为残疾儿童提供帮助，为贫困家庭学生提供奖学金和免费医疗，同时为上述群体以及从事政府资助的慈善工作人员等创建幸福银行（banco de bienestar），目前已建设 362 家分行，400 多家正在建设当中，并计划在未来两年内实现覆盖全国的愿景。教育领域，洛佩斯取消了此前的教育改革，加大对学校的资助力度，增加研究生奖学金名额，尤其为医学生提供更多进修奖学金名额。

在外交关系上，洛佩斯政府坚持多元化外交政策，在保持与美国务实合作的同时，推进与其他国家的友好交往。与特朗普不同，拜登以温和姿态处理与墨关系，与墨西哥总统洛佩斯围绕移民、经贸、抗疫等议题互动频繁。而洛佩斯上任后出访的第一个国家即为美国，可见其对美国的重视。2022 年 6 月美国主办第九届美洲峰会期间，墨西哥政府率先表示愿意加入拜登提出的"美洲经济繁荣伙伴关系计划"。同时，美墨仍在围绕干涉与反干涉不断斗争。洛佩斯一方面推动对美贸易并协商解决移民问题，另一方面坚持自主外交政策，谴责美国国际开发署公开资助其国内反政府组织和干涉其内政。此外，为表示对拜登未邀请委内瑞拉、古巴等拉美左翼领导人参加第九届美洲峰会的不满，洛佩斯也拒绝赴美出席此次峰会。

作为墨西哥首位左翼总统，洛佩斯政府与其他拉美左翼政府保持友好交往。2021 年 6 月，联合国大会在要求美国解除对古巴禁运及经济制裁议题上，共有 184 国投票支持该决议，仅剩美国和以色列投下反对票。墨西哥总统洛佩斯指责拜登政府才是古巴国内动乱的始作俑者，并要求其结束对古制裁。在委内瑞拉问题上，洛佩斯政府采取积极斡旋立场，为马杜罗政府及其国内反对派提供谈判场所。同时，洛佩斯还呼吁美国和委内瑞拉政府进行对话，以保证民众福祉。

同时，洛佩斯积极推进拉美地区一体化进程。2020—2021 年，墨西哥作为拉共体轮值主席国扛起复苏拉共体大旗，积极推动一体化，并取得较大进展。拉共体成立于 2011 年，是唯一涵盖拉美和加勒比地区所有 33 国的政治组织，被视为地区联合自强的象征与一体化进程的里程碑。它自成立开始连续主办 5 届峰会，成果显著。但由于前几年地区左退右进，国家间矛盾激化，尤其围绕委内瑞拉问题对立加剧，2018 年拉共体宣布进入"反思期"并暂停活动。2021年7月,墨西哥召开拉共体第21次外长会议,宣布拉共体结束"反思期",重启地区政治对话和协调机制。2021年9月,墨西哥在时隔四年后重新召开拉共体首脑峰会,地区31国代表出席会议,包括18位国家元首或政府首脑。峰会发表《墨西哥城宣言》,通过了联合国拉美经委会提出的地区卫生合作计划,包括建立地区疫苗与药物购买机制,成立疫苗生产开发及临床试验合作平台,推动卫生领域知识产权合作等,还就成立拉美和加勒比航天局、建立自然灾害应对基金等达成一致。

洛佩斯政府还与俄罗斯保持务实合作。新冠病毒蔓延至拉美后,自2020年12月以来,许多拉美国家引进俄罗斯疫苗,墨西哥也大规模接种俄罗斯疫苗。同时,俄罗斯还与墨西哥达成协议,允许疫苗本地化生产。2022年初乌克兰危机爆发后,洛佩斯总统拒绝制裁俄罗斯,并公开表示美国及其西方盟国在俄乌冲突上的政策是"不道德的"。同时,墨西哥与俄罗斯继续推进经贸合作。俄罗斯是墨西哥的主要化肥供应国,其对墨化肥出口占墨氮、磷、钾肥进口总量的四分之一。2022年上半年,墨西哥从俄罗斯进口额同比增长20%,达到11.93亿美元。

洛佩斯总统指出,本届政府努力应对新冠肺炎疫情,不仅新建和改造了数百家医院,培训了十多万名医护人员救治病人,还与其他国家建立合作关系,购买大批医疗设备并积极获取疫苗。墨西哥政府已宣布于12月第三周启动全国疫苗接种计划,计划在2021年年底前覆盖75%的16岁及以上人口,2022年3月实现接种全国覆盖。同时,2022年墨西哥还分别从中国、美国、俄罗斯三国购买了大批疫苗,以期通过为民众接种疫苗阻遏疫情蔓延。

三、挑战重重

尽管洛佩斯政府在改革方面取得了一些成效,但2020年年初爆发的新冠肺炎疫情打断了这一变革进程,并给墨西哥经济社会带来了空前挑战。

截至2021年4月26日，墨西哥累计确诊病例达到232万，死亡人数累计达到21万，死亡病例数仅次于美国和巴西。多重因素导致墨西哥一度沦为新冠肺炎疫情重灾国。首先，墨西哥医疗卫生基础设施薄弱，全国平均每千人才拥有3.8名医生、每千人才拥有一张床位，远远低于邻国古巴（每千人拥有8名医生，每192人拥有一张床位），而且公立医院水平堪忧。其次，政府管控不力，在社会隔离和病患检测等方面举措不够，并于去年5月就重启经济活动。再次，墨西哥社会结构的特殊性决定其防控疫情难度较大。其非正式就业人口占劳动总人口54.2%，意味着一半以上的劳动力每天需要外出工作维持生计，一旦严格执行社会隔离恐造成饥荒和犯罪加剧。最后，墨西哥肥胖人口较多，因饮食习惯等问题，该国15岁以上人口肥胖率达33.3%，许多人患有糖尿病、高血压、心脏病等慢性疾病，一旦染上新冠肺炎，出现重症和病亡的几率也较高。

疫情给墨西哥经济带来了较大打击。据墨西哥国家统计与地理研究所1月29日公布的数据，该国经济2020年萎缩8.5%，为1932年以来最大年度跌幅。根据国际货币基金组织对2020年世界主要经济体的排名，墨西哥由2019年的第15位降至第16位，为1989年以来最低水平。同时，墨西哥民众因疫致贫的现象较为严重。据联合国拉美经委会统计，2020年墨西哥贫困率或从2019年的41.9%升至46.7%（拉美平均水平为34.7%），赤贫率或从2019年的11.1%升至14.9%。就业形势在2021年第三季度得到一定程度恢复，主要原因包括非正规就业人口增加以及部分经济活动重启，但许多劳动者遭遇减少工时或由正规就业转为非正规就业，因此仍处于收入无法完全得到保障的状态。

2021年4月，按照洛佩斯本人的提议，墨西哥举行了历史上首次总统信任公投。在竞选期间，洛佩斯就表示在总统任期过半时要进行全民公投，让民众投票决定总统能否继续完成剩余任期。此次公投的统计结果显示，洛佩斯通过了信任公投，可以继续完成总统任期。同年6月，墨西哥迎来中期选举，涉及众议院议员换届选举，部分州长换届以及数千名州议员职位和市政职位选举。执政党"国家复兴运动党"勉强保住了政坛优势,在15个州的州长选举中拿下11州,虽然赢得了参议院半数以上的多数席位,但没有获得三分之二以上的绝对多数席位。此外,国家复兴运动党在首都墨西哥城的优势也有所削弱。因此,洛佩斯能否在其剩余任期内推动"第四次变革"的伟大理想变为现实,能否带领墨西哥走出发展模式的困局和迷思,一切仍有待观察。

| 第九章 |

墨西哥经济及对外关系

第一节 墨西哥经济

墨西哥是拉美地区第二大经济体,也是该地区经济较为发达的国家之一。1821年墨西哥摆脱殖民地地位独立之后,先后经历了外向型初级产品出口发展模式、出口飞地模式、民族工业发展、进口替代工业化、新自由主义指导下的出口导向模式等多个阶段,形成了当前开放度较高、以出口为导向的经济模式。自20世纪以来,墨西哥经济逐渐从农业经济转变为工业经济。20世纪60年代,制造业已经成为墨西哥经济的重要驱动力。然而按照国际标准,墨西哥至今没有跨越中等收入陷阱。据统计,2021年墨西哥人均国内生产总值8800美元,低于世界银行2021年设定的高收入国家标准(12695美元)。

一、工业发展情况

从经济部门来看,目前工业、农业和服务业分别是墨西哥的三大经济支柱。墨西哥工业是国民经济的重要支柱,提供了全国30%以上的就业岗位。2018年工业产值占国内生产总值的31%。该国具有门类齐全的工业体系,尤其矿业、油气、冶金和加工制造业较为发达。

墨西哥是拉美地区重要的石油生产国之一。墨西哥已探明的石油和天然气资源80%左右产自墨西哥湾,近年来又发现储量高达3亿桶的海上新油田。1938年,墨西哥时任总统拉萨罗·卡德纳斯颁布了石油征收令,随后建立了墨西哥国家石油公司,实现了国家对油气行业的控制。2013年年底,墨西哥时任总统恩里克·培尼亚·涅托为了提振国家石油生产而进行宪法改革,修改了宪法第27条,并推行能源部门的私有化改革。

然而2018年左翼总统洛佩斯·奥夫拉多尔上台后,秉持民族主义政策,试图重新加大对墨西哥能源和矿产行业的控制力度。尽管洛佩斯企图推进石油行业国有化，但遇到不少来自国内外的阻力。2021年10月，其推出宪法改革方案，以确保政府对国家电力的控制，并取消独立监管机构，同时推动锂生产国有化。根据其改革方案，国有的联邦电力委员会不再优先出售最便宜的电力，而是优先出售国有企业生产的电力，同时要求国有能源企业发电量占比达到54%以上。这一消息引起外界高度关注，美国政府也表示高度关切。在各方压力下，洛佩斯政府表示将能源国有化改革推迟到次年4月。2022年4月，洛佩斯的能源改革法案在墨西哥议会进行了投票，最终仅获得275票支持，没有达到通过所需的三分之二以上票数而遭到否决。

2020年全球新冠肺炎疫情爆发后，各国经济普遍衰退，全球对石油的需求有所减少，原油价格大幅下跌，主要石油生产国产量也随之减少，墨西哥的石油生产也受到影响。2021年11月，其原油出口约为100万桶/天。随着全球经济逐步恢复，对原油的需求有所提升。2022年10月，墨西哥对外原油出口已经基本恢复到疫情前水平，约达到170万桶/天。总体看，墨西哥能源仍然对美国有着较强的依赖。目前，墨西哥仍然对美国出口大量原油，并从美国进口大量成品油和天然气。据统计，2021年墨西哥对美国出口原油140亿美元，自美国进口成品油金额达到300亿美元，液化天然气进口额达到120亿美元。2022年5月该国原油出口为96.5万桶/天，其中输往美国的原油约为74万桶/天，占比超过75%。而且墨西哥国家石油公司仍然承担着较高的债务。据统计，2021年该公司的短期债务达到4863.33亿比索，同比增长24.4%。而2018年、2019年和2020年墨西哥国家石油公司的债务同比增长分别为22%、27.7%和59.7%。由此，该公司的短期债务已经连续四年保持两位数的增长水平。

墨西哥制造业门类较为齐全，区位优势明显，劳动力成本较低，但发展不平衡，对美国依赖也比较强。受新冠肺炎疫情影响，墨西哥制造业产值在2020年出现下降，约为2.65万亿比索，同比2019年（2.95万亿比索）

下降了10%。2021年制造业产值有所增长，达到2.88万亿比索，但仍未恢复到疫情前水平。

汽车业、航空业、医疗器械、电子电器、家电行业是墨西哥最重要的五大制造业。汽车生产是墨西哥制造业吸引外资最多的部门。截至2021年4月，墨西哥是拉美地区最大的汽车生产国和全球第六大汽车生产国。墨西哥较少有自主生产的汽车品牌，而是吸引美国、德国、日本、韩国等国投资汽车生产。克莱斯勒、通用、大众、福特、本田、日产、起亚、现代等各国企业在墨西哥开设了数十家组装厂。截至2021年4月，墨西哥境内已有2000多家汽车零部件企业和20家装配厂。墨西哥汽车行业的从业人员达到98万人，行业产值占国内生产总值的3.9%和制造业产值的20.8%。受新冠肺炎疫情影响，全球投资热情明显下降、汽车零配件供应链断裂风险上升，同时全球半导体市场陷入危机，对汽车生产也带来了较大挑战。2020年墨西哥生产汽车数量为300万辆，同比减少了近20%。2021年，该国汽车生产再度下降，仅生产298万辆，同比下降2%。

二、服务业发展情况

服务业在墨西哥国民经济中占有重要地位。墨西哥拥有独特的自然景观和丰富的历史文化遗产，是全球著名旅游目的地。全国约有31个地点被联合国教科文组织列为世界文化或自然遗产。20世纪80年代以来，全球化进程不断加速，各国企业开始利用信息技术优势加强竞争力，墨西哥也在该领域不断发展相关服务业。1993年，服务业占墨西哥经济的56.3%，超过了工业（39.5%）和农业（4.0%）。2001年墨西哥超过巴西成为拉美地区服务业最发达的国家。

2018年，服务业在墨西哥国内生产总值中的比重达到60%。2019年，服务业从业人数占全国工人总数的61%，对经济的贡献度达到63%。在2020年疫情爆发前，墨西哥服务业中对国内生产总值贡献最大的子行业是商业、房地产和租赁服务、旅游业、运输和仓储、金融服务和保险业等。

  商业对墨西哥第三产业有十分突出的贡献。近年来，该国百货商店和连锁店不断增加。据估计，超市、折扣店、百货公司和购物中心约占市场的五分之一，而50%的销售额来自小型家族企业。墨西哥旅游业较为发达。该国旅游资源十分丰富，根据世界旅游组织（UNWTO）的数据，墨西哥是全球最受欢迎的十大旅游目的地之一。2018年，该国共接待了4140万名外国游客。2020年新冠肺炎疫情蔓延至墨西哥后，该国旅游业一度受到冲击。随着世界各国逐步放开旅游业，墨西哥旅游业也逐步恢复。2022年1月至10月，墨西哥共接待了2754名外国游客，同比增长了22.4%，旅游业的外汇收入达到204.83亿美元，同比增长了54.1%。

墨西哥旅游胜地图伦

三、农业发展情况

  墨西哥是传统农业国，享有"玉米的故乡"和"仙人掌王国"的美誉。其幅员辽阔、气候多样，种植业、畜牧业和渔业均具有悠久历史。种植业方面，墨西哥生产玉米、小麦、大麦、高粱、大豆、番茄、甘薯、咖啡、烟草、牛油果等300多种农作物。墨西哥是拉美地区的蔬菜生产大国，也是该地区仅次于巴西的水果种植大国。全国牧场占地面积达到7900万公顷，主要饲养牛、猪、鸡、羊等牲畜，牛肉、鸡肉等畜牧业产品产量位居世界前列。墨西哥毗邻太平洋和大西洋，海岸线较长，渔业养殖十分发达，盛产金枪鱼、沙丁鱼、大虾等，同时还养殖罗非鱼、鳟鱼、鲈鱼、鲷鱼和石首鱼等鱼类。

20世纪40年代至60年代，墨西哥政府高度重视农业发展，通过大规模公共投资开发国家北部和西北部荒漠，并修建大型水利灌溉工程等现代设施，促进了粮食产量大幅上升，农产品出口迅速增长。1945年至1965年，墨西哥农牧业年均增长率达到5.5%。农业的高速发展不仅为社会提供了充足的食品和原料，而且为国家工业化积累了必要的资金和外汇。20世纪90年代之前，墨西哥玉米、大豆、蔬菜、咖啡等传统农产品在全球贸易中具有较大竞争优势。但1994年《北美自由贸易协定》正式生效后，美国在农业生产技术、规模和补贴方面都比墨西哥更具优势，美国和加拿大农产品大量涌入，对墨西哥农业部门产生较大冲击。1994—2003年，由于农产品进口急剧增加，墨西哥农作物种植面积缩减了400万公顷，一半的农民迁入城市，农民收入下降至城市最低收入的三分之一。2003年1月1日，墨西哥政府依照《北美自由贸易协定》，进一步取消26种农产品的进口关税，涉及农产品有小麦、大米、大麦、土豆、甘蔗、家禽、猪肉和牛肉等，至此墨西哥享有关税保护的农产品仅剩下三种，即玉米、豆类和奶粉。自此，墨西哥进一步成为美国农产品出口的重要目的地。据统计，2011年至2021年美国对墨玉米、小麦、猪肉、乳制品等出口持续增长。2021年，墨西哥成为美国谷物、鸡蛋、豆类、乳制品、肉类和家禽产品等农产品的最大出口市场。当年，墨西哥自美国进口农产品价值2655.5万美元，同比增长40%，创历史新高。

总体看，墨西哥仍是全球重要农产品生产大国。当前，其是全球啤酒、番茄、辣椒、鳄梨、龙舌兰酒等产品的主要出口国。据统计，2020年，墨西哥是全球第八大农业出口国。但从经济贡献角度看，农业活动在墨西哥国民经济中的比重并不高，2021年仅占墨西哥国内生产总值的2.5%，比2018年下降了0.5%。

墨西哥牛油果

四、《美墨加协定》

墨西哥的经济开放程度较高。其积极参与世界贸易组织（WTO）、亚太经济合作组织（APEC）、经济合作与发展组织（OECD）等多边和区域经济组织。截至2022年10月，墨西哥已经与50个国家签署了14个自由贸易协定，与31个国家或行政区签订了30个互惠促进和保护投资协定。其中，墨西哥加入了《全面与进步跨太平洋伙伴关系协定》（CPTPP）、《美墨加协定》（USMCA）等重要区域自贸协议，并与欧盟、中美洲国家和南方共同市场分别达成自由贸易协议。

对于墨西哥而言，《美墨加协定》是其最重要的经贸合作协议之一。《美墨加协定》的谈判和签署经历了一波三折。早在竞选总统期间，特朗普作为共和党总统候选人便指责《北美自由贸易协定》不公平、抨击导致美国的巨大贸易逆差，叫嚣要重申甚至撕毁协议。上台后，特朗普便将NAFTA重谈列为优先议程，紧锣密鼓推进与墨西哥、加拿大的谈判。自2017年8月开始，美国、墨西哥和加拿大先后进行七轮谈判，但因彼此分歧无法弥合而未能达成一致。随后，美国和墨西哥开启持续 5 周的双边会谈。2018 年 8 月 27 日，美墨两国从相互对立戏剧性地转向"握手言和"，宣布初步达成《美墨自贸协定》。不久后，加拿大加入谈判，但美加两国之间分歧较大。经过激烈博弈，加拿大终于在最后大限前，于 2018 年 9 月 30 日与美国达成一致，成功"入群"。三国签署了《美国—墨西哥—加拿大协议》(The United States-Mexico-Canada Agreement，英文缩写为 USMCA)，取代已有 24 年历史的北美自贸协定，从而为美墨加三国长达 13 个月的马拉松谈判划上句号。

《美国—墨西哥—加拿大协议》的文本长达 1812 页，包括市场准入、原产地规则、农业、贸易救济、投资、数字贸易、争端解决、知识产权等 30 多个章节，还包括美墨、美加就部分问题达成的附加双边协议。新协议"现代化、高标准"特点突出。原产地规则方面，规定车企要想获得北美区内的零关税优惠，就必须将来自北美的零配件由 62.5% 提升至 75%，同时要求最少七成的汽车用钢材是源自美、墨、加三国；汽车贸易配额方面，墨西哥、加拿大各自同意每年向美国出口不多于 260 万辆汽车，如果超出配额将接受美国加征 25% 的关税；劳工薪酬方面，要求享受零关税汽车的零件中 40% 至 45% 的部分，是必须要在时薪 16 美元以上的高工资区域生产；乳制品生产中，加拿大做出让步，同意取消"class 7"的乳品定价协议，将向美国开放约 3.5% 的乳品市场份额；"日落条款"方面，规定协议将每 6 年审查一次，并最终可延长至 16 年；原协议第 19 章中的争端解决机制在加拿大的强烈要求下得以保留。此外，USMCA 第 32 条规定，任意一方在和非市场经济国家签订自贸协定时都必须通知另外两个成员国，并在 6 个月的时间里等候其"审批"。总体看，USMCA 是目前世界上涵盖面最广的贸易协议，除了在原来就存在的议题，如劳工、环境等议题上取得突破，而且还包括了本世纪开始进入讨论范围的数字贸易、国有企业、中小企业等议题，还前所未有地加入了宏观政策与汇率问题一章，实现了超越原版 NAFTA 和 TPP 的"高标准"。

美墨加三国能够最终达成协议有多重原因。首先，美国方面的谈判意愿强烈，特朗普为兑现竞选承诺，上台后将NAFTA重谈作为最优先贸易政策议程。目前美国中期选举日益临近，特朗普希望能够尽早结束谈判，将其作为提升支持率的有力工具。而且美国政府的谈判策略为协议达成发挥了重要作用。美方在一些关键议题上坚持底线，不容回避，如原产地规则、"日落条款"、劳工标准等方面，要求对方必须有实际回应；在NAFTA重谈陷入僵局后，美国及时调整谈判策略，采取"各个击破"原则，与相对处于弱势的墨西哥先进行谈判，达成协议后再与加拿大谈判。其次，墨西哥方面，从现实利益看，美国对墨西哥重要性不言而喻。墨西哥对美国经济依赖性较强，其对美出口占其出口总额的80%，同时进口约50%来自美国。墨西哥各界认识到，一旦特朗普撕毁NAFTA协议，将对墨西哥造成不小冲击。因此，只有与美国政府坐下来谈判，以部分利益的让步换取新贸易协议的缔结，才能保住美国的巨大市场。

另外，在2018年7月大选结束后，涅托政府态度亦有所软化。大选前，执政党为迎合国内的民族主义情绪，秉持对美较为强硬的立场，希争取民众选票。但大选失利后，涅托政府希望在11月30日下台前与美国达成协议，为所在的革命制度党未来"东山再起"积累筹码。最后，加拿大政府利用特朗普"急于求成"的心理，以较小的利益让步，即向美国开放3.5%的乳制品市场份额，获得了争端解决机制的保留。加拿大在谈判中一直坚决维持这一机制，以保护其木材等行业不受美国反倾销关税的影响。可以说，美加相互妥协是三国最终达成协议的关键一步。

协议的达成对北美地区而言具有一定积极意义。美国、墨西哥、加拿大三个国家拥有5亿人，每年的总经贸额约为1.2万亿美元，是目前西半球经济总量最大的自贸区。尽管这份新协议中"革新"内容并不多，大多数条款都沿用了1994版协定，但其成功签订还是减少了投资者对北美贸易前景的担忧，有利于稳定投资者和国民信心。尤其是协议的签订对美国而言带来多重利好，使特朗普政府成为谈判的最大赢家。一方面，协议的达成可一定程度上助长特朗普政府中期选举的选情。特朗普表示，USMCA将为美国提供数十万个新就业岗位。尤其新协议中的原产地规则和劳工薪酬标准的提高将有助于刺激美国制造业复苏。美国贸易代表办公室称，仅汽车原产地规则就可以激励美国每年数十亿美元的汽车及零部件生产。加拿大向美国开放部分奶制品和酒类市场，也将给美国农业带来一定的利好。其实，对特朗普政府来说，该协议的政治意义大于经济意义。因为从某种意义上讲，新协议的原产地规则和劳工工资标准将提高汽车的生产成本，这些成本将转嫁到美国消费者头上，或抑制美国国内的需求。而且在墨西哥设厂的成本仍然低于美国，新协议能否根本促动原在墨西哥的投资大规模转向美国也是未知数。对特朗普来说，通过达成协议迎合国内选民诉求才是他谈判的优先目标，而他也已经初步达到了这个目的。

另一方面，新协议的达成有助于美国继续推进其单边贸易政策。特朗普对多边谈判兴趣寥寥，更偏爱双边、一对一的谈判方式。此次新协议达成的方式也证明了特朗普将贸易谈判从多边转向双边的政策已然奏效。

但对墨西哥而言，协议对其经济发展产生的影响较为复杂。自1994年NAFTA生效以来，汽车制造业已成为墨西哥国民经济的支柱性产业。USMCA中新的原产地规则和工人时薪标准变相提高了汽车企业在墨西哥的生产成本，将造成部分外资撤离和工作岗位流失，可能会挫伤墨西哥经济增长。从更长远的角度看，美国制造业复苏和就业机会增加将吸引更多墨西哥移民前往美国，造成墨西哥本国劳动力流失，同时也将给美墨边境带来更多安全问题。而且根据协议内容，墨西哥和加拿大在外贸上的"自主权"进一步被削弱。USMCA第32条对成员国与"非市场经济国家"签署自贸协议进行了限制。如果其中一方没有再征得其他成员国同意的情况下，就与"非市场经济国家"签署协议，会被踢出USMCA。这意味着墨、加在对外贸易上的话语权被美国所控制，进一步沦为美国的"附庸"。

2018年11月，美国、墨西哥和加拿大三国首脑在参加阿根廷G20峰会期间签署了USMCA协议，随后转交三国国会审议通过。2020年7月1日，墨西哥国会正式批准了这份协议，《美墨加协定》在该国正式生效。此后，该协议每六年就需要三个国家进行阶段性审议，作为继续生效的前提条件。

第二节　墨美安全合作

作为两个相邻的北美国家，美国和墨西哥之间有着紧密的贸易和人员交往，因此也在安全方面存在不少合作需求。据2017年美国官方统计，美国境内的墨西哥裔人口约3460万，占该年美国总人口的10.8%。同时，美国是世界上最大的毒品市场，美墨边境成为贩毒集团跨境犯罪的重要场所。打击非法移民、反毒等议题成为两国安全合作的重要领域。

一、美墨边境线的历史沿革

19世纪末至20世纪初担任墨西哥总统的迪亚斯曾感叹："可怜的墨西哥，离上帝太远，离美国太近。"历史上，美国先后通过移民蚕食、兼并、战争和购买等方式占有南部邻国墨西哥的大量领土。19世纪20年代墨西哥独立后，得克萨斯州原先属于该国领土，但随着大量美国移民涌入得州，该州的独立意识日益增强，1836年得州宣布独立，1845年正式并入美国。1846年，美国发动美墨战争，1848年墨西哥惨败。根据双方签订的《瓜达卢佩·伊达尔戈条约》，墨西哥割让给美国近一半的领土，合计约230万平方公里，包括今天美国的加利福尼亚州、内华达州、犹他州、亚利桑那州和新墨西哥州的大部，以及科罗拉多州和怀俄明州的一部分，而美国仅付给墨西哥1500万美元作为补偿。1854年，墨西哥圣安纳政府以1000万美元价格，将科罗拉多河、希拉河和格兰德河之间的梅西亚谷地割让给美国，这片12万平方公里的土地成为美国亚利桑那州和新墨西哥州的一部分。住在这片土地上的8万多名墨西哥人摇身变为美国的少数族裔——

拉美裔美国人，但其深厚的墨西哥文化传统仍然保留下来。这也成为这块地区吸引墨西哥新移民的重要文化因素和天然条件。

1848年美墨战争之后，美墨边界得以基本确立。其东段以格兰德河为界，中段穿越索诺兰沙漠及奇瓦瓦沙漠，西段经过圣迭戈及蒂华纳都会区以至太平洋岸，总长达3100多公里。位于边境线北部繁荣富足的美国对于许多贫穷的墨西哥人来说是天堂，吸引着许多打工者前去谋生。目前，美墨边界是全世界最繁忙的边界，每年约有250万人以合法方式通过两国边界。然而美国严格的签证制度和松散的边界管理促使许多人选择以非法方式越境。为了追逐美国梦，许多普通民众甘愿铤而走险，跨过荒无人烟的荒漠和湍急的河流，躲避边防巡逻队的搜索和贩毒集团的枪火，冒着生命危险一路向北。还有许多毒贩跨越美墨边境向美国走私大麻、可卡因等毒品获取暴利。因此，美墨边境安全问题不仅涉及非法移民议题，还包含了毒品走私等有组织犯罪问题。美墨两国在反毒和移民等议题上利益相互交织，又长期存在矛盾。

二、边境非法移民和贩毒问题

墨西哥北部毗邻美国，南部与危地马拉、伯利兹接壤，西部是太平洋和加利福尼亚湾，东部是墨西哥湾与加勒比海，具有十分优越的地理条件，同时也成为许多非法移民进入美国的主要通道。相比海上偷渡，陆地越境更为安全，许多非法移民先进入墨西哥境内，再借道美墨边境，涌入美国。目前，墨西哥对外移民中有97%生活在美国，侨汇中有97%来自美国。美国5520万拉美裔移民中，墨西哥裔约3500万人，占拉美移民总数的63%。美国境内的1120万非法移民中，墨西哥非法移民约580万，占非法移民总数的52%。

由于地理临近的原因，墨西哥人很早就开启其移民美国的征程。自19世纪末20世纪初以来，由于美国国内劳动密集型行业迅猛发展、美墨两国经济发展水平差距拉大，大量墨西哥人为了谋生，络绎不绝地通过合法或非法途径进入美国。而松散的边界管理进一步助长了这一行为。1910年，美境内的墨西哥人尚不足40万。而到1929年美国爆发经济危机时，该数字已达到100万。1942年，由于第二次世界大战中美国数百万青壮劳动力入伍、西南部农业劳动力短缺，美国政府与墨西哥签署跨国劳务计划，定期招募墨西哥工人赴美劳作，一定程度上加剧了墨西哥人合法或非法的越境活动。1942—1964年，共有480万左右的墨西哥季节工人被美国农场和种植园雇佣。20世纪50年代，美国在高峰时期一年输入的墨西哥季节工人数就达40多万。与此同时，偷渡行为也呈激增状态。1942年，美国移民归化局拘捕的墨西哥非法移民只有1万余人；1944年和1945年该数据猛增至3.1万和6.9万人，1953年高达88.55万人。20世纪80年代，墨西哥爆发债务危机，通货膨胀率猛增、经济发展停滞，大量工人失业。国内经济形势的恶化迫使大量墨西哥人北上寻求工作机会，掀起又一股移民潮。1994年北美自由贸易协定生效后，美墨边境地区的贸易往来急剧增多，两国间的人员往来也随之增加。据美国皮尤研究中心统计，2000年墨西哥裔人口增加至2100万。2008年美国爆发金融危机后，墨西哥移民持续增多的趋势发生逆转。2015年皮尤研究中心调查显示，墨西哥的非法移民数量从2009年开始减少，从2009年的640万人减少到2014年的580万人。但近年来，由于墨西哥经济形势不景气，赴美非法移民有再度上扬趋势。

同时，很多其他国家和地区的民众也竞相涌往美国，尤其是中美洲的偷渡者呈快速增长态势，主要原因是近年来中美洲北三角国家（危地马拉、萨尔瓦多和洪都拉斯）暴力犯罪加剧。2015年10月—2016年1月，2万多名无人陪伴的儿童在美墨边境被拘留，其中大多数都来自中美洲国家。2015年，墨西哥从南部边境驱逐了15万萨尔瓦多、危地马拉、洪都拉斯的非法移民，同比增长44%。此外，古巴、海地以及一些中东、北非的难民也纷纷借道墨西哥偷渡美国，进一步加剧了美墨边境的压力。

美墨边境非法移民的帐篷

　　跨境贩毒也成为美墨边境安全问题之一。美国是世界上最大的毒品消费国，全世界生产的毒品60%以上输往美国。美国市场对毒品需求极大刺激了墨西哥等拉美国家的毒品生产和走私活动。目前，墨西哥已成为世界上重要的大麻和鸦片生产国，也是拉美贩毒集团向美国运输毒品的重要通道。自20世纪90年代以来，随着北美自由贸易区的建立，以及哥伦比亚超级毒枭埃斯科巴统治时代的落幕，墨西哥已取代哥伦比亚成为拉美贩毒最严重的国家。据统计，美国消费的毒品中70%—80%经美墨边境进入美国。随着毒品贸易的兴盛，20世纪起，墨西哥境内出现了有组织的贩毒团伙。21世纪以来，美墨边境贩毒活动呈现集团化趋势。目前，活跃在美墨边境地区的大型贩毒集团有十几个，其中包括臭名昭著的塞塔（Zetas）集团、锡那罗亚（Sinaloa）集团、华雷斯（Juárez）集团等。这些集团组织严密，资金雄厚，设备精良，敢与政府公开对抗。除了贩毒"集团化"之外，贩毒路线也呈现多样化趋势。贩毒团伙不惜耗费巨大的时间和金钱，在边境线上建造了数十条非法隧道。2015年10月，美墨两国警方在边界地区发现一条贩毒隧道，起始于墨西哥西北部城市蒂华纳，通往美国加州城市圣地亚哥，全长约800米，深约10米，还配备了轨道运输系统，堪称是美墨边境地区发现的最复杂贩毒隧道之一。还有毒贩使用海上快艇、无人机等交通工具运输毒品。美墨边境经常上演警察与毒贩"猫和老鼠"的游戏。

贩毒集团的猖獗活动使边境安全更加严峻。

追根溯源，美国国内的需求是跨境非法移民和毒品问题的重要根源。出于经济成本考虑，美国建筑业、种植业和服务业等领域长期雇佣廉价的墨西哥工人。皮尤研究中心调查数据显示，在房地产繁荣时期，以墨西哥人为主的拉美工人数量占据美国建筑工人的四分之一。而农业、餐饮业等更是大量雇佣墨西哥工人。美墨边境毒品走私问题也是美国市场的巨大需求所导致的。美国国内吸毒和精神药品滥用有深刻的社会根源。很多美国人认为吸毒是个人行为，只要对外不产生严重后果就可以。调查显示，一半左右的美国民众认为吸食毒品"没问题"，近一半的人表示未来会"尝试"大麻等毒品。近年来，科罗拉多州和华盛顿州等地区持续推动娱乐用大麻合法化就是这种思想的体现。而美墨两国经济发展水平存在巨大差异、墨西哥国内经济长期不景气是导致上述问题的助推器。非法移民向往美国的高收入高福利和安全稳定，毒贩瞄准美国巨大的毒品消费市场，两者皆由经济利益驱使。而客观上，美墨间漫长的边境线和相对松散的管理也为偷渡者和毒贩提供了巨大的机会。1994年北美自由贸易协定生效后，美墨两国货物和人员往来的频密，客观上又为边境的非法活动打开了机遇之窗。因此，很难断定哪国应对边境安全问题负责。全球化时代下，任何国家都难以独善其身。

三、边境安全问题的影响

毒品问题对美墨两国而言均是令人头疼的议题。毒品泛滥已成为美国社会的一大顽疾。近年来，美国吸毒人群呈现"低龄化"趋势。在美国大学校园里，毒品并不罕见，许多大学生在宿舍里吸食大麻。美国疾病防控中心报告称，2002年至2013年，美国12岁以上吸食过海洛因的人数增长了63%，死亡人数增加3倍。同时，毒品使用向女性和高收入群体中蔓延。此前吸食海洛因概率较低的妇女和中高收入阶层，吸食率正在上升。2002

年到 2013 年间，美国女性吸食海洛因的比例增加了 1 倍，白人男性吸食者也增加了 1 倍多。此外，涉毒暴力也逐渐在美国蔓延。墨西哥贩毒集团在美国各地建立贩毒网络，尤其美国南部的亚利桑那州、佐治亚州等地区毒品泛滥，受涉毒暴力威胁最为严重，北部的阿拉斯加州、马萨诸塞州等地区也出现墨西哥贩毒集团活动的踪迹。作为生产和走私毒品大国的墨西哥也深受毒品之害。首先，国内安全形势持续恶化。2006 年年底，墨西哥时任总统卡尔德龙宣布发动"反毒战争"，动用军队打击贩毒集团，抓捕了许多集团头目。但扫毒行动也引发毒贩疯狂报复，他们对警察、士兵及官员进行伏击和暗杀。此外，一些贩毒集团头目的落网反而引发更多毒品暴力，贩毒集团为了争夺地盘不断发生冲突，并伤及无辜平民，墨西哥安全问题反而日益恶化。

卡尔德龙任职期间（2006—2012 年），官方统计在毒品战争中死亡人数至少达六万人。而涉毒暴力犯罪活动却像无法根除的毒瘤，从墨西哥北部边境地区逐步向米却肯州、维拉克鲁斯州、哈利斯科州等南部内陆和沿海地区蔓延。2012 年，佩尼亚·涅托上台后，摒弃了卡尔德龙"以暴制暴"的反毒思维，用警察执法替代军队扫毒，并将打击目标锁定在涉毒犯罪最猖獗的地区和贩毒集团高层。尽管 2014 年墨西哥当局抓捕了世界最大毒枭、锡那罗亚集团头目古斯曼，但总体看，涅托执政以来，墨西哥涉毒暴力犯罪并未减轻。2014 年 9 月底，格雷罗州伊瓜拉市 43 名师范学院学生外出游行后失踪，疑遭当地市长夫妇指示贩毒集团及涉腐警察"集体屠杀"，引发民众强烈不满，成为导致总统涅托近年来支持率下滑的重要事件。2015 年，墨西哥发生 20000 起凶杀案，远远高于 2007 年的 8867 起。2016 年上半年，约 10301 人死于暴力犯罪，同比增长 15.6%。

非法移民则给美墨两国带来更为复杂的效应，难以一言蔽之。2015 年墨西哥政府报告显示，美国境内的 3300 万墨西哥裔为美国国内生产总值的贡献度达到 8 个百分点。在美国很多企业和农场主看来，墨西哥非法移民是廉价好用的劳动力，为其生产节约了大量成本。而且大量墨西哥工人聚集在低端劳动密集型产业，也为美国高新技术产业的发展提供了补充和支持。美国前总统福特也承认，墨西哥非法移民促进了美国的经济发展。

但另一方面，大量墨西哥非法移民的涌入也给美国社会带来消极影响。墨西哥移民在制造业领域抢占了一些美国本土工人的就业机会，或者变相拉低蓝领工人的工资，造成后者收入减少。同时，非法移民增多也给美国政府在住房、教育、医疗和社会福利等方面的财政开支带来更大负担。非法移民对墨西哥也是一把双刃剑。一方面，移民对墨西哥有着较为重要的经济意义。侨汇收入是墨西哥重要的外汇收入来源，根据墨西哥央行统计，2016年墨侨汇收入达到270亿美元，同比增长8.8%，超过了石油出口收入的187亿美元。而且侨汇对很多墨西哥家庭来说也是他们的经济支柱。墨西哥有数以百万计的低收入家庭依赖其亲属从美国的汇款生存。但另一方面，偷渡行为也造成边境地区的犯罪猖獗和人道主义灾难。边境地区恶劣的自然条件使许多偷渡者丧命他国，而贩毒集团的出没进一步加剧了偷渡的风险系数。而许多人选择由"蛇头"带领其跨越边境，助长了人口贩运犯罪活动。美国审计署调查显示，墨西哥约有300个从事人口贩运的犯罪团伙。这些团伙成员对边境地形十分熟悉，了解更多的偷渡路线。但许多"蛇头"经常将偷渡者扣留作人质，以索取更高费用，或是在沙漠中抛弃偷渡者，任其自生自灭。据统计，2014年9月至2015年9月，美墨边境死亡的偷渡者达240人。

边境安全问题是美墨两国合作的重要领域，但也给美墨两国关系带来了不和谐因素。两国时常因为毒品问题发生龃龉。美国政府时不时指责墨西哥扫毒不力，而墨方则将问题归咎于美国市场对毒品的需求。早在1985年，两国就曾因为美国禁毒署特工恩里克·卡马雷拉在墨西哥失踪的案件而发生外交摩擦，美国国会举办多场听证会，强烈抨击墨西哥毒品和腐败问题，并擅自进入墨境内抓捕犯罪嫌疑人。墨方对此强烈不满，谴责美国越境执法行为。美国则对墨方的不合作表示愤慨，以查找恐怖分子为由，一度关闭美墨边境。不久后，美国国会即通过法律，规定国务院每年向国会提交关于拉美国家与美国反毒合作的报告,对拒不合作或者态度消极的国家采取中断军事援助、贸易优惠等惩罚措施。墨西哥等拉美国家对此极力反对,认为毒品问题根源是美国的消费需求,美国这种推卸责任的做法极不公平。墨西哥前总统塞迪略(1994—2000年在任)曾呼吁美国对自己国内不断增长的毒品消费需求进行检讨和反思。墨西哥前总统卡尔德龙称,美国的毒品消费和军火制造商应对墨西哥的毒品暴力负责,并呼吁美国政府加强对军火贸易的管理。

非法移民问题是美墨双边合作的重要领域,但两国在该问题上也存在不少矛盾。20世纪八九十年代以来,随着大量非法移民的涌入,美国政府逐渐感到其给社会稳定和劳动力市场带来的压力,一些地区反非法移民声浪渐高。加之2001年9·11恐怖袭击后,美国从自身国家安全利益出发,日益收紧移民政策,加大遣返墨西哥非法移民,并加强边境管理。2006年,小布什总统签署法案,决定在美墨边境修建一道长1126公里、高15米的水泥墙,引发墨西哥社会各界强烈反对。即使是在移民政策较为温和的奥巴马时期,仍有不少非法移民被遣返。2011年和2012年,被遣返的墨西哥非法移民分别达到41万和47万。而墨西哥政府则一直寻求与美国达成全面的移民计划,使墨西哥非法移民的身份得到解决、安全得到保障、劳动权利和人权得到尊重。由于双方在非法移民问题上的出发点和侧重点不同,导致合作迟迟未能有重大进展。

四、美墨处理边境安全问题的举措

为了加强边境安全,美墨两国历届政府均耗费不少心血,不仅各自国内采取一系列措施,还加强双边合作共同应对。

20世纪90年代以来,美国政府加大对边境安全的重视。

首先,美方积极修建边境屏障。美国新任总统特朗普因其提出修建"美墨边境隔离墙"而令许多人侧目,但其并非"修墙第一人",边境墙实际上存在已久。自20世纪90年代起，由于美墨边境安全的恶化，美国政府开始着手修建边境屏障。1991年，美国海军工程队开始沿丘拉维斯塔至蒂华纳的边境线修建了长达7英里、高达10英尺的隔离墙。1993年，美国海军工程队将隔离墙扩展至14英里，一直延伸至太平洋海岸。1994年北美自由贸易协定通过后，墨西哥移民大量涌入美国。1995年，美国克林顿政府启动了门户防卫计划，在美国加利福尼亚州和墨西哥的边界线修建金属墙以阻挡偷渡者。2006年10月26日，美国总统小布什签署《2007年度美国国土安全拨款法案》，授权在美墨边境建立隔离墙，批准在边界修建1126公里长的隔离墙。目前，美墨边境上已建成1048公里隔离墙，还有约三分之二的边境地区未建隔离墙。

其次，美国政府不断扩大边境执法队伍。近年来，美国政府持续增加边境巡逻队机构人员。2009年，美国边境巡逻队人员数量超过2万人，比2001年增长一倍。2010年，奥巴马总统签署法案，为国土安全部等机构增加6亿美元资金，为美墨边境增派1500名安全人员，并购买更多侦察设备、建立更多边境巡逻站。

第三，美国还重视技术手段的运用。2004年起，美国开始在美墨边境实行US-Visit计划（数字化出入境身份辨识系统），并在多个口岸建立生物识别程序。该计划俗称为"电子边境"计划，收集和存储持有美国签证的外国旅客进出美边境的信息数据，并在美各政府部委之间共享，以确保外国来访者不会超期在美滞留，并帮助美国政府逮捕可疑恐怖分子和罪犯。美国政府在部分边境墙上安装感应设备，以及时发现和抓捕偷渡者。美国边境巡逻队还使用雷达、无人机、远程视频监控等高科技手段加强边境巡防。

第四，美国政府也根据形势不断调整反毒战略，在加强国家合作同时，重视国内反毒工作。里根和布什总统执政时期，美国形成以境外禁毒为主的反毒战略，加强与毒品源国家的扫毒合作。克林顿总统上台后，美国开始反思扫毒战略，将反毒重点由国外转向国内，强调国内的公众教育和康复治疗。奥巴马政府则主张"治疗为主，打击为辅"，把重点放在控制毒品需求上，将禁毒重点从"严打"转向戒毒治疗。

边境安全问题已给墨西哥国家安全带来严重威胁。墨西哥政府高度重视，采取一系列措施进行整治。

首先，加强立法，健全法制。1994年塞迪略总统上台后，将扫毒列为政府首要任务之一，制订《国家缉毒大纲》。2004年，在时任总统福克斯的推动下，墨西哥颁布新国家安全法，并开始进行司法改革，使其更为高效和透明。2006年卡尔德龙总统上台后，提出整套国家安全改革措施，并赋予总统部分立法权，规定总统有权通过行政法令制止任何企图危害国家安全的行为。

其次，改组整顿国家安全机构，提高反毒行动效率。福克斯总统执政期间，墨西哥效仿美国建立墨西哥联邦调查局，加强安全情报的搜集和处理。2012年，培尼亚·涅托总统上台，将国家公共安全部升级为国家安全委员会，并加强情报机构功能，以情报手段辅助特种部队逮捕贩毒集团头目，实施精准打击。

第三，加大反腐力度，肃清执法队伍。墨西哥腐败问题存在已久。一些贩毒集团对当地官员以利相诱，一些地区毒贩与警察、官员相勾结的现象十分普遍。福克斯总统任内，加大对警察和监狱系统的反腐力度，逮捕一批与毒贩相勾结的警察和监狱官员，包括2001年曾协助大毒枭古斯曼逃跑的监狱官。2013年1月，墨西哥158名与贩毒集团有染的警察被当局逮捕。

最后，调整扫毒策略，从以"打击毒贩"的反毒战争转向"保护平民"为重点的安全战略。卡尔德龙执政期间，墨西哥当局掀起"反毒战争"，但效果不佳，国内安全形势持续恶化，许多平民无辜受害。涅托总统上台后，将反毒重点放在减少涉毒暴力活动上，同时加大情报工作，抓捕一批贩毒集团头目。2014—2015年，锡那罗亚贩毒集团头目华金·古斯曼被捕，随后泽塔斯贩毒集团头目奥马尔·特雷维尼奥、"圣殿骑士团"贩毒集团头目塞尔万多·戈麦斯等相继落网。

为应对日益严峻的毒品和暴力犯罪威胁，美墨两国也长期保持合作。1980年以来，美墨签署了《扫毒合作协议》《引渡条约》《司法互助条约》等协议。1996年，墨美两国总统决定成立"控制毒品高级联络小组"，保持高层接触，促进缉毒合作。1997年，两国总统签署《墨美缉毒联合声明》，进一步加强扫毒合作。2008年，美墨两国政府签署的"梅里达计划"生效，根据协议，美定期向墨西哥提供禁毒援助，帮助其打击贩毒和有组织犯罪。2014年，美国制定《国家毒品管制战略》，决定继续加强同墨西哥等国合作，打击跨境毒品犯罪。

尽管美墨历届政府均对边境安全问题十分关注，但美墨边境安全形势并未有大的改观。两国长久以来在此问题上存在利益和认知的错位，也给双边关系带来一些不和谐因素。尤其近年来非法移民给美国带来一系列经济和社会问题的事实，为特朗普上台后对墨西哥的强硬政策埋下伏笔。

五、特朗普激进的反移民政策

特朗普上台后逆转奥巴马对拉政策，竞选中多次称拉美非法移民为"毒贩"和"强奸犯"，并要加以驱逐。他还宣称要在美墨边境修建35—50英尺高的隔离墙，以阻挡非法移民和毒贩。其上台后不久即宣布要修建隔离墙，并且称要让墨西哥为修墙买单。针对国内非法移民，特朗普也"言出必行"，开启大规模遣返行动。其上台后不久即颁布法令，规定执法人员有权在美国全境逮捕、拘禁并驱逐任何入境美国未满2年的非法移民，无证移民以及有犯罪纪录的非法移民都是优先被遣返的对象。而且海关人员可以将非法入境者直接送到墨西哥，不论是否为墨西哥籍。特朗普的一系列举措激起墨西哥的强烈反对。墨西哥民众反美情绪高涨。全国各地举行大规模的反特朗普示威游行，墨西哥城2万人参加游行，许多示威者高喊"墨西哥万岁！打倒特朗普！"的口号，美墨关系一度紧张。尽管2017

年 2 月 24 日美国国务卿蒂勒森和国土安全部部长凯利访墨,企图修缮关系,但双方在非法移民和自由贸易等问题上仍然存在严重分歧。

特朗普针对墨西哥的言论和政策事出有因。竞选中,特朗普因其反移民、反自由贸易等政策得到国内大批白人蓝领等拥趸,反映了美国部分民众已深深感到美墨一体化合作在微观层面带来的冲击。许多白人蓝领抱怨墨西哥非法移民抢走了他们的饭碗,指责北美自由贸易协定将美国的工厂移到墨西哥。还有人担忧拉美裔等少数族裔的高生育率将在未来使白人变成少数族裔,认为美国建国以来一直以白人盎格鲁 - 撒克逊新教徒(WASP)价值观为正统的国家特性和身份认同正面临前所未有的挑战。此次大选中,美国内政问题的积重难返将民众的怒火转嫁到邻国身上,着实给了墨西哥一记当头棒喝。

特朗普在移民问题上采取的策略并没有获得明显成效。据美国国土安全部预估,修建隔离墙需要耗资 216 亿美元。但这样一堵花费巨大的隔离墙不能真正阻挡偷渡和走私。偷渡者可以在地下挖掘隧道,或乘坐小船从海上偷渡。毒贩的走私路径更加多样化,甚至可以运用无人机运送毒品。加州大学移民比较研究中心主任大卫·路菲兹认为,隔离墙将导致非法移民更加铤而走险,造成死亡率上升。而且特朗普的反移民政策带来较大的经济代价。墨西哥政府 2015 年的报告显示,美国境内 3300 万墨西哥裔为美国 GDP 贡献 8 个百分点。2016 年美国国家经济研究局(NBER)发布报告指出,特朗普针对的难民和非法移民是美国很多行业重要的劳动力群体。如果特朗普坚持推行其移民政策,很多行业将面临严重的劳动力短缺。即使这些行业雇佣美国本土合法居民,也面临成本急剧上升的问题。同时,反移民政策的社会代价也逐渐展现。对很多墨西哥家庭而言,侨汇占其收入来源的 80%,可以满足基本生活需求。美国遣返大量墨西哥移民,使更多墨西哥家庭陷入贫困,反而导致更多偷渡或贩毒行为。同时,特朗普的"美国利益优先"政策也使巴西、阿根廷、智利以及中美洲等国纷纷感到失望或焦虑。其对委内瑞拉、古巴等左翼国家的强硬态度,也激起了这些国家的强烈反弹,美拉关系一度跌至谷底。

六、拜登政府的政策调整

　　拜登政府则以温和姿态处理与墨西哥的关系。拜登上台后不久，便以移民、反毒等攸关美国内政的重要议题开启对拉外交。相比特朗普一味驱逐和阻止非法移民的做法，拜登更注重从根源上解决移民问题，包括改善移民来源国经济不安全和不平等的情况、打击腐败和加强民主法治建设、促进对人权和劳工权利的重视、打击和预防暴力犯罪等。拜登积极推动终结特朗普部分移民政策，不仅停止美墨边境墙的修建，恢复奥巴马时期的童年抵美者暂缓遣返计划（英文缩写为DACA），还推动取消《移民保护协议》（又称"留在墨西哥"）以及"安全第三国"协议。然而，由于共和党阻挠，拜登至今未能彻底撤销"留在墨西哥"行政令。2021年6月，拜登宣布终结该政策后遭到共和党抵制。8月，得克萨斯州一名联邦法官要求恢复"留在墨西哥"政策，拜登政府紧急上诉后，最高法院决定维持原判。而且拜登宣布放宽移民政策后，一度导致大规模非法移民加速涌入美墨边境。共和党借此对拜登进行批评和攻击。最终，拜登政府不得不与墨西哥政府举行谈判，于12月8日确定重启"留在墨西哥"协定。

　　同时，拜登政府加大与墨西哥等国关于移民问题的沟通谈判。拜登上台伊始，便任命熟悉拉美事务的洪都拉斯裔人士里卡多·祖尼加为中美洲问题特使，与相关国家举行移民问题协调谈判。由于墨西哥是许多非法移民自南部入境美国的必经之路，拜登政府与墨西哥当局举行多次谈判，最终墨方于2021年9月取消厄瓜多尔公民的免签证旅行特权。同年12月，墨西哥又取消巴西公民的免签证旅行特权，2022年年初又取消委内瑞拉公民的免签证旅行特权，以减少拉美非法移民北上的渠道。2021年美国国务卿布林肯访问哥斯达黎加，副总统哈里斯访问危地马拉和墨西哥，均聚焦移民问题，敦促相关国家"有效遏制移民潮"。2022年6月美洲峰会上，拜登宣布提出合作解决非法移民危机的倡议，得到了拉美多国响应。峰会通过了《洛杉矶宣言》，美国、加拿大、墨西哥、哥伦比亚、厄瓜多尔、哥斯达黎加等多国签署宣言，美国计划在2023—2024年扩大2万名难民接受名额，墨西哥则承诺在边境地区为中美洲增加1万—2万个劳工名额。但拜登的移民政策似乎在短期内也难以看到成效。据统计，2022财年美国边境执法人员在美墨边境逮捕了180万名非法移民，突破了历史记录。

两国间的安全合作对于解决非法移民和贩毒问题十分重要。但总体看，如果美墨两国以及美国和拉美国家经济发展水平间的鸿沟继续存在，非法移民问题将继续成为困扰两国关系的症结，美墨边境的非法越境问题也难以得到有效解决。

第三节　中墨关系

一、中墨历史交往

中国和墨西哥是分别位于东西半球的两个重要文明古国。有些考古学家认为，包括墨西哥在内的拉美地区最早的土著印第安人是跨越白令海峡从亚欧大陆抵达美洲的蒙古人种。印第安人的外貌特征与蒙古人种十分相似，比例颧骨较高、头发又黑又直、眼睛细长、毛发少、皮肤薄且黄。根据现代科学鉴定，印第安人的血型属于蒙古人种，其血液成分与亚洲人基本相同。印第安人的语言中也有与汉语相似的部分。一些语言学家认为，印第安人的语言起源于蒙古的语言。墨西哥瓦哈卡州印第安人的语言中，"我""你""他"的读音与古代汉语十分相似。还有专家发现，至今玛雅人的语言中还保存着一些汉语的古音，与中国沿海地区的某些方言十分相近。近年来，在墨西哥还发掘出土了一些具有中国商代文化特征的遗址和文物。部分专家认为，中国人可能在3000年前就已经抵达了美洲大陆。此外，有学者认为《梁书》（502—557年）等中国史书中提到的中国僧人到达的扶桑国就是墨西哥，因扶桑国距离中国一万五千多公里，且没有铁但使用金银和铜,与当时墨西哥的情况十分吻合。因此,学者推测中国僧人在公元5世纪就抵达了墨西哥。1936年,墨西哥阿卡普尔科州还在当地广场上建立了一座雕刻着中国船只的纪念碑,以纪念在公元5世纪抵达墨西哥的中国帆船。

而两国有历史记载的交往最早可以追溯到16世纪西班牙殖民时期。当时的中国正处于明朝统治时期,国内农业和手工业都得到长足发展。1567年,明穆宗朱载垕下令解除海禁,允许中国民间开展海外贸易,由此,中国很快成为当时世界上海上贸易最繁忙的国家之一。大量商船将中国的丝绸、瓷器等商品运送到菲律宾的马尼拉,随后在马尼拉通过大帆船跨越太平洋抵达美洲,在当地卸下货物和换取白银,再返回菲律宾和中国。据历史记载,1575年至1815年间,每年从中国驶往菲律宾马尼拉的帆船数量达到20—60艘,每年可运送价值20万比索的货物。中国丝绸、瓷器等商品在墨西哥得到欢迎,中国的海外市场不断扩大,促进了中国东南沿海城镇的蓬勃发展。

同时,16世纪末17世纪初,即明清时期,已有一批华人通过马尼拉大帆船远渡重洋抵达墨西哥,开启了中墨民间交往的先河。据记载,16世纪末墨西哥城就建立了华人区。19世纪末,墨西哥迪亚斯政府积极发展出口经济和修建铁路,急需大批劳工,大量华工涌入墨西哥。同时,1882年美国国会通过了排华法案《关于执行有关华人条约诸规定的规定》,剥夺了华人移民的美国公民权,规定任何华人离开美国后想要再次进入美国必须获得许可。因此,有些华人从美国前往墨西哥,还有部分是从国内抵达墨西哥。为了进一步满足劳动力的要求,墨西哥政府计划与晚清时期的中国建立外交关系,以招募更多华工。1899年12月,中墨签订友好通商条约,并正式建立了外交关系。1904年,墨西哥在北京开设了第一个外交使团,并在其他城市也设立了外交使团。1902年,中国两家轮船公司"茂利"和"中华"分别开辟了驶往墨西哥的客运航线。据统计,1902年至1921年通过这两家航运公司前往墨西哥的华人达到4万—5万人之多。华人抵达墨西哥后，大部分聚居在与美国亚利桑那州接壤的索诺拉州。到 1910 年，当地华人人口已经超过了美国人，成为第一大外国侨团。此外，墨西哥城、下加州和尤卡坦半岛也有不少华人居住。

由于华人普遍吃苦耐劳，在拉美国家的铁路修建和种植园工作中表现突出，得到许多雇主的赞扬。同时，许多华人开始依靠自己获得的第一桶金开启商业活动。据历史记载，到 1915 年，华人在墨西哥索诺拉州和锡那罗亚州几乎垄断了当地的零售业。其中，"福记"和"均泰隆"企业在上述两州分别拥有超过二百家分店。同时，随着华人不断取得商业上的成功，拉美地区本土逐渐产生排华情绪。1911 年春夏之交，一些拉美国家陆续发生排华事件，一些暴徒对当地华人商户进行烧杀抢掠。1911 年 5 月 13 日，马德罗叛军在进攻墨西哥北部城市托雷翁时，有 300 多名华人被杀害。惨案发生后，清政府向墨西哥发出通牒，要求严惩凶手、抚恤死难者家属、给予经济赔偿并设法保护华侨。据称，当时清政府还命令正在英美出访的主力战舰"海圻"号驶往加勒比海，以示威慑。面对压力，墨西哥政府不得不答应进行赔偿。但此后不久清朝灭亡，马德罗政权也被国内农民起义推翻，赔偿的事情也不了了之。

1912 年中华民国成立，墨西哥政府次年予以承认。但墨西哥本土的排华情绪并没有停止。20 世纪 20 年代以后，墨西哥国内经济形势有所恶化，而华商经营情况相对良好，引起墨西哥同行的不满。同时，墨西哥部分华人在当地经营赌场和贩卖鸦片，对华人形象造成一定的负面影响。加上非法移民的涌入加剧本国工人的失业率，墨西哥政府开始拒绝外国工人入境，华人进入墨西哥遇到越来越多的障碍。1929 年大萧条发生后，墨西哥国内经济形势不景气、就业困难，排华情绪有增无减。墨西哥采取的排华措施包括：禁止华人开设杂货店和服装店、将华人区设立在远离墨西哥人聚居区的地方、不允许华人与墨西哥妇女结婚、要求华人登记注册并在旅行前向政府机关报告。这些措施虽然未在国家层面公布，但各州实际上都在暗中执行。1931 年，一些州颁布了针对华商的严格条例，其中"百分之八十法"强制规定华人商家百分之八十的员工必须是墨西哥人,"卫生法"规定华人只能出售杂货、药物、肉类、面包四种货物的其中一种。据统计,1933年约有数千名华人因各种限制措施而选择离开了墨西哥。

20世纪30年代至60年代,中墨关系更是遭遇了曲折。抗日战争爆发后,中国国内形势动荡。1941年,墨西哥在华使团被迫关闭。1942—1943年,墨西哥重新在重庆市开设外交使团,随后升级为大使馆。1949年10月1日新中国成立,墨西哥追随美国等西方国家的外交政策,没有立即承认中华人民共和国的合法地位,使得中墨关系陷入停滞期。20世纪50年代,尽管墨西哥政府有意发展与华关系,但因美国政府施压、台湾当局的牵制和破坏,以及墨西哥政府对中国尚存有一定疑虑,所以在建交问题上始终犹豫不决。该时期,中墨之间主要通过民间渠道展开交往。

二、正式建交后的中墨关系

20世纪60年代末,中美关系出现改善迹象。1971年4月,美国乒乓球代表团访华,成为新中国成立后第一个应邀访华的美国团体。中美关系的破冰为中国与其他国家关系的发展提供了有利的外部条件。1971年,墨西哥决定与台湾当局正式断绝所谓的"外交关系",承认中华人民共和国为中国在联合国的唯一合法代表。1972年2月14日,在两国政府的积极推动下,中华人民共和国与墨西哥正式建立外交关系,墨西哥成为拉美和加勒比地区第四个与中国正式建交的国家。经过半个世纪的风吹雨打,中墨关系历久弥坚,多领域合作取得丰硕成果,全面战略伙伴关系日益深化,共同铸就了牢不可破的友谊。

自建交以来,两国政治互信不断巩固。双方高层均高度重视双边关系发展。1970年路易斯·埃切维利亚就任墨西哥总统后,推动对外关系多样化,积极改善对华关系。1972年2月14日,两国正式签署建交公报。1972年8月,中国政府委任熊向晖为驻墨西哥首任大使。1973年,埃切维利亚总统访问中国，与毛泽东主席、周恩来总理亲切会晤。

此后，墨西哥历届总统均秉持对华友好立场，不断推动中墨关系向前发展。波蒂略总统、德拉马德里总统、萨利纳斯总统、塞迪略总统、福克斯总统、卡尔德龙总统、培尼亚总统均访问过中国。2003年12月，温家宝总理访墨时，双方正式宣布建立"战略伙伴关系"。习近平主席本人高度重视对墨关系，曾两次到访墨西哥。2013年访问墨西哥，习近平主席与墨时任总统培尼亚举行会晤，并宣布将中墨关系提升为全面战略伙伴关系。

战略协作不断频密。随着双边关系提升为全面战略伙伴关系，中墨合作的深度和广度不断加强，在国际和地区事务中的磋商和协作日益深化。两国在联合国、世界贸易组织、亚太经合组织、G20等国际组织中充分沟通和协调立场，共同致力于维护和促进世界和平、稳定及繁荣。尤其是2021—2022年，墨西哥担任联合国安理会非常任理事国，与中国在减贫、裁军和核不扩散等问题上积极践行多边主义。地区层面，2021年墨西哥作为拉美暨加勒比国家共同体轮值主席国，积极推动地区一体化发展，并与中国协作推动中拉论坛发展，促成中拉论坛第三届部长级会议于2021年12月成功召开。

两国间的经贸合作也正日益深化。中国是墨西哥第二大贸易伙伴，墨西哥是中国在拉美地区的第二大贸易伙伴。在遭遇疫情冲击的背景下，双边贸易仍然保持良好势头。据中国海关总署统计，2020年中墨贸易总额达到608.5亿美元，同比增长0.2%。其中，中方出口额达到448.5亿美元，同比减少3.3%，进口额达到160亿美元，同比增长11.6%。双边贸易结构日趋平衡，中国主要出口计算机与通信技术产品、服装、电器及电子产品、机械设备、电视、收音机、无线电讯设备零附件、原油等，并从墨西哥进口计算机与通讯技术产品、电子技术产品、自动数据处理设备零附件、集成电路及微电子组件、汽车零部件等。近年来，墨西哥不断加大对华出口，尤其是农副产品出口成为新的增长点。中国超市里经常能够看到墨西哥品牌的龙舌兰酒、科罗娜啤酒、牛油果、面包、蓝莓等特色产品。

同时，两国的投资合作不断加强。据墨西哥经济部统计，截至 2021 年 9 月，中国累计对墨直接投资达到 16.75 亿美元，涉及矿业、制造业、农业等多个领域。截至 2022 年，墨西哥吸引的中国投资 40% 集中在制造业，电信业吸引了 11.3% 的中国投资，金融业投资占 10.3%，而矿业投资仅占 9.3%。交通基础设施方面，近年来中国企业积极参与包括墨西哥玛雅铁路等重要项目建设，帮助墨西哥提升物流水平。电信建设方面，数字化应用成为当前社会发展趋势。华为在 5G 和互联网领域的技术领先优势为中墨电信合作创造了新机遇。2019 年，华为云在墨西哥开启服务合作，目前成为在墨西哥节点资源最丰富的云服务提供商之一。

中墨人文交流持续推进。2003 年中墨建立战略伙伴关系以来，文化交流如火如荼，两国经常受邀在对方国家举办展览、演出等文化活动。近年来，中墨之间开辟了 3 条直航航线，包括墨西哥航空公司开通的墨西哥—上海直航航线、南方航空公司开通的广州—墨西哥直航航线、海南航空公司开通的北京—蒂华纳—墨西哥城直航航线，为两国民众来往提供了便利。2018 年起，中国已成为墨西哥在亚洲地区第一大游客来源国。双方教育交流也不断密切。目前，中国已在墨西哥开设 5 所孔子学院，包括墨西哥城孔子学院、尤卡坦自治大学孔子学院、新莱昂州自治大学孔子学院、墨西哥国立自治大学孔子学院、奇瓦瓦自治大学孔子学院。这些孔子学院均为墨西哥培养更多精通汉语和中国文化的人才发挥了积极作用。同时，墨西哥民族文化也在中国得到进一步传播。近年来，中国举办了一系列展现墨西哥玛雅、阿兹特克等古文明的文化展览，使得更多的中国人民了解墨西哥文化。同时，卡洛斯·富恩特斯、胡安·鲁尔福、埃莱娜·波尼亚托夫斯卡等许多墨西哥作家的文学作品越来越多地被翻译成中文并受到中国读者的欢迎。

新冠肺炎疫情暴发以来，两国同舟共济、守望相助，积极开展抗疫合作。习近平主席与洛佩斯总统通话，表示愿为墨西哥及其他拉美国家抗疫提供支持和帮助。中方不仅与墨西哥通过视频会议等形式展开抗疫经验交流，还为其提供大批医疗设备及新冠疫苗。尤其在抗疫的紧要关头，康希诺、科兴以及国药等中国企业先后为墨西哥输送了大量疫苗，其中康希诺等企业还在墨西哥实现疫苗本土化生产，以帮助该国实现疫苗的自给自足。为此，墨西哥总统洛佩斯多次对中国在抗疫上提供的支持表示感谢。此外，洛佩斯总统还在演讲中就110年前发生的托雷翁惨案公开向中国和墨西哥华人道歉。

　　回首过去，中墨全面战略伙伴关系展现出全方位、多领域合作的特点，两国携手并进、求同存异，铸就了牢不可摧的友谊。展望未来，两国将继续加强务实合作，深化全面战略伙伴关系，为建设中拉命运共同体努力做出更大的贡献。

参考文献

一、中文参考文献

1. 徐世澄. 墨西哥革命制度党的兴衰 [M]. 北京：世界知识出版社，2009.

2. 吕龙根，陈芝芸. 墨西哥 [M]. 上海：上海辞书出版社，1986.

3. 谌园庭. 列国志墨西哥 [M]. 北京：社会科学文献出版社，2010.11.

4. 林被甸，董经胜. 拉丁美洲史 [M]. 北京：人民出版社，2010.3（1）.

5. 李春辉. 拉丁美洲史稿：下册 [M]. 北京：商务印书馆，1983.

6. 刘文龙. 墨西哥通史 [M]. 上海：上海社会科学院出版社，2008.1（1）.

7. 王助民等. 近现代西方殖民主义史（1415—1990）[M]. 北京：中国档案出版社，1995.2（1）.

8. [墨] 巴勃罗·艾斯卡特兰·冈萨尔博等. 墨西哥简史 [M]. 张小梅译. 武汉：华中科技大学出版社，2020.11（1）：142.

9. [西] 巴托洛梅·德拉斯·卡萨斯. 西印度毁灭述略 [M]. 孙家堃译. 北京：商务印书馆，1988.11.

10. 宋霞. 启蒙运动、科学与拉丁美洲独立战争浅论 [J]. 史学集刊，2017(5).

11. 王晓德. 关于拉美历史上"考迪罗"统治形式的文化思考 [J]. 政治学研究，2004（3）.

12. 王文仙. 殖民地时期的拉丁美洲天主教会 [D]. 中国拉丁美洲史研究会第七届会员代表大会暨"拉丁美洲现代化进程研究学术讨论会"论文汇编，2007.

二、西班牙语参考文献

1.Henry Bamford Parkers, A Hsitory of Mexico, The Riberside Press Cambridge, 1960.

2.Roberta Lajous, La Política Exterior del Porfiriato(1878-1920), México y el Mundo, Tomo IV, Senado de la República, junio 2000.

3.La iglesia en América Latina y el Caribe, Telesur, 18 de septiembre de 2015, https://www.telesurtv.net/analisis/La-iglesia-en-America-Latina-y-el-Caribe-20150918-0102.html.

4.Benito Juárez y las Leyes de Reforma, https://mediateca.inah.gob.mx/islandora_74/node/5331

5.Fernando Hernández Contreras y Jiao Zhenheng, Las Relaciones Comerciales de México y China en la Historia,Observatorio de la Economía y la Sociedad China, núm 5, diciembre 2007.

6.Lesley Byrd Simpson, The Encomienda in New Spain: the beginnings of Spanish Mexico. Berkeley and Los Angles, 1950 "Política agraria de Álvaro Obregón", https://tareasuniversitarias.com/politica-agraria-de-alvaro-obregon.html.

7.Luz María Uhthoff López, La industria del petróleo en México, 1911–1938: del auge exportador al abastecimiento del mercado interno. Una aproximación a su estudio,http://www.scielo.org.mx/scielo.php?script=sci_arttext&pid=S1405-22532010000100001.

8.Hugo Castro Aranda: Primer Censo de la Nueva España 1790, Instituto Nacional de Estadística y Geografía, https://www.inegi.org.mx/contenido/productos/prod_serv/contenidos/espanol/bvinegi/productos/censos/poblacion/1790/pcpne2010/LIBRO_REVILLAGIGEDO.pdf.

9.Daniel Cosío Villegas, 1946 La Crisis de México, https://www.memoriapoliticademexico.org/Textos/6Revolucion/1946LCM.html.

后 记

时光如白驹过隙。掐指算来,我与墨西哥的缘分已经延续十五年了。2007年2月,正值中墨建交35周年之际,当时正在北京大学西班牙语系攻读硕士学位的我和其他二十多名中国学生,在中墨两国政府奖学金项目资助下抵达墨西哥城,开始了为期一年的留学生活。我有幸在墨西哥规模最大、历史最悠久的国立自治大学学习,同时还和同窗在墨西哥学院教授丽莉亚娜·阿尔索夫斯卡家里听她讲授翻译课程。当地的墨西哥友人对我十分照顾,经常带我一起领略墨西哥的大好河山,让我对这个国家有了更深的了解。这次经历极大丰富了我对墨西哥乃至拉丁美洲的认识,也影响了我的职业选择。大学毕业后,我志在进一步探索拉美,便将拉美研究作为职业方向。

数年来的拉美研究,深感手头缺少拉美地区国别史研究方面的资料,于是萌生出著述的念头。对于墨西哥史的研究,中国史学界版本较少,且部分著作出版年代较远,如何打通墨西哥史研究中的古今,成为当今学者需要解决的问题。本著述以时为经,以事为纬。时,力求跨越时空:上起墨西哥文明的起源,下接21世纪中墨关系;事,不求面面俱到,主张撷取主要历史事件,串联起史的全貌,厘清主要事件的前因后果及其在墨西哥发展进程中的影响,侧重从墨西哥的文明、文化、政治、外交、经济等几方面展示墨西哥历史发展的线索。再且,墨西哥史的著述,不可能单一地聚焦墨西哥的历史进程,本书写作力求把墨西哥史置于人类发展的全局来考量,即全局观,比较联系。墨西哥史也是人类文明史文化史,同样影响着人类文明的进程,整个历史过程一样充满了新与旧、革新与保守、野蛮与文明、外部势力与内卷交错陈杂的内容。全书九章，以章来结"纲"。每章下分为数节，数节为目，纲举目张。史著写作要求"信"，信，即真实。史著编写要忠实于历史，实事求是地研读历史，客观准确地记载历史，求真原则一以贯之。为此，本人历时数载，披沙拣金，钩沉史料，攫取史实，分析鉴别，既借鉴前人，又不落窠臼，尽可能理析出一条脉络清晰的"史"来。本著述不是"通史"，而是"概论"，揭示的是墨西哥历史演变过程的主线和纲要。

意大利著名文艺批评家贝奈戴托·克罗齐有句名言，"一切历史都是当代史"，历史本身就是现实的精神生活，写史未必是对过往生活的兴趣，更重要的是探究那段历史给我们今人所带来的启示，这是本书的初衷，所以我在著述过程中，始终秉持全球史观、唯物史观、文明史观，还坚持个人史观：不仅仅是叙述历史，而且把自己读史的感悟对历史人物事件的品评也渗透在文字之中，就这层意义来看，史说未必容易写好。而且本书侧重于墨西哥宏观历史和现状的描述分析，对其社会风貌的介绍不足，这无疑是一个缺憾。希望未来有机会继续弥补。

在本书完稿之际，我要感谢诸多良师亲友的支持。感谢中国书籍出版社的王志刚编辑给我提供宝贵的机会，使拙作能够问世并与读者见面。感谢我的父亲曹树，他退休前是江苏省海安高级中学的语文教师，作为本书书稿的第一位读者，他认真阅读全文，并为书稿的语言文字提出了部分修改意见。现在书稿业已完成，恳切地希望本书为研究拉美（墨西哥）的学者以及对拉美史学感兴趣的读者提供一本有价值的阅读文本。由于本人的水平有限，个人思考有时难免肤浅，书中对墨西哥历史发展的观点可能存在偏颇，欢迎广大读者提出批评意见和共同探讨。

曹　廷

2022 年 12 月于北京